Friedemann Bedürftig

Als Hitler die Atombombe baute

Friedemann Bedürftig

Als Hitler die Atombombe baute

Lügen und Irrtümer über das »Dritte Reich«

Piper
München Zürich

ISBN 3-492-04443-3

Satz: Uwe Steffen, München
Druck und Bindung: Ebner & Spiegel, Ulm
Printed in Germany

www.piper.de

Vorbemerkung

Daß ich bei der Fülle der Legenden und schiefen Vorstellungen über das, was sich in den Jahren 1933 bis 1945 zugetragen hat, in diesem Buch nur beispielsweise habe vorgehen können, versteht sich. Und so kann es durchaus sein, daß mancher manches vermißt, vielleicht sogar ihm besonders wichtig Erscheinendes. Ich hoffe aber, daß mein jahrzehntelanger Umgang mit dem Thema mir den Blick so weit geschärft hat, daß dies die Ausnahme bleibt. Dankbar für Hinweise auf empfindliche Lücken bin ich natürlich dennoch.

Dem Buch vorauszuschicken ist aber vor allem, daß es selbst gewisse Schieflagen aufweisen muß: Es beschäftigt sich ja bewußt mit »Lügen und Irrtümern«, das heißt einerseits mit vorsätzlichen Verdrehungen, andererseits mit Darstellungen, die nur aufgrund mangelnder Kenntnisse zu Fehldeutungen oder gar unwahren Behauptungen geführt haben. Zu deutsch: Die jeweilige Schelte hat höchst unterschiedliches Gewicht. Ob sich jemand wider besseres Wissenkönnen durch Bestreiten von Tatsachen aus der historischen Verantwortung zu stehlen sucht oder ob ein anderer die wirklichen Zusammenhänge nur noch nicht kannte oder gar noch nicht kennen konnte, dazwischen liegen Bewertungswelten.

Es gibt allerdings auch die Mittellage. Dabei handelt es sich um liebgewordene Schonhaltungen wie etwa der angeblich »sauber« gebliebenen Wehrmacht gegenüber. Oder es geht um Spätwirkungen der NS-Propaganda, die stellenweise immer noch nicht ganz und nicht richtig durchschaut ist wie im Fall der Autobahnen. Oder ein Erklärungsmodell hat so viel Plausibilität gewonnen, daß der Abschied davon zu schwerfällt wie in Sachen Reichstagsbrand. Oder der Wunsch ist Vater der Legende wie bei der Verkleinerung von Opferzahlen. Oder das Büßerhemd wird mit untauglichen Mitteln aufgebügelt wie bei der Umbenennung von »Reichskristallnacht« in »Pogromnacht«. Oder es wird nach Sensationen gehascht wie bei Spekulationen über Hitlers Verbleib oder seine sexuelle Orientierung. Oder modische Trends wirken vernebelnd wie im Vokabelwechsel von »Endlösung« zu»Holocaust«.

Schon die höchst unvollständige Aufzählung zeigt die Breite der Grauzone, in der Verfälschungen gedeihen. Sie schießen auch deswegen ins Kraut, weil keine Epoche unserer Geschichte so schmerzt und derart zum Mißbrauch anregt. Die Schmerzen verführen zur Ausblendung von Tatsachen, zur Suche nach angeblich Mitschuldigen und zum Reinwaschen, ja bei Neonazis zu völliger Realitätsverweigerung und aggressiver Umdeutung. Andererseits reizt die Entsetzlichkeit des Geschehenen zur Instrumentalisierung im politischen Tageskampf. Wem es gelingt, den Gegner in die Nähe des Hitler-Regimes zu rücken, der hat schon halb gewonnen. Aufmerksamkeit ist ihm in jedem Fall sicher. Daß durch diesen Mißbrauch das Dritte Reich allmählich entwirklicht wird und sozusagen zum »Ungeheuer von Loch NS« mutiert, wird um momentaner Effekte willen offenbar billigend in Kauf genommen.

Dagegen richten sich ebenfalls viele Beiträge etwa bei begrifflichen Fragen wie der, ob der Nationalsozialismus mit dem Etikett »(deutscher) Faschismus« zutreffend beschrieben ist. Und auch die, bei denen es um die Zentralfigur geht: Um Hitler hat sich ein derartiges Dickicht an Halb- und Unwahrheiten, blödsinnigen Gerüchten und haltlosen Vermutungen gebildet, daß ich nur die besonders absurden und verbreiteten habe aufspießen können. Da es aber in nahezu allen Artikeln immer wieder um ihn oder auch um ihn geht, ließ sich manches unter anderen Überschriften abhandeln und gerade rücken von seinen bis heute überzogen gerühmten arbeitsmarktpolitischen Leistungen bis hin zu Verklärungen der Frühgeschichte seiner Partei.

Diese Überschriften oder Stichworte sind zwecks leichterer Auffindbarkeit alphabetisch sortiert; ein Register schlüsselt die Beiträge zusätzlich auf. Den Stichworten folgt eine möglichst griffige Formulierung der Lüge oder des Irrtums, um die respektive den es geht. Der Text erläutert dann, was warum falsch verstanden oder verdreht worden ist und wie sich der Sachverhalt nach heutigem Kenntnisstand darstellt. Knappe Literaturangaben weisen den Weg zu ausführlicherer Information oder nennen Publikationen, die sich an der fraglichen Legendenbildung beteiligt haben.

Hamburg, Frühjahr 2003 *Friedemann Bedürftig*

Hinweise zur Benutzung

Ein Verzeichnis der Stichworte, sowohl der mit einem eigenen Artikel als auch von solchen, die in einzelnen Abschnitten erwähnt werden, befindet sich auf Seite 247–268.
Kursivierungen im Text verweisen auf eigene Stichworte.

Agrarpolitik

Die NS-Regierung hat das Bauerntum in besonderer Weise gefördert

Zwei wesentliche Faktoren hätten eigentlich erwarten lassen, daß es unter dem NS-Regime mit der deutschen Landwirtschaft steil bergauf gehen würde: Das »schollenverbundene« Bauerntum wurde als »Blutquell der Nation« im Sinne der Blut-und-Boden-Ideologie und als Gegenbild zum »Asphaltdschungel« der Städte ganz besonders hofiert. Und: Für Hitlers Kriegspläne war eine drastische Steigerung der Agrarproduktion unabdingbar, ja es wurde sogar dem Phantom einer möglichst weitgehenden Nahrungsmittel-Autarkie nachgejagt. Durch Selbstversorgung nämlich sollten Devisen für die Rohstoffeinfuhr vor allem zu Rüstungszwecken gespart werden. Das Dumme war nur, daß Ideologie und Ökonomie kaum und in vielen Bereichen überhaupt nicht unter einen Hut zu bringen waren.
Dem hohen Stellenwert der Agrarpolitik entsprechend gehörten Versuche zur Lösung von landwirtschaftlichen Problemen zu den ersten Maßnahmen des Regimes. Drei entscheidende Schritte wurden bereits im ersten Jahr der Regierung Hitler unternommen: 1. Gründung des Reichsnährstands (13.9.1933), der alle Berufszweige der Land-, Ernährungs-, Forst- und Holzwirtschaft samt aller Verbände und Genossenschaften zwangsvereinigte. 2. Einführung einer staatlichen Markt- und Preisregulierung für Agrarprodukte (von September 1933 an). Und 3. Erlaß des Reichserbhofgesetzes (29.9.1939), das Vollerwerbbetriebe vor Veräußerung, Überschuldung und Erbteilung schützen sollte. Daß deren Besitzer »arisch« und »ehrbar« zu sein hatten, verstand sich von selbst.
Die Begeisterung in der Bauernschaft hielt sich in Grenzen, sah man doch die Verfügbarkeit über den Besitz erheblich eingeschränkt und traditionelle Regelungen von Erbe und

Abfindung regional verletzt. Auch die Benachteiligung der weiblichen Familienmitglieder stieß auf Kritik. Andererseits mußte der Gesetzgeber erkennen, daß manche ideologisch motivierten Regelungen ökonomisch kontraproduktiv waren. So erwies sich der Vollstreckungsschutz für Erbhöfe als massive Kreditbremse bei den Geldinstituten und verhinderte mithin nachhaltig eine Modernisierung der Betriebe. Und so geriet die grundsätzliche Unveräußerlichkeit von Erbhofland sogar in Konflikt mit öffentlichem und militärischem Bedarf.

Auch der bürokratische Wildwuchs kostete mehr, als er brachte: Drei Instanzen zur Klärung von Streitigkeiten und Bearbeitung von Anträgen mußten geschaffen werden: Anerbengerichte bei den Amtsgerichten, Erbhofgerichte bei den Oberlandesgerichten sowie das Reichserbhofgericht in Berlin. Die im Papierkrieg wenig geübte Landbevölkerung fühlte sich gegängelt, was nicht sonderlich leistungsfördernd war. Gerade um Leistung aber ging es vorrangig, weswegen die Rechtsprechung meist im Sinne der wirtschaftlichen Interessen der Bauern entschied und Ausnahmen von den Gesetzesvorschriften die Regel waren. Sie selbst wurden in Durchführungsverordnungen immer wieder nach ökonomischer Zweckmäßigkeit geändert, was die ideologische Basis zunehmend unterminierte.

Der gewünschte Produktivitätsschub blieb dennoch aus und stellte sich auch nicht im erwünschten Umfang ein, als die Landwirtschaft seit 1936 in die Lenkungsmaßnahmen des Vierjahresplans einbezogen wurde. Jetzt verschärfte sich nämlich ein weiteres Problem durch den Erfolg der Arbeitsmarktpolitik. Da der Lebensstandard auf dem Lande wegen der immer noch viel zu geringen Erzeugerpreise eher sank, setzten sich Fachkräfte vermehrt in die Städte ab. Dort sog sie die Industrie begierig auf, denn insbesondere die Rüstungsbetriebe suchten händeringend Arbeiter. Arbeitsdienst, Erntehilfe, Landdienst und das Pflichtjahr für unverheiratete

Frauen unter 25 Jahren konnten den ländlichen Arbeitskräftemangel nicht ausgleichen. Zwischen 1933 und 1939 ging die Zahl der landwirtschaftlichen Arbeitnehmer um 440 000 zurück.
Wenn es dennoch gelang, den Selbstversorgungsgrad von 68 Prozent im Jahr 1927/28 auf 83 Prozent im Jahr 1938/39 zu erhöhen, dann nur durch Bedarfslenkung mittels massiver Propaganda: Unermüdlich und auch mit einigem Erfolg machte sie dem Volk eine Veränderung der Konsumgewohnheiten schmackhaft: Weg vom Fleisch – hin zum Fisch, weg vom Weizenmehl – hin zu Kartoffeln, weg von Butter und Schmalz – hin zu Marmeladen. Was die Leute verzehren sollten, wurde verbilligt, was sie meiden sollten, verteuert. So kostete im Sommer 1939 ein Kilo Mischbrot 31 Pfennig, ein Kilo Molkereibutter dagegen 3,16 RM. Unter dem Motto »Kampf dem Verderb« wurden Sammelstellen für nichtverwertete Nahrungsmittel eingerichtet. Und rastlos war der Erfindungsgeist auf dem Gebiet der Ersatzstoffe tätig, bis hin zu aus Kohle gewonnener Margarine.
Die »Fett- und Eiweißlücke« aber ließ sich auch dadurch nicht ganz schließen, und eine Besserung der Lebensumstände der bäuerlichen Bevölkerung gelang nicht. Formeln vom Bauerntum als »Wurzelgrund des Volkes« erwiesen sich als Worthülsen, und die pompösen Inszenierungen etwa bei den Erntedankfeiern auf dem Bückeberg mit »Führer«-Auftritt dienten nur als Fassade vor einem weiterhin entbehrungsreichen bäuerlichen Alltag.

Lit.: Friedrich Grundmann: Agrarpolitik im »Dritten Reich«, Hamburg 1979 ▪ Daniela Münkel: Bäuerliche Interessen versus NS-Ideologie. Das Reichserbhofgesetz in der Praxis, in: VfZ 4/1996

Der SS-Verein war eine Forschungsgemeinschaft

Wer Briefe des Reichsführers SS Heinrich Himmler liest (s. Lit.), staunt über dessen ausgebreitete Interessen ebenso wie über die naive Gutgläubigkeit, Sprunghaftigkeit, brutale Bedenkenlosigkeit und irrwitzige Spekulierlust. Wenn so jemand sich aufs wissenschaftliche Eis begibt, muß mit erheblichem Flurschaden gerechnet werden, ja, mit Schlimmerem. 1935 gründete Himmler gemeinsam mit Reichsbauernführer Richard Walther Darré und dem holländischen »Geistesurgeschichtler« Herman Wirth (1885–1981) die »Studiengesellschaft für Geistesgeschichte Deutsches Ahnenerbe«; eigene Zeitschrift »Germanien«, Ziele laut Satzung: a) Raum, Geist und Tat des nordrassischen Indogermanentums zu erforschen, b) die Forschungsergebnisse lebendig zu gestalten und dem deutschen Volke zu vermitteln und c) jeden Volksgenossen aufzurufen, hierbei mitzuwirken. Wirth wurde bald ausgebootet, die Geschäftsführung übernahm Wolfram Sievers (1948 hingerichtet).
Unter der SS-Protektion entwickelte sich »Das Ahnenerbe«, wie der eingetragene Verein kurz genannt wurde, rasant zu einem Wissenschafts-, Bildungs- und Kulturpolypen, der sich mit allem und jedem von Archäologie bis Esoterik (Welteislehre, Wünschelrutenwesen u. a.), von der Wehrgeologie bis zur Sippenforschung, aber nur mit wenigem zielführend und fundiert beschäftigte. Dazu betrieb der Verein in München, Salzburg, Detmold und anderen Städten über 40 Abteilungen mit einem Heer von Mitarbeitern, verfügte über eigene Labors, ein Museum und gut sortierte Bibliotheken. Er mischte sich in die Personalpolitik der deutschen Hochschulen ein, sorgte für die Eliminierung letzter »jüdischer und jüdischversippter Gelehrter«, organisierte Kongresse und Tagungen, gab Buchreihen und Zeitschriften heraus und war verlegerisch tätig. Auch wenn bei der Kurzatmigkeit der Projekte der

wissenschaftliche Ertrag kaum einmal nennenswert war, so konnte doch bis zum Krieg von einer, obschon ideologisch geprägten und nur laienhaft geführten, Forschungsgemeinschaft die Rede sein.
Nach 1939 nahm sie aber je länger, desto mehr den Charakter einer großkriminellen Vereinigung an. Das lag an den für zivile Zwecke nun spärlicher sprudelnden Mitteln und daran, daß die relative Selbständigkeit spätestens 1942 ein Ende hatte, als das »Ahnenerbe« mit der Bezeichnung »Amt A« in die Dienststelle Persönlicher Stab Reichsführer SS eingegliedert wurde. Es ließ sich nun willig einspannen in den großangelegten Kunstraub in den besetzten Ländern, betrieb Kulturpropaganda im »großgermanischen« Sinn und warb Freiwillige für die Waffen-SS, wobei ein gewisser Hauptsturmführer Hans Ernst Schneider (1909–1999) eine führende Rolle spielte, der es nach dem Krieg unter dem Tarnnamen Hans Schwerte 1970–73 zum Rektor der Technischen Hochschule Aachen brachte und erst in den 1990er Jahren aufflog. Doch selbst das waren noch nahezu harmlose Aktivitäten verglichen mit dem, was sich etwa auf medizinischem Gebiet anbahnte:
Im Konzentrationslager (KZ) Dachau begann der Luftwaffenarzt Sigmund Rascher (1909–1945) mit Menschenversuchen über die Reaktion des Körpers bei Höhenflügen, bei Unterdruck und bei Unterkühlungen. Er handelte dabei nominell im Rahmen des »Ahnenerbes«, aber letztlich für die Luftwaffe und die Deutsche Versuchsanstalt für Luftfahrt in Berlin. Bei seinen Höhenexperimenten kamen rund 80 Prozent der um 200 Probanden ums Leben, bei den anderen Versuchen starb von etwa 300 Opfern, meist Juden oder Kriegsgefangene, ein Drittel. Rascher und seine Frau, die durch Kindesentführungen dem befreundeten Himmler Kinderreichtum vorzuspiegeln suchten, wurden kurz vor Kriegsende auf dessen Befehl umgebracht.
Ebenfalls für das »Ahnenerbe« baute der Anatomieprofessor

August Hirt (1898–1945) an der Universität Straßburg eine Schädel- und Skelettsammlung aus getöteten Häftlingen auf. Er hatte das 1941 beantragt, weil er einen empfindlichen Mangel an jüdischen Präparaten beheben wollte, der »keine gesicherten Ergebnisse zuläßt«. Er bat daher um Zusendung von Schädeln getöteter »jüdisch-bolschewistischer Kommissare«, die ein »charakteristisches Untermenschentum« darstellen sollten. Im November 1942 bestellte er aus dem Vernichtungslager Auschwitz 150 Skelette, bekam aber erst im Juni 1943 eine »Lieferung«. Deswegen hatte der Kommandant des nahe Straßburg gelegenen KZ Natzweiler (Struthof) auf seinen Wunsch inzwischen eine Gaskammer errichtet, in der mit einer von Hirt gelieferten Chemikalie Häftlinge ermordet wurden. Ihre Leichen erhielt Hirt zur Präparation. Der Arzt nahm sich kurz nach Kriegsende das Leben.
Das sind nur zwei besonders drastische Beispiele für den wahren Charakter des oft verharmlosten »Ahnenerbes«. Es ist freilich auch so, daß die SS-Einrichtung manchen Forschern als Deckung vor der Einberufung diente und sogar ohne Wissen der Vorgesetzten Mißliebige vor dem Gestapo-Zugriff schützen konnte. Wahrlich keine Ehrenrettung, aber der Vollständigkeit halber zu erwähnen.

Lit.: Wolfgang Benz: Dr. med. Rascher. Eine Karriere, in: Dachauer Hefte 4, 1988 ▪ Helmut Heiber (Hrsg.): Reichsführer! Briefe an und von Himmler, München 1970 ▪ Michael H. Kater: Das »Ahnenerbe« der SS. Ein Beitrag zur Kulturpolitik des Dritten Reiches, München 2001

Alliierte

Die Siegermächte haben genauso schwere Kriegsverbrechen begangen wie die Deutschen

Selbst mit Rechtsradikalen kann man sich relativ leicht auf den von den Alliierten vorgelegten Katalog von Anklagepunkten einigen, nach dem das Internationale Militärtribunal (IMT) seit 1945 seine Verfahren, die *Nürnberger Prozesse*, abgewikkelt hat: a) Verbrechen gegen den Frieden, b) Mitgliedschaft in verbrecherischen Organisationen, c) Verbrechen gegen die Menschlichkeit, d) Kriegsverbrechen. Aber, so der Einwand, danach müßten auch die Täter aus den Reihen der Sieger auf die Anklagebank. Und da das damals nicht geschehen sei, müsse wenigstens im nachhinein die »Siegerjustiz« insoweit korrigiert werden. Es gibt Verbohrte, die dafür auch Bedarf hinsichtlich der Punkte a) und b) sehen, denn »die Juden«, kapitalistische (Hochfinanz) wie bolschewistische, hätten Deutschland den Krieg erklärt, und die gegnerische Kriegskoalition sei insgesamt eine verbrecherische Organisation gewesen. Solcher Aberwitz verdient keine Diskussion. Anders steht es mit den Punkten c) und d). Sie sind in vielen Fällen nicht zu trennen, weswegen sie als einer abgehandelt werden können:

Es sei nicht einzusehen, wird ins Feld geführt, was an Dresden, Hiroshima, Vertreibungen oder der bedenkenlosen Versenkung von Flüchtlingsschiffen weniger schlimm sein solle als an den KZ-Greueln oder Judenmorden. Schon beim letzten Stichwort stockt man, denn es fällt sofort auf, daß zwischen den genannten Verbrechen auf beiden Seiten bereits ein Abgrund hinsichtlich des Vorsatzes klafft. Hitlers Krieg ist von der Zielsetzung her als »Rassenkampf« ins Werk gesetzt worden, während die Alliierten eben dagegen in den Krieg gezogen sind und ganz gewiß nicht zwecks Torpedierung der »Wilhelm Gustloff« oder um der Vernichtung deutscher Städte willen, die auf alliierter Seite immerhin 20 000 Flugzeuge und 100 000 Mann fliegendes Personal kostete. Auch Notwehr kann unverhältnismäßig ausfallen, und es besteht kein Zweifel, daß das mehrfach und in grausamster Form der Fall war. Das ändert jedoch nichts am wesensmäßigen Unterschied der Verbrechen, legt man das Verursacherprinzip zugrunde.

Völkerrechtlich trägt das Argument jedoch nur in Maßen, da Verletzungen der Haager Landkriegsordnung und der damals drei Genfer Abkommen zum Schutz von Kriegsbetroffenen unabhängig von der Situation sanktioniert sind. Danach hätte vor allem auch Stalin auf die Anklagebank gehört, was mangels Macht zur Festnahme von vornherein aussichtslos und wegen seiner Verdienste um die Niederringung des Weltfeinds Nr. 1 politisch unsinnig gewesen wäre. Vom Schuldkonto her stand er dem Niedergerungenen allenfalls insofern nach, als man seine Kriegsverbrechen und die seiner Helfershelfer als teilweise von der Notwehrsituation gedeckt und vom Affekt getragen relativieren könnte; seine Hauptverbrechen hatten sich ohnehin gegen das eigene Volk gerichtet. Was den Krieg angeht, kommt hinzu, daß es ihm anders als Hitler nicht um Vernichtung ging, auch wenn er Massenmorde wie die von Katyn (polnische Offiziere) oder Winniza (ukrainische Nationalisten) noch dem Gegner anzulasten suchte. Geahndet wurden sie nie.
Bis zu einem gewissen Grade läßt sich daher wenigstens formal von »Siegerjustiz« sprechen, obschon für den Bereich der schwerwiegendsten Verbrechen, nämlich dem der Massentötungen, ein weiterer maßgeblicher Unterschied anzuführen ist: Die deutschen Einsatzgruppen in Polen und vor allem in Rußland gingen gegen ihre als »slawische Untermenschen« diskriminierten Opfer auf höchsten staatlichen Befehl vor, die Betreiber der Gaskammern von Auschwitz und anderen Vernichtungslagern handelten nach derselben Weisung. Die Soldaten des Ostheeres, die sich schuldig machten, konnten ebenfalls auf verbrecherische Befehle des Staatschefs wie Kugelerlaß, Barbarossa-Gerichtsbarkeitserlaß, Kommissarbefehl und dergleichen verweisen, die von den Befehlshabern vor Ort oft nochmals nachdrücklich zur Befolgung angemahnt wurden. Eine Aufrechnung gegen Ausschreitungen aufgehetzter Rotarmisten oder anonym tötender Bomberpiloten verbietet sich schon wegen der gänzlich anderen Qua-

lität von individuellen und staatlich geforderten Verstößen gegen das Völkerrecht.

An dieser Stelle kommt unweigerlich der Einwand: »Aber die Vertreibungen ...« Gewiß, hier handelte es sich um staatlich angeordnetes Unrecht, dem bis zu zwei Millionen Deutsche zum Opfer fielen. Diese furchtbare Zahl aber geht nicht oder doch nur durch billigende Inkaufnahme auf das Konto staatlicher Schuld, denn im Potsdamer Abkommen war ausdrücklich eine Aussiedlung »in humaner Weise« vorgesehen. Daß etwa die Tschechen sich daran nicht hielten und in polnischen Lagern vor der endgültigen Vertreibung namenlose Verbrechen begangen wurden, hätte zur Anklage individueller Täter führen müssen. Doch selbst diese hätten ein Rachemotiv für sich geltend machen können, auf das sich kein deutscher Täter nach den Überfällen der Wehrmacht berufen durfte. Gegenbeispiele greifen also auch hier nicht, wie sich denn Leid ohnedies niemals verrechnen läßt.

Lit.: Roy Gutman (Hrsg.): Kriegsverbrechen. Was jeder wissen sollte, Stuttgart 2000 ▪ Alfred M. de Zayas: Die Wehrmacht-Untersuchungsstelle. Dokumentation alliierter Kriegsverbrechen im Zweiten Weltkrieg, 6., überarbeitete Auflage München 2001

Alpenfestung

Die NS-Führung hatte für den Endkampf eine kaum einnehmbare Gebirgsstellung vorbereitet

Seit Ende der 1990er Jahre taucht immer wieder die Vokabel »Alpenfestung« in der Presse auf. Bei näherem Hinsehen stellt man fest, daß damit das einstige »Führergelände« auf dem Obersalzberg bei Berchtesgaden gemeint ist. Das aber ist eine irreführende Umdeutung des ursprünglichen Wortgebrauchs, der durch Hitlers Berghof und die darum gruppierten Bauten der Parteibonzen, die Häuser der SS-Wachen, die Bunker und Stollensysteme inspiriert sein mochte, die

Anlage selbst aber nicht meinte. Weil Hitler so oft auf seinem Gebirgssitz weilte und weil so mancher Staatsgast hier mit der imposanten Kulisse beeindruckt worden war, kam gegen Kriegsende das Gerücht auf, der »Führer« könne von hier aus auch die Befestigung einer weit größeren Alpenregion dirigiert haben, die sich als Rückzugsfestung eignen würde. Schon im Ersten Weltkrieg hatte sich gezeigt, daß Bergstellungen nur unter kaum vertretbaren Opfern zu nehmen waren, als sich Österreicher und Italiener gegenseitig mit ganzen Gipfeln in die Luft sprengten und einander auszuräuchern suchten, ohne nennenswerte Geländegewinne zu erzielen.

Das Gerücht um eine waffenstarrende und martialisch befestigte »Endkampfstellung« der NS-Führung stammte aus der Schweiz, wo in der Presse analog zu den eigenen Verteidigungsanlagen im Gebirge über vergleichbare deutsche spekuliert wurde. Zwar dürften die schweizerischen Bemühungen 1940/41 keineswegs ausschlaggebend für Hitlers Verzicht auf das Unternehmen »Tannenbaum« (Besetzung der Alpenrepublik) gewesen sein, doch war jedem Strategen klar, wie wenig selbst haushohe materielle Überlegenheit gegen versteckte beschußfeste und bombensichere Bergstellungen ausrichten würde. Und wenn Hitler schon seinen zweiten Amtssitz in den Alpen hatte, warum sollte er da nicht auf die Hoffnung setzen, dort so lange auszuharren, bis die nicht nur in seinen Augen »widernatürliche Koalition« der kapitalistischen Westmächte mit dem auf Weltrevolution gerichteten Stalinismus zerbrochen wäre?

Der deutschen Abwehr, inzwischen als Amt MIL unter dem Dach des Sicherheitsdienstes (SD) der SS angesiedelt, blieben die Mitte 1944 aufkommenden Überlegungen nicht verborgen. Man förderte das angstmachende Gerücht gezielt durch weitere Falschmeldungen, unternahm aber zunächst nichts Konkretes. Erst als der Tiroler Gauleiter Franz Hofer Wind von den ins Kraut schießenden Vermutungen erhielt, sorgte er für eine Erkundung der in Frage kommenden Gebiete und arbeitete im November 1944 eine entsprechende Studie aus. Unterdessen war die Gerüchtemaschine durch einen Beitrag über »Hitlers Unterschlupf« in der »New York Times« vom 12.11.1944 weiter auf Touren gekommen und hatte Propagandaminister Goebbels auf die Idee gebracht, das Phantom nach und nach als Realität hinzustellen. Von einer Festung aber gab es zu dem Zeitpunkt keine Spur außer den Stellungen aus dem vorigen Krieg, die allerdings fast alle inzwischen unbrauchbar waren. Erst im Februar 1945 begann unter Aufbietung von nur gut 2000 Zwangsarbeitern eine bescheidene Bautätigkeit.

Die alliierte Aufklärung war zwar nicht so blind, daß sie nicht bemerkt hätte, wie wenig für eine tatsächliche Alpenfestung vorbereitet war, doch mußte ihr Oberbefehlshaber Eisenhower befürchten, daß sich große Wehrmachtverbände in die Berge zurückziehen würden. Es gab ja bereits seit Ende Februar 1945 geheime Kontakte zwischen dem Wehrmacht-Bevollmächtigten in Italien, SS-Obergruppenführer Karl Wolff, und US-Stellen in Bern über eine vorzeitige Kapitulation der deutschen Heeresgruppe C in Oberitalien, die womöglich fast komplett mit Waffen und Gerät in die Alpen zurückgenommen werden könnte. Auch von Osten und Nordosten hätte die Auffangposition Zuzug von Verbänden aus dem Raum Böhmen und Ungarn erhalten können. Kurz: Die Gefahr eines verlustreichen Endkampfs war nicht von der Hand zu weisen, unabhängig vom Grad des Ausbaus der ominösen Festung. Eisenhower telegraphierte daher am 28.3.1945 an Stalin, er gedenke mit seinen Kräften Richtung Erfurt–Leipzig vorzugehen, dort die Rote Armee zu erwarten und dann mit dem Gros seiner Verbände nach Süden einzudrehen. Er gab damit Berlin den Russen preis, was ihm heftige Kritik vom britischen Verbündeten Montgomery eintrug, dem er für sein eigenmächtiges Handeln zudem die 9. US-Armee entziehen mußte.

Hitler war von den Alpengerüchten sicher in groben Zügen unterrichtet, doch erst im April 1945 unterbreitete man ihm den Plan Hofers, der am 9.4. in den Führerbunker zitiert wurde. Erst jetzt ergingen Ausbaubefehle für den Raum Füssen / Allgäuer Alpen über den Ortler bis zu den Karawanken, nach Leoben und ins Tote Gebirge / Salzburg, also für ein riesiges Gebiet, das selbst in vielen Monaten nicht mehr ausreichend vorzubereiten gewesen wäre. Nun blieben nur noch Tage, und Hitler selbst verwies mit seiner Entscheidung, in Berlin zu bleiben, den Plan ins Reich der Illusionen. Für die Amerikaner aber war das erst sehr spät zu durchschauen, denn sie beobachteten heftige Bewegungen Richtung Alpen mit Zentrum Bad Aussee. Doch dabei handelte es sich zum geringsten Teil um Truppen, sondern vor allem um Stäbe, Ministerien, RSHA-Abteilungen, Aktentransporte, flüchtende Prominente militärischer wie politischer Provenienz.

Ob sich bei direktem Vorstoß der Amerikaner auf Berlin in den Alpen noch einmal ein Widerstandsnest gebildet hätte, ist zu bezweifeln. Doch selbst wenn: Damit wären allenfalls Tage zu gewinnen gewesen, denn die Tendenzen der Selbstauflösung hatten sich bereits zum Flächenbrand entwickelt. Ein Reich ohne »Führer« wäre zudem binnen Kürze kollabiert, denn sein Führungspersonal erwies sich in diesen Stunden fast ausnahmslos als medioker bis erbärmlich.

Lit.: Roland Kaltenegger: Operation Alpenfestung. Mythos und Wirklichkeit, München 2000 ▪ Horst Möller u.a. (Hrsg.): Die tödliche Utopie, München 2001 ▪ Helmut Schöner: Die verhinderte Alpenfestung, Berchtesgaden 1996

Es gibt eine jüdische Rasse

Die Vernunftvergötzung des 18./19. Jahrhunderts trug giftige Früchte insofern, als alles nur irgend in wissenschaftlichem Kleide Auftretende ungeprüft geglaubt wurde. Als besonders beliebt erwies sich die Übertragung von naturwissenschaftlichen Erkenntnissen auf das menschliche Verhalten und Zusammenleben. Dabei spielte die falsche Gleichsetzung des anthropologischen Begriffs der »Rasse« als Zusammenfassung gewisser Formengruppen von Menschen mit dem biologischen Begriff der »Art« eine Schlüsselrolle. Der Publizist Wilhem Marr (1818–1904), der den Begriff »Antisemitismus« als Fremdwort für das deutsche Wort »Judenfeindschaft« prägte, schloß aus der Tatsache, daß sich die menschlichen Rassen in ihren typischen Merkmalen weitgehend erhalten haben, daß zwischen ihnen wie bei den biologischen Arten Paarungsgrenzen verlaufen. Daß dem gänzlich andere Faktoren zugrunde liegen: jahrtausendelang höchst geringe Bevölkerungsdichten, natürliche Barrieren gegen Wanderungen, unentwickelte Mobilität, Kulturschranken u. a., wurde trotz erdrückender Gegenbeweise ignoriert. Beispiele, daß es eben doch zu Vermischungen kommt, wurden im Gegenteil als Alarmzeichen für eine drohende »Bastardisierung« der Menschheit gedeutet.
Diese angebliche Gefahr wurde mit der Beobachtung begründet, daß die kulturelle Entwicklung ganz offensichtlich mit der Rasse in Zusammenhang stehe. Der deutsche Philosoph Immanuel Kant (1724–1804) schrieb schon 1775: »Die Menschheit ist in ihrer größten Vollkommenheit in der Race der Weißen.« Das kulturell-rassische Argument löste im Gefolge der Aufklärung überholte religiöse Rechtfertigungen für die Unterdrückung anderer Völker, für Kolonialismus und Sklaverei ab. Die scheinwissenschaftliche Fundierung machte das Modell besonders erfolgreich, denn der Verlust

der Mythen durch den Rationalismus und der technische Fortschritt führten zu einer Wissenschaftsgläubigkeit, die noch unangekränkelt war durch die Erkenntnis der Vorläufigkeit auch wissenschaftlicher Ergebnisse. Insbesondere die Forschungen von Charles Darwin (1809–1882) über »Die Entstehung der Arten durch natürliche Zuchtwahl« (1859) schienen die Ansicht zu untermauern, daß die »im Kampf ums Dasein« erfolgreiche weiße Rasse auch besonders wertvoll sei und sie sich mithin auf das »Recht des Stärkeren« berufen könne.

Der französische Kulturphilosoph Arthur Graf Gobineau (1816–1882) sah unter den Weißen vor allem die »Arier«, eine der Sprachwissenschaft entlehnte Bezeichnung, als die eigentlich »kulturschöpferische« Gruppe an. Sein britischer Jünger Houston Stewart Chamberlain (1855–1927) grenzte das weiter ein auf »die Germanen«, weswegen den Deutschen in seiner Geschichtsinterpretation die Rolle eines auserwählten Volkes zukommt, weil sie den »germanischen Rassekern« angeblich am reinsten bewahrt haben. Solcher Deutung folgte zwingend die Handlungsanleitung, nach der im »Rassenkampf« der Sieg nur durch Reinhaltung der Rasse errungen werden könne; der Rassenbegriff hatte sich damit endgültig von der präzisen biologischen Definition gelöst und war zur kulturellen Kampfparole verkommen: Eindämmung von weiterer Mischung und Eliminierung bereits aufgenommener Fremdanteile war danach das Gebot der Stunde.

Hier setzte der Antisemitismus an und ergänzte seine traditionellen Argumente religiöser und ökonomischer Art durch rassische Komponenten: Wieder wurde nicht der historische Prozeß beachtet, der zur Sonderrolle der Juden geführt hatte; sie wurden vielmehr als Rasse eingestuft und ihre Ausgrenzung wegen ihrer verderblichen Rasseneigenschaften gefordert. Wie Neger besonders kindisch seien, so seien Juden auf das Schmarotzen spezialisiert, denn sonst sei nicht erklärlich, warum sie in aller Welt nur als Minderheiten existierten und offenbar unfähig seien, ein eigenes Gemeinwesen zu bilden. Dieses parasitäre Verhalten sei erblich angelegt und habe zu einer besonderen jüdischen Perfidie geführt: Damit die Juden möglichst ungestört ihre Zersetzungstätigkeit ausüben könnten, hätten sie sich den »Wirtsvölkern« so weit angepaßt, daß sie nicht sogleich als »fremdrassig« zu erkennen seien. Für die Antisemiten hatte Rassenpolitik also in erster Linie in der »Ausscheidung« der Juden aus dem »Volkskörper« zu bestehen.

Dieser biologistischen Sicht entstammte die Vorstellung, daß Träger der Rasseeigenschaften und -merkmale das Blut sei. Rassereinheit hieß damit Blutreinheit; Blutmischung hingegen bedeutete danach »Senkung des Rasseniveaus«. Nur strikte »Rassenhygiene« könne dem vorbeugen. Solch radikaler Rasseantisemitismus war die Ideologie einer Minderheit, die aber auf diffuse antisemitische Vorurteile einer Mehrheit setzen konnte. Auch in der wahnhaften nationalsozialistischen Ausformung in Hitlers Weltanschauung blieb das biologistische Argument den meisten fremd, wurde aber wegen der judenfeindlichen Vorprägung vieler ohne große Widerstände im Dritten Reich zur Staatsdoktrin nach der aus »Mein Kampf« stammenden Devise: Höchstes Ziel allen politischen Handelns habe die »Erhaltung des rassischen Daseins der Menschen« zu sein. Rasse gewann in diesem Verständnis neben der biologischen Bedeutung einen fast mythischen Sinn als Schicksal und Auftrag des »nordischen Menschen«.

Die erwähnte Wahnhaftigkeit zeigte sich, als es darum ging, den Begriff »Jude« rassisch zu definieren. Da sich »jüdisches Blut« weder unter dem Mikroskop noch chemisch von anderem unterscheiden läßt und da auch andere physiologische oder physiognomische Merkmale kaum etwas hergeben, blieb den Judenverfolgern nur der Rekurs auf religiöse Anhaltspunkte. Der Glaube des Betroffenen selbst spielte keine Rolle, nur die Abstammung machte ihn zum »Arier«

(»Deutschblütigen«) oder zum Juden, nämlich dann, wenn in seiner Vorfahrenreihe Juden mosaischen Glaubens in gewisser Zahl festzustellen waren. Die behördlichen Kriterien unterschieden schließlich zwischen Volljuden (vier jüdische Großelternteile), Halbjuden, Mischlingen 1. und Mischlingen 2. Grades.

Damit waren aber bei weitem nicht alle Probleme gelöst, wie schon am Beispiel unehelicher Kinder unbekannter Väter zu sehen. Der definitorische Irrwitz führte aber weder bei Behörden noch bei sogenannten Wissenschaftlern (Rassekundlern) zu Zweifeln an den Grundlagen der Obsession, sondern nur zu immer feineren Abstufungen und Etikettierungen, die nicht selten über Leben oder Tod entschieden. Immerhin hatte diese mörderische Pervertierung von Wissenschaft nicht geringen Anteil daran, daß sich ein Umdenken anbahnte, das auch für Erkenntnisse der Forschung Verfallsdaten oder doch regelmäßige Überprüfungen für unumgänglich hält. Aus der Anthropologie ist der Rassebegriff fast ganz verschwunden und weitgehend durch typologische Kategorien ersetzt worden. Eine jüdische Rasse führt schon das Völkergemisch in Israel von schwarzen Falaschen bis zu blonden Einwanderern aus Nordeuropa ad absurdum.

Lit.: Markus Fugmann: Moderner Antisemitismus, Frankfurt a. M. 1998 ■ Raul Hilberg: Die Vernichtung der europäischen Juden, 3 Bände, Frankfurt a. M. 1990 ■ Dieter Pohl: Holocaust. Die Ursachen, das Geschehen, die Folgen, Freiburg i. Br. 2000

Antisemitismus [2]

Zionisten arbeiteten den NS-Judenverfolgern in die Hände

»Wir sind ein Volk ...« Schon einmal markierte diese Formel eine Revolution, als Theodor Herzl (1860–1904) erkannte, was Antisemiten schon immer behauptet hatten, daß nämlich die Juden in der Diaspora (Zerstreuung) trotz aller Emanzipation und Assimilation weiterhin »eine historische Gruppe von erkennbarer Zusammengehörigkeit« seien und stets bleiben würden. Aus dieser Erkenntnis entwickelte Herzl in seinem Buch »Der Judenstaat – Versuch einer modernen Lösung der Judenfrage« (1896) den Grundgedanken des Zionismus: Eine gedeihliche Zukunft könne es für die Juden der Welt nur geben durch Wiederversammlung im »gelobten Land«, also in Palästina mit dem Zentrum Jerusalem (Zion). Natürlich sah Herzl den Volkscharakter der Juden nicht rassisch, aber doch im Sinn einer ethnischen (damals hätte man gesagt »völkischen«) Homogenität und kulturell-religiösen Identität, die beide durch bürgerliche Emanzipation und durch die Assimilation an die gastgebenden Völker gefährdet seien.

Herzls Sorgen teilten anfangs wenige, und auch die sich steigernde antisemitische Hetze nach der Katastrophe des *Ersten Weltkriegs* änderte daran wenig. Man war Deutscher und wollte das auch bleiben. Die Antisemiten wollten das natürlich nicht zulassen und die fanatischen Nationalsozialisten, allen voran Hitler, noch viel weniger. Einig waren sie sich darin paradoxerweise mit der zionistischen Minderheit unter den deutschen Juden, zusammengeschlossen unter dem Dach der Zionistischen Vereinigung für Deutschland (ZVfD) oder in kleineren Gruppen wie den sogenannten Staatszionisten. Das heißt nicht, daß die zionistisch gesinnten Juden das Erstarken der Nazi-Partei etwa begrüßt hätten, auch wenn sie in deren brutaler Judenfeindschaft eine Bestätigung für die Alternativlosigkeit ihres Konzepts einer eigenen Heimstätte für das jüdische Volk in Palästina sahen.

Im Gegenteil: Sie erkannten weit deutlicher als die anderen die heraufziehende Gefahr, hofften aber dadurch, daß sie die Angriffsbewegung der Feinde mitmachten, Druck abzubauen und Kompromisse erzielen zu können. Nach dem Amtsantritt Hitlers suchten sie Kontakt zu NS-Behörden, allerdings erst nach einigem Zögern und schweren inneren Kämpfen. Hitler ließ ja nie einen Zweifel daran, daß in seinen Augen die Zionisten genauso minderwertig wie alle Juden waren. Und von ihrem Streben nach einem eigenen Staat sagte er bereits 1920 abfällig, dieser solle nichts anderes werden als »die letzte vollendete Hochschule ihrer internationalen Lumpereien«. Gerade diese harte Frontstellung bildete die Brücke für die Zionisten zu den neuen Machthabern, die mit ihrem Judenboykott vom 1.4.1933 die von den Zionisten behauptete Unmöglichkeit einer Assimilation schlagend unter Beweis gestellt hatten. Die zionistische »Lösung der Judenfrage« müsse daher aus den gegensätzlichen Gründen in beider Interesse liegen, weshalb man auch von der judenfeindlichen Regierung Unterstützung beim Streben nach Auswanderung erwarte.

Einen entsprechenden Appell richtet die ZVfD im Juni 1933 an Hitler direkt, wobei sie sich freilich dadurch bei den nicht auswanderungsbereiten Juden und bei der Nachwelt in ein schiefes Licht brachte: Sie begrüßte nämlich ausdrücklich die »nationale Wiedergeburt« Deutschlands und machte sich den feindlichen Grundgedanken von der durch Abstammung und »Artbewußtsein« geprägten Schicksalsgemeinschaft jeden Volkes zu eigen. Mit solchen Verbeugungen suchte man für die als unausweichlich angesehene Auswanderung möglichst erträgliche Bedingungen zu erreichen, denn die Schikanen seit Einführung des Arierparagraphen (7.4.1933) ließen Böses ahnen. Zwar konnte von »erträglich« dann kaum die Rede sein, doch kam eine Vereinbarung zustande, die nicht völlig konfiskatorisch war:

Im August 1933 schloß die Reichsregierung mit Vertretern der ZVfD ein Abkommen, das mit dem hebräischen Wort für »Transfer« (von Geld und Menschen) bezeichnet wird. Dieses Haavara-Abkommen erlaubte es den nach Palästina auswandernden Juden, einen kleinen Teil ihres Besitzes über deutsche Exporte nach Palästina zu retten: Blockiertes jüdisches Vermögen wurde auf ein Konto der Haavara Ltd. bei der Reichsbank überwiesen. Jüdische Importeure in Palästina bezahlten Einfuhren aus Deutschland bei der Anglo-Palestine Bank, die etwa die Hälfte des Betrags an die Reichsbank transferierte, während die Waren von der Haavara Ltd. in Reichsmark aus dem jüdischen Vermögen bezahlt wurden. Die Auswanderer erhielten dafür von der Haavara einen anteiligen Ausgleich für ihr zurückgelassenes Vermögen auf dem Umweg über die bei der Anglo-Palestine Bank hinterlegten Summen für die Waren.

So kompliziert das Verfahren war, so rettete es doch den bis 1939 nach Palästina ausgewanderten 66 000 deutschen Juden insgesamt über 100 Millionen Reichsmark, eine kleine Beihilfe zum Neuanfang, wenn auch nur für vergleichsweise wenige. Die Vorteile deutscherseits waren ungleich massiver. Nicht nur die erwünschte Auswanderung, sondern der deutsche Export insgesamt erfuhr nachhaltige Förderung, ohne daß die Devisenbestände sonderlich belastet wurden. Entsprechend bevorzugt wurden die zionistischen Organisationen gegenüber den anderen jüdischen Gruppen in Deutschland. Daß man mit dem Zustrom deutscher Juden nach Palästina der Bildung eines eigenen jüdischen Staates Vorschub leistete, löste zwar Kontroversen in der NS-Führung aus, hatte aber letztlich keine Auswirkung auf das Abkommen. Hitler hatte ein Machtwort gesprochen und der Auswanderung vor Rücksichten auf etwaige außenpolitische Probleme mit den Arabern klare Priorität eingeräumt.

Das führte zu einer Verlagerung der Zuständigkeit für die Auswanderung von den Ministerien auf SS, SD und Polizei. Heinrich Himmlers Machtapparat setzte nun ganz auf Förderung der Zionisten. Zwar wurde die ZVfD nach der Reichskristallnacht *(Novemberpogrom)* 1938 wie schon vorher alle anderen Organisationen der Juden aufgelöst, doch ihr sogenanntes Palästina-Amt für die Auswanderung blieb bestehen, ja, der SD lieferte ihm für die bei den Ausschreitungen zerstörten Unterlagen und Betriebsmittel Ersatz. Es kam auch zur Zusammenarbeit zwischen SD und Gestapo einerseits und Agenten des jüdischen Selbstschutzes in Palästina (Hagana und Mossad) bei der Organisation der illegalen jüdischen Einwanderung in Palästina, das die britische Mandatsmacht wegen der Unruhen der Araber zunehmend gegen jüdische Flüchtlinge abschottete. Die Kooperation klappte bis in den Krieg hinein.

Daraus haben manche eine zionistisch-nationalsozialistische Komplizenschaft konstruieren wollen, was die diametral entgegengesetzten Motive völlig verkennt. Für die NS-Judenverfolger waren die Zionisten zwar erwünschte Verbündete, solange Auswanderung möglich war. Doch als Juden blieben sie genauso gefährdet wie alle anderen. Nur: Die Zionisten hatten diese Gefahr im vollem Umfang erkannt und nahmen ihrerseits die Nazi-Hilfe für ihre Anstrengungen zur Rettung so vieler Juden wie möglich an. Bis 1938 aber war dennoch nur ein Drittel der deutschen Juden zur Auswanderung zu bewegen. Das hatte manchmal altersbedingte Gründe, lag an der Unwilligkeit anderer Länder, jüdische Flüchtlinge aufzunehmen, und wurde auch von der planmäßigen Verarmung durch die Auflagen der deutschen Behörden sehr schwer gemacht.

Es kam aber noch hinzu, daß vielen viel zu lange nicht vorstellbar war, wozu ihre Peiniger noch fähig sein würden. Sie hielten es mit dem Chemie-Nobelpreisträger Richard Willstätter, der seine Weigerung zu gehen so ausdrückte: »Ich weiß, daß Deutschland verrückt geworden ist, aber wenn eine Mutter krank wird, ist das kein Grund für ihr Kind, sie zu verlassen.« Er rettete sich dann doch noch in letzter Minute. Seine Haltung aber war sehr verbreitet und machte es den Zionisten so schwer, für ihre Position zu werben – trotz der zunehmenden Ächtung und Entrechtung der Juden in Deutschland und trotz des heraufziehenden Krieges.

Lit.: John V. H. Dippel: Die große Illusion. Warum deutsche Juden ihre Heimat nicht verlassen wollten, München 2001 ▪ Francis R. Nicosia: Ein nützlicher Feind. Zionismus im nationalsozialistischen Deutschland 1933–1939, in: VfZ 3/1989

Antisemitismus [3]

→ *Judenvernichtung [3],* → *»Protokolle der Weisen von Zion«*

Arbeitslosigkeit

Ein NS-Wirtschaftswunder überwand die Krise

Deutschland lebt seit der Wiedervereinigung 1990 mit einem Sockel von fast vier Millionen Arbeitslosen. Das schafft zwar erhebliche Schwierigkeiten, doch in keiner Weise vergleichbare mit denen, die aus der Weltwirtschaftskrise mit den sechs Millionen Erwerbslosen zu Beginn der 1930er Jahre resultierten. Das liegt an den heute ganz anderen Rahmenbedingungen (Ausgangslage, Produktivität, soziale Sicherungssysteme u.a.), aber auch an einem oft wenig oder gar nicht berücksichtigten völlig anderen Beschäftigungsgrad: Erst bei Verdreifachung der heutigen Arbeitslosigkeit hätte man ein statistisch ähnlich dramatisches Problem wie seinerzeit. Nur auf diesem Hintergrund wird begreiflich, welche Erlösung für die Zeitgenossen die nach 1933 einsetzende rapide Erholung auf dem Arbeitsmarkt bedeutete und warum bis heute bei Gesprächen über jene Jahre alte Leute, aber auch erheblich jüngere (siehe Österreichs Jörg Haider) geradezu mit Ehrfurcht von Hitlers »Wirtschaftswunder« schwärmen: »Die Arbeitslosen hat er beseitigt.«
Polemisch erwidern manche darauf: »Im wahrsten Sinn des Wortes« und erinnern daran, daß Sozialdemokraten, Gewerkschafter und Kommunisten, also vornehmlich Arbeiter,

das Gros der ersten Häftlinge der Konzentrationslager ausmachten und daß sie auch den Löwenanteil der ersten Emigrationswelle bildeten. Das trifft die Sache allenfalls insofern, als es zeigt, über welche gesteigerte Machtfülle Hitler schon wenige Wochen nach Übernahme der Regierungsgeschäfte verfügte. Wirtschaftlich betrachtet aber zieht das Argument schon zahlenmäßig in keiner Weise, geschweige denn strukturell. Die Fakten: Ein Ende der Talsohle war beim Machtantritt Hitlers nicht in Sicht, die Zahl der Arbeitslosen lag mit 6,1 Millionen in etwa so hoch wie ein Jahr zuvor, wobei das durch statistische Aussteuerungen in gewisser Weise noch geschönt war. Im Jahresdurchschnitt 1932 hatte die Quote 5,6 Millionen betragen, nach einem Jahr Hitler war die Marge auf 4,8 Millionen gesunken, 1934 zählte man noch 2,7 Millionen und im Jahr darauf nur mehr 2,1 Millionen, 1936 war Vollbeschäftigung erreicht.

All das gelang mit einem erheblichen Mut zu kreditfinanzierter Konjunkturankurbelung, dem »deficit spending«, das Hitlers Wirtschaftsexperte Hjalmar Schacht zur Virtuosität entwickelte. Spätestens hier kommt der Einwand: Es handelte sich aber um eine unproduktive Belebung, denn sie ging ja vornehmlich auf Ausweitung der Rüstungsausgaben zurück. Das ist nachweislich nicht der Fall gewesen, auch wenn es Hitler gern gehabt hätte. Die Reichswehr war weder personell noch organisatorisch imstande, so urplötzlich ihren Etatrahmen zu dehnen. Daran ändern auch Verweise auf den Bau der *Reichsautobahnen* nichts, denn dieser war nie ein Rüstungsprojekt. Die Reichswehr setzte ebenso wie später die Wehrmacht auf Eisenbahnlogistik, zumal das geplante Streckennetz der Autobahnen eher quer zu den mutmaßlichen Transportrichtungen verlief, wie der Name für die erste vor 1933 geplante Hauptstrecke schon sagt: HAFRABA: Hamburg–Frankfurt–Basel. Eine strategische Mitplanung durch Militärs fand auch später zu keinem Zeitpunkt statt.

Nein, in den ersten beiden Jahren der Regierung Hitler kamen die belebenden Impulse vornehmlich aus der Bauwirtschaft, auch wegen des Autobahnprojekts (Gesetz vom 27.6.1933), und aus der Kfz-Industrie, die von der Aufhebung der Kfz-Steuer mit Gesetz vom 10.4.1933 profitierte. Das Baugewerbe und weitere Branchen zogen zudem Nutzen aus anderen Vorhaben: Steuerfreiheit für Ersatzbeschaffungen von Wirtschaftsgütern, Kreditförderung für Instandsetzungsarbeiten, Steuerbefreiung für den Bau von Kleinwohnungen und Ehestandsdarlehen (Gesetz vom 1.6.1933). Letztere waren zwar in erster Linie bevölkerungspolitisch gedacht, denn sie konnten durch Geburten »abgekindert« werden, doch ihre konjunkturelle Wirkung übertraf das Hauptziel bei weitem. 1933 wurden 200 000 Ehen mehr als 1932 geschlossen, und bis 1935 wuchs die Auszahlung der besagten Darlehen auf 206 Millionen RM. Viele Frauen schieden damit aus dem Berufsleben aus, was die Lage auf dem Arbeitsmarkt entspannte.

Daß Deutschland unter der Regierung Hitler rascher als alle anderen vergleichbaren Staaten die Weltwirtschaftskrise überwunden hat, läßt sich nicht wegdiskutieren. Daß ihm dies auch nachhaltiger als den anderen gelang, hat dann aber doch mit der massiven Aufrüstung zu tun. Und auch die ersten Erfolge sind nicht zuletzt diktatorischen Möglichkeiten zu danken. So konnte Hitler die Bereitschaft der Großindustrie zu Investitionen durch Zerschlagung der Gewerkschaften und durch Steuervergünstigungen steigern, die in einem Parlament so nicht durchzusetzen gewesen wären. Auch die mörderische Ausschaltung des sozialrevolutionären Flügels der eigenen Partei im Rahmen der Röhm-Affäre 1934 wurde als positives Signal auf der Kapitalseite verstanden. Zwar kamen Militärausgaben so früh noch nicht direkt zum Tragen, doch konnte für die Wirtschaft nicht zweifelhaft sein, daß erhebliche Auftragsvolumina zu erwarten standen, und auch das besserte die Investitionsneigung.

Also doch ein schiefes Wunder? Nein und ja: Einerseits ist nicht zu bestreiten, daß es Hitler dank der unbeschränkten Macht leichter hatte als alle Vorgänger, doch andererseits ist ebensowenig strittig, daß ihm ein gewisses Motivationswunder glückte. Er drückte das so aus: »Es gibt zwei Arten, wie man eine Not lindern kann: entweder indem man die Not tatsächlich beseitigt – das geht aber nicht immer, zum mindesten nicht sofort – oder indem man das Gefühl für die Not beseitigt! Und das geht, wenn man es richtig anfängt!« Er fing es richtig an, auch wenn die Not nur sehr allmählich und stellenweise gar nicht wich (z. B. beim *Wohnungsbau*). Da bald nämlich die Rüstungsaufträge Priorität hatten, gelang keine wirklich merkliche Steigerung des Lebensstandards oder doch eine nur deswegen merkliche, weil der während der Krise auf ein extrem niedriges Niveau gesunkene private Konsum jeden kleinen Lichtblick als Riesenhoffnung erscheinen ließ.

Auf Sicht also konnte von »Wunder« keine Rede sein, nicht nur weil die auf Krieg gerichtete Politik letztlich alle Hoffnungen und zahllose Existenzen vernichtete, sondern auch weil es ein planwirtschaftliches und damit »deformiertes Wachstum« war, wie es fachlich genannt wird. Es hielt ja nur an, weil bald die Rüstungskomponente griff und weil die leidgeprüfte Bevölkerung zu großen Opfern bereit war. Auf dem Konsumgütersektor nämlich tat sich wenig, Ersatzstoffe, wohin man sah. Hermann Görings Spruch »Kanonen und Butter« mußte schon vor dem Krieg als »Kanonen und Kunsthonig« gelesen werden. Das wurde überdeckt vom Hochgefühl vieler Menschen, wieder gebraucht zu werden. Es half auch dabei, manche Einbußen zu ertragen: verdeckte Inflation, Verlust der Koalitionsfreiheit, tarifpolitische Entmündigung, Aufgabe der freien Wahl des Arbeitsplatzes, Verlängerung der Arbeitszeiten, Zwangsmitgliedschaften, Bürokratisierung.

Ein letzter Punkt muß betont werden: Der Aufschwung

war nicht nur kein Wunder und, wäre er eines gewesen, nicht einmal allein sein – Hitlers – Wunder. Vieles war vor ihm angelegt: Das Ende der Reparationen im Sommer 1932 schuf erst den Spielraum für die Kreditfinanzierung, weil sich das Reich seinen Gläubigern gegenüber nicht mehr mit Gewalt arm sparen mußte; schon die Vorgängerregierungen Papen/Schleicher hatten Programme zur Arbeitsbeschaffung aufgelegt; die Konjunktur war schon vor Hitlers Ernennung angesprungen, doch zeigte sich das in der Beschäftigung wie üblich mit Verzögerung, denn sie ist ein sogenannter Spätindikator. Kurz: Es ging aufwärts, aber nicht wegen oder doch nicht nur wegen Hitler, in manchem sogar trotz Hitler.

Lit.: Werner Abelshauser: Kriegswirtschaft und Wirtschaftswunder, in: VfZ 4/1999 ▪ Christoph Buchheim: Die Wirtschaftsentwicklung im Dritten Reich, in: VfZ 4/2001

Ardeatinische Höhlen

→ *Fosse Ardeatine*

Atombombe [1]

Deutsche Forscher haben den Bau von Kernwaffen absichtlich hintertrieben

Die deutschen Forscher Otto Hahn und Fritz Straßmann entdeckten Ende 1938 die Kernspaltung, und wenig später gelang ihrer einstigen, inzwischen als Jüdin vor den Nazis geflohenen Kollegin Lise Meitner die richtige Interpretation der Ergebnisse. Die Chancen auf gigantische Energiefreisetzungen im Guten wie im Bösen zeichneten sich ab. In Deutschland und vor allem in den USA begann ein Wettlauf um die technische Nutzung der Kernenergie, wobei militärischer wie friedlicher Einsatz nicht voneinander zu trennen waren. Wem eine kontrollierte Kettenreaktion gelang, dem stand der

Weg zur Bombe ebenso offen wie der zu wirtschaftlichem Einsatz von Reaktoren.

In den USA wie in Deutschland förderte in erster Linie das Militär die Forschung, wobei ein Brief des deutsch-jüdischen Physikers Albert Einstein an US-Präsident Roosevelt vom 2.8.1939 den Impuls gab, während in Deutschland Physiker des Heereswaffenamts die Bedeutung der Forschungen erkannten. Unterschiedlich beantwortet wurde allerdings seit 1941/42 die Frage, ob sich eine Waffenentwicklung noch während der natürlich nur schwer abzuschätzenden Kriegsdauer realisieren und zum Sieg nutzen lassen würde. Die US-Forscher bejahten die Frage nach dem japanischen Angriff und der deutschen Kriegserklärung im Dezember 1941, da sie nun noch mit mehreren Jahren Krieg rechneten. Die deutschen Förderer sahen zwar ebenfalls noch eine mehrjährige Kriegsdauer nach dem Scheitern des *Blitzkriegs* vor Moskau zur gleichen Zeit, doch setzten sie nun andere Prioritäten. In der bedrängten Lage des Reiches brauchte man rasche Erfolge, und da versprach die Raketenwaffe *(Wunderwaffen)* mehr als die A-Bombe.

Waren bis hierhin die deutschen und die amerikanischen Entwicklungen erstaunlich parallel verlaufen und hatten zu sehr ähnlichen Ergebnissen geführt, so trennten sich nun die Wege. Während in den USA der Schritt zu großtechnischer Umsetzung in Isotopentrennanlagen und Reaktoren gewagt wurde, blieb es in Deutschland bei recht bescheidener Laborwissenschaft, die natürlich erst in weit fernerer Zukunft praktische Anwendungen ermöglichen würde. Insofern stellte sich für die deutschen Wissenschaftler die Gewissensfrage gar nicht, ob man ein so furchtbares Massenvernichtungsmittel für Hitler entwickeln dürfe. Dieses in den Nachkriegsdebatten heftig diskutierte Problem entstand erst, als der US-Einsatz von Kernwaffen gegen Japan das unerhörte Zerstörungspotential der neuen Bomben hatte offenbar werden lassen, also eben erst in der Nachkriegszeit.

Es schaudert die Menschen halt gern, und die Wissenschaftler entdeckten ein wohlfeiles Mittel, sich den Nichtbau der deutschen Atombombe als Verdienst ans Revers zu heften. Jetzt, da es darum ging, eine Kontamination mit Nazi-Gedankengut in Abrede zu stellen und die Fahne der angeblich unpolitischen Wissenschaft hochzuhalten, griffen Männer wie Werner Heisenberg und Carl Friedrich von Weizsäcker zu der Behauptung, man habe sich vorsätzlich zurückgehalten. Das Know-how hätten sie schon gehabt, aber aus ethischen Erwägungen nicht gehandelt. Das mag anfangs eine Ausflucht gewesen sein, die aber so begierig aufgegriffen wurde, daß sie nach und nach zum festen, unbezweifelten Selbstbild der deutschen Physiker wurde.

US-Forscher und -Publizisten dagegen stellten die deutschen Kollegen als unfähig dar und deren moralische Argumentation als Bemäntelung von schweren Fehlern. Beide verkannten, daß die Probe aufs Exempel nie gemacht worden war: Die deutschen Wissenschaftler erhielten aus den erwähnten Gründen gar nicht erst die nötigen Mittel und konnten daher die von amerikanischen Gegnern angeprangerten Fehler auch nicht begehen. Bis zum praktischen »Nein« zu einer deutschen Kernwaffenentwicklung im Frühjahr 1942 lassen sich solche Fehler auch nirgends ausmachen.

Auch die Argumente der amerikanischen Kernforscher waren durchsichtige Nachkriegsmanöver, denn nach den entsetzlichen Schlägen gegen Hiroshima und Nagasaki brandete in den USA eine heftige Kontroverse um die Verantwortung der Naturwissenschaftler auf. Da traf es sich günstig, daß man gerade eine Vernichtungsdespotie wie die Hitlers niedergerungen hatte, gegen die man zwar keine A-Waffen gebraucht hatte, gegen die man aber solche Waffen künftig als Trumpf dringend in der Hinterhand haben mußte. Das war mit Blick auf die Sowjetunion argumentiert, die sich zum neuen weltpolitischen Rivalen und Schurkenstaat zu entwickeln begann. Jedenfalls entstand daraus in den USA ein scharf antikom-

munistischer Kurs, der in Europa nicht nur auf Zustimmung stieß. Vielleicht fiel auch aus Angst vor einer nuklearen Konfrontation die Legende von der moralischen Überlegenheit der deutschen Physiker, die sich angeblich Hitler verweigert hatten, auf so fruchtbaren Boden.
Ausschlaggebend für ihre Haltbarkeit aber war in erster Linie sicher die Schonhaltung, die sie ermöglichte. Nachdem immer deutlicher wurde, in welch grausigem Ausmaß Wissenschaftler in Menschenversuche und andere NS-Verbrechen verstrickt waren, tat es gut, wenigstens eine Disziplin sozusagen als Widerstandsfach präsentieren zu können. Daß auch das freilich nur eine fromme Selbsttäuschung war, läßt sich heute nicht mehr bestreiten.

Lit.: Paul Lawrence Rose: Heisenberg und das Atombombenprojekt der Nazis, Zürich/München 2001 ▪ Mark Walter: Die Uranmaschine. Mythos und Wirklichkeit der deutschen Atombombe, Berlin 1990

Atombombe [2]

Die Entwicklung deutscher Nuklearwaffen unterblieb, weil Hitler mauerte

Gewiß, für Hitler war die Einsteinsche Relativitätstheorie und damit die moderne theoretische Physik suspekt, weil in seinen Augen »jüdisch«. Leute wie Werner Heisenberg, die sich damit beschäftigten, galten ihm und seinen Rasseideologen als »weiße Juden«. Doch bewies gerade Heisenberg, daß Hitler sich nicht so weit auf naturwissenschaftliches Terrain vorwagte, daß den deutschen Physikern der Anschluß an internationale Standards verwehrt worden wäre. Gegen die Polemik der SS-Zeitschrift »Das Schwarze Korps«, Heisenberg sei eine Art »Ossietzky der Physik«, konnte der Nobelpreisträger gerichtlich durchsetzen, daß er weiterhin über Atomphysik und die geschmähte Relativitätstheorie schreiben, arbeiten und lehren durfte.

Die Vorbehalte Hitlers hatten zunächst auch keine Auswirkung auf das deutsche Kernforschungsprogramm, das sogar vom Heereswaffenamt bis 1941 stark gefördert wurde (s. *Atombombe [1]*). Doch seit 1942 führte Hitlers Drängen nach rascheren Ergebnissen bei der Entwicklung von neuen Waffensystemen zum Entschluß, nicht in industriellem Maßstab nuklearen Sprengstoff zu entwickeln. Damit war eine deutsche A-Bombe noch in den 1940er Jahren illusorisch geworden, weil im Laborumfang technisch umsetzbare Erfolge erst in sehr vielen Jahren zu erwarten waren. So gesehen hatten Hitlers rüstungspolitische Wünsche schon Einfluß auf die Kernforschung. Doch die Frage, ob bei anderer Orientierung des »Führers«, der die Raketenentwicklung favorisierte, Kernwaffen zu bauen gewesen wären, ist damit allein noch nicht beantwortet.
Bei Berücksichtigung der deutschen Industriekapazitäten, der Anzahl qualifizierter Wissenschaftler und Techniker und der finanziellen Möglichkeiten des Reiches im Krieg darf sie jedoch getrost verneint werden. Hinzu kam ja auch der strategische Luftkrieg der Alliierten gegen Deutschland, der ein solches Projekt sehr erschwert hätte, wie das Beispiel der Norsk-Hydro-Werke zeigt: Die deutschen Atomforscher hatten sich bei ihren Atommeilern (Reaktoren) für schweres Wasser (Deuterium) als Moderatorsubstanz entschieden, das nur in der genannten südnorwegischen Firma hergestellt wurde. Bei der Besetzung Norwegens fanden die Deutschen dort aber kein schweres Wasser vor, weil die Bestände in letzter Minute von Frankreich aufgekauft worden waren. Auch aus Frankreich konnten sie nach dem deutschen Angriff im Westen von den Alliierten nach England in Sicherheit gebracht werden.
Norsk Hydro nahm die Produktion für die Deutschen wieder auf und stellte zunächst auch ausreichende Mengen her, bis einem britischen Kommandounternehmen am 28.2.1943 die Zerstörung der Konzentrieranlage gelang. Nach der Reparatur

kam die Produktion wegen alliierter Bombenangriffe nicht auf Touren, woraufhin die Evakuierung nach Deutschland geplant wurde. Doch das dazu eingesetzte Fährschiff wurde am 20.2.1944 versenkt. Allenfalls 1941/42 verfügten daher die deutschen Forscher über genügende Mengen schweren Wassers, um auch nur einen Reaktor in Gang zu bringen. Der zuletzt im Februar 1945 von Berlin nach Haigerloch in eine unterirdische Fabrik verbrachte Meiler wurde deswegen und wegen zu geringer Dimensionierung nicht mehr kritisch.

An eine Bombenentwicklung wäre mithin auch bei voller Unterstützung durch das Regime nicht zu denken gewesen. Die von den USA aufgewandten über zwei Milliarden Dollar und über 300 000 Mitarbeiter hätten nie zur Verfügung gestanden. Das belegen auch mitgeschnittene Gespräche der führenden deutschen Wissenschaftler, die nach Kriegsende im englischen Farm Hall interniert und abgehört worden sind. Sie erlebten dort den Einsatz der A-Bomben gegen Japan, was Otto Hahn, den Entdecker der Kernspaltung, an den Rand des Selbstmords brachte und die Legende entstehen ließ, man habe die Bombe gar nicht bauen wollen (s. *Atombombe [1]*). Fast alle gaben aber auch zu, daß sie von deutscher Seite in der kurzen Frist nicht zu realisieren gewesen wäre, in der den USA der Bau geglückt war. Und selbst die amerikanische Bombe kam für Europa noch zu spät.

Zur Reaktorreife hätten die deutschen Kernphysiker ihre Forschungen wohl mit mehr Förderung bringen können, zur Waffenreife aber während der Kriegsdauer keinesfalls. Daran war nicht Hitler schuld, und auch moralische Vorbehalte spielten keine Rolle. Es mangelte schlicht an den Ressourcen bei obendrein sich rapide verschlechternder Kriegslage.

Lit.: Mark Walter: Selbstreflexionen deutscher Atomphysiker. Die Farm Hall-Protokolle und die Entstehung neuer Legenden um die »deutsche Atombombe«, in: VfZ 4/1993

Auschwitz [1]

Es hat keine planmäßige Ermordung von Juden gegeben

Ein unglücklicher Begriff ist 1994 sogar zu juristischen Ehren gekommen, als das Bundesverfassungsgericht die Verbreitung der »Auschwitzlüge« als strafbar bestätigte (Aktenzeichen 1 BvR 23/94). Es stufte damit die Behauptung, es habe keine planmäßige, also keine von Staats wegen befohlene Ermordung von Juden in der Zeit 1941–45 gegeben, als »erwiesen unwahre Tatsachenbehauptung« ein, die nicht unter dem Schutz von Artikel 5 Grundgesetz (Meinungsfreiheit) steht. Unglücklich ist der Begriff insofern, als er schon 1972, allerdings in diametral umgekehrtem Sinn, auftauchte. Der ehemalige SS-Mann Thies Christoffersen brachte seinerzeit ein Buch unter diesem Titel mit ebender nun verbotenen Behauptung heraus. Er aber meinte natürlich, daß die Lüge nicht darin bestehe, den Völkermord abzustreiten, sondern gerade im Versuch, ihn als tatsächlich geschehen hinzustellen. Wenn von »Auschwitzlüge« die Rede ist, muß daher erst definiert werden, welche Bedeutung im fraglichen Fall gemeint ist. Dieser Text schließt sich dem Wortgebrauch des Gerichts an:
Wer zum ersten Mal mit dem ungeheuerlichen Verbrechen der »Endlösung der Judenfrage« konfrontiert wird, weigert sich zunächst, den Millionenmord für wahr zu halten. Das war schon während des Krieges bei vielen Menschen so, die nicht einmal dem eigenen Augenschein zu trauen vermochten. Und das war beispielsweise auch so, als ein polnischer Zeuge 1942 dem amerikanischen Präsidenten Roosevelt von den Vorgängen in seiner Heimat, wo die Vernichtungslager den millionenfachen Tod »produzierten«, berichtete. Der Kommentar des Präsidenten: »Ich kann Ihnen nicht glauben.« Auf den entrüsteten Vorhalt, das seien unwiderleglich bewiesene Tatsachen, entgegnete er: »Ich sage nicht, daß der

junge Mann lügt. Ich sage nur, daß ich ihm nicht glauben kann.« Ähnlich ging es den Richtern im *Nürnberger Prozeß* bei der Aussage von Rudolf Höß, dem einstigen Kommandanten des Lagers Auschwitz. Nur: Diesen Männern lag unbezweifelbares Beweismaterial vor, und sie hörten von einem der Haupttäter die ganze buchstäblich unglaubliche Wahrheit.
Schon bei durchaus glaubwürdigen Ereignissen wie der Landung von Menschen auf dem Mond melden sich stets Zweifler zu Wort, die zu »beweisen« versuchen, das sei ein aufgelegter Schwindel gewesen. Wieviel begreiflicher daher, wenn im Fall des NS-Genozids sich bei vielen der Verstand weigert, das Gehörte oder Gelesene für wahr zu halten. Leicht haben es da Leugner und Verharmloser, vor allem Jugendliche von der Auschwitzlüge zu überzeugen: Sie behaupten, die Nachrichten über den Völkermord seien von Juden und Kommunisten erfunden zur besseren Ausplünderung Deutschlands. Es nützt dann auch der Hinweis nichts, daß gerade Kommunisten bei der Darstellung des *Nationalsozialismus* mit Rücksicht auf die judenfeindlichen Araber und den Antisemitismus im eigenen Land gern die rassistische Komponente des Hitlerismus, also den Judenmord, sehr kleinschreiben.
Die Technik der Leugner ist immer die gleiche. Wenn sie nicht wie die eben Erwähnten das Gesamtgeschehen in Bausch und Bogen als Erfindung abtun, gehen sie so vor: Kleine Unstimmigkeiten in Zeugenaussagen oder leichte Abweichungen in den Daten nutzen sie zum Wecken von Zweifeln und schließen dann sozusagen von n auf n+1: Wenn dies oder das nicht der Wahrheit entspricht, dann vermutlich dies oder jenes auch nicht, und mithin ist der ganze Vorgang widerlegt. Nur kurze Beschäftigung mit den Dokumenten aber wird jeden, der nicht antisemitische Scheuklappen trägt oder aus anderen Gründen (z.B. Nichtertragenkönnen der Wahrheit) die Realität leugnet, davon überzeugen, daß die Endlösung eine

viel schrecklichere Wirklichkeit war, als menschliche Phantasie sich auszumalen in der Lage ist.
Die Originaldokumente (Reden Himmlers, die brutal offenen vielbändigen Tagebücher von Goebbels oder die 38 Bände Diensttagebücher von Generalgouverneur Frank) genügen meist schon. Manche allerdings sind auch dann noch nicht überzeugt, weil sie unterstellen, die Aufzeichnungen und Zeugenaussagen etwa von Höß könnten unter Zwang in der Haft entstanden sein, oder Franks uferlose Texte seien Fälschungen. Und Goebbels? Der habe doch ohnedies die Lüge zu seinem Beruf gemacht, wie ja gerade die Auschwitz-Ankläger sagen. Solche Zweifler aber, so sie den Wahn nicht bis hin zur Realitätsverweigerung treiben, müssen sämtlich kapitulieren, wenn sie sich in die Beweisunterlagen vertiefen, die in den großen Prozessen um die Vernichtungslager Auschwitz, Majdanek oder Treblinka zusammengekommen sind.
Die dabei verhandelten Taten sind nicht nur von Historikern erforscht, sondern von Staatsanwälten nach akribischer Würdigung zur Anklage gebracht worden. Im Auschwitz-Prozeß haben die Richter seit 1963 fast zwei Jahre lang darüber gegen 22 Angeklagte verhandelt und eine Unzahl von Zeugen gehört. Die Richter sind in so gut wie allen Fällen zu Schuldsprüchen gekommen, in neun Fällen blieb nur die lebenslange Haftstrafe. Die Morde von Majdanek führten noch im November 1974 zur Anklage von elf Männern und sechs Frauen. Nach Todesfällen und Verhandlungsunfähigkeit sowie Freispruch in vier Fällen wurden im längsten aller Verfahren gegen NS-Gewaltverbrecher 1981 nur noch acht Angeklagte zu Freiheitsstrafen verurteilt.

Lit.: Till Bastian: Auschwitz und die »Auschwitz-Lüge«. Massenmord und Geschichtsfälschung, München 1994 ▪ D. D. Guttenplan: Der Holocaust-Prozeß. Die Hintergründe der »Auschwitz-Lüge«, München 2001 ▪ Raul Hilberg: Die Vernichtung der europäischen Juden, 3 Bände, Frankfurt a. M. 1990 ▪ Dieter Pohl: Holocaust. Die Ursachen, das Geschehen, die Folgen, Freiburg i. Br. 2000

Im größten Konzentrationslager der SS waren keine Gaskammern in Betrieb

Amerika spielt bei der Erforschung und Verharmlosung des NS-Völkermords gleichermaßen eine erstaunliche Rolle: Zum einen scheint es manchmal so, als sei er an Amerikanern begangen worden, so hartnäckig und mit so großem Aufwand wird an der Untersuchung und Darstellung gearbeitet. Zum anderen gibt es in den USA und Kanada Zentren des Neonazitums, die weltweit die Szene der unbelehrbaren Hitler-Fans bedienen. Ein solcher Lieferant ist der deutsch-kanadische Verleger Ernst Zündel (* 1939), der die Schrift »Did Six Millions Really Die?« (Starben wirklich sechs Millionen?) des Autors Richard Harwood herausbrachte. Das trug ihm einen Gerichtsprozeß ein, für den er sich munitionieren wollte, indem er einen US-Gaskammer-Experten namens Fred A. Leuchter auf seine Kosten nach Polen schickte. Der Mann flog am 25.2.1988 ab, nahm ohne Genehmigung (also auch ohne glaubwürdige Zeugen) Proben aus dem Mauerwerk von Krematorien und Vergasungsanlagen, kehrte am 3.3. heim und veröffentlichte am 5.4. sein 132 Seiten umfassendes Gutachten, den »Leuchter-Report«.

In dieser Schrift behauptete er, daß nach eingehenden Analysen mit Sicherheit ausgeschlossen werden könne, daß in den fraglichen Räumen Vergasungen mit dem Blausäurepräparat Zyklon B vorgenommen worden seien. Vor Gericht dazu ins Kreuzverhör genommen, mußte Leuchter einräumen, daß er für seine Analysen keinerlei Fachausbildung genossen und sich den Titel eines »Ingenieurs« nur angemaßt hatte. Sein »Report« wurde entsprechend als unerheblich gewertet und Zündel am 11.5.1988 zu neun Monaten Gefängnis ohne Bewährung verurteilt. Auch die von der Verteidigung eingeladenen notorischen Revisionisten, darunter der Brite David Irving, vermochten daran nichts zu ändern.

Mit der Stichhaltigkeit der Leuchter-»Argumente« nämlich sah es beschämend dürftig aus. Nicht nur die unüberprüfbaren Entnahmestellen konnten die falschen gewesen sein, auch die geringen Spuren von Zyanid, die er gefunden haben wollte, hätten als Beweis genau dessen genügt, was er damit bestreiten wollte. Ausgehend von den US-Gaskammern, in denen bei Hinrichtungen ein Vielfaches des Giftes verwendet wird, hielt er die Reste für nicht ausreichend. Zum einen aber sind die Henker in den USA gehalten, weit überzudosieren, zum anderen lagen 44 Jahre zwischen der letzten Vergasung und Leuchters angeblicher Untersuchung.
Auch sein Verweis auf die fehlenden Heizungsanlagen, die erst die Wärme hätten liefern können für die Wirkung der kristallinen Blausäure, zog nicht, denn die von der SS mit brutaler Gewalt in die abgeschlossenen Räume gepferchten Menschenmengen reichten mehr als aus, mit ihrer Körpertemperatur bei steigender Panik das tödliche Gas freizusetzen. Aber die Türen: Die schlössen doch gar nicht hinreichend, so ein weiterer Punkt. Nach der langen Zeit ein betrüblicher Mangel an Kenntnis über Materialermüdung. Die Rechnungen im Archiv von Auschwitz hätten Leuchter schnell dahin gehend belehrt, daß die SS hermetisch schließende Türen bei deutschen Herstellern geordert hatte. Und hier liegt eine besondere Schwachstelle der Leuchter-»Beweise«, und sie wurde von einem aufgedeckt, der selber lange Zeit nicht hatte glauben wollen, was in Auschwitz geschehen ist:
Jean-Claude Pressac, ein französischer Apotheker, war in den Dunstkreis von Robert Faurisson geraten, einem der bekanntesten Auschwitz-Leugner. Der vertrat den Standpunkt, daß die behauptete Zahl an Menschen mit den bekannten Mitteln nicht getötet und die Leichen in solcher Menge auch gar nicht zu beseitigen gewesen wären. Die Detailversessenheit seines neuen Jüngers Pressac brachte ihn auf die Idee, diesen mit dem wissenschaftlichen Beweis von der Unmöglichkeit

solcher Massenverbrechen in Auschwitz zu betrauen. Pressac war schon zweimal dort gewesen, jetzt fuhr er zum dritten Mal und wühlte sich tief und tiefer in das Archivmaterial, stellte Berechnungen an und untersuchte die Reste der Bauten. Auch wenn er seinem Mentor gern gefällig gewesen wäre, er kam mit zunehmender Arbeit zu der klaren Überzeugung, daß alles eben doch so war, wie man gern wollte, daß es nicht gewesen wäre.

Pressac brach mit Faurisson und beschäftigte sich 1989 in einem ersten Buch mit der Technik der Gaskammern, in einem zweiten (s. Lit.) mit dem technischen Gesamtkomplex von Tötung und Leichenverbrennung in den Krematorien. Inzwischen hatte er in Moskau die von den Tätern versehentlich nicht vernichteten Akten der Bauleitung von Auschwitz einsehen können und bot nun eine in ihrer gefühllosen Präzision schaudern machende Rekonstruktion der Abläufe des Massenmords. Sie können hier nicht nachgezeichnet werden, und es ist für Einsichtige auch gar nicht nötig, denn die Beweise für die Gaskammern sind auch so erdrückend und die Opferzahlen (siehe den folgenden Beitrag) eher höher als geschätzt.

Dennoch ist Pressacs Erbsenzählerei eine wichtige Ergänzung: Es gibt nur zu viele Menschen, Jugendliche zumal, die auf Machwerke wie den Leuchter-Report anspringen. Ihnen ist mit Gerichtsunterlagen und anderen Dokumenten oft nur schwer beizukommen. Pressac verlegt solchen verbohrten Leugnern endgültig den Weg. Gerade weil er auszog, das Gegenteil zu belegen, sind seine Beweise über das wirkliche Geschehen nicht zu erschüttern. Die historische Würdigung ist freilich seine Sache nicht, doch dafür gibt es andere Standardwerke.

Lit.: Till Bastian: Auschwitz und die »Auschwitz-Lüge«. Massenmord und Geschichtsfälschung, München 1994 ▪ Jean-Claude Pressac: Die Krematorien von Auschwitz. Die Technik des Massenmordes, München 1994 ▪ Georges Wellers: Der »Leuchter-Bericht«

über die Gaskammern von Auschwitz, in: Dachauer Hefte 7/1991 ▪ Annette Wieviorka: Mama, was ist Auschwitz?, München 2000

Auschwitz [3]

Die Opferzahlen aus den Lagern im besetzten Polen sind aufgebauscht

1990 löste eine Maßnahme der Gedenkstättenleitung Auschwitz mehr als klammheimliche Freude in der rechtsradikalen Szene aus: Die Tafel zur Erinnerung an die Opfer wurde ausgetauscht, denn es hatte sich herausgestellt, daß die darauf vermerkte Zahl der Ermordeten mit vier Millionen je nach Gemeintem zu hoch oder zu niedrig angegeben war. Meinte sie alle Opfer im Rahmen der »Endlösung der Judenfrage«, dann verkleinerte sie das tatsächliche Ausmaß der Verfolgung, bezog sie sich nur auf das ehemalige Vernichtungs- und Konzentrationslager Auschwitz, dann war sie nach neuen Ermittlungen zu hoch angesetzt. Die neue Gedenktafel nennt nun eindeutig die auf Auschwitz allein bezogene Zahl von bis zu anderthalb Millionen Getöteten. Selbst wenn man davon sprechen will, daß hier nach unten korrigiert wurde, dann bleibt weiter unerfindlich, warum das von manchen als Verkleinerung der Schuld der Täter und Komplizen gewertet wird.

Es ist aber so, denn sonst wäre nicht begreiflich, warum schon bald nach Kriegsende immer wieder versucht wurde, die Opferzahl zu verringern. Es ging den Verharmlosern wohl darum, die Dimension des Geschehens auf das Niveau von anderen Massenverbrechen zu drücken, über die nicht derart quälend diskutiert wird wie über Auschwitz und den Völkermord. Das allerdings wäre mit einer Zahl, die schon für Auschwitz über einer Million liegt und für das Gesamtverbrechen weiterhin mit 5,1 bis 6 Millionen angenommen werden muß, natürlich nicht zu erreichen. Bereits 1955 tauchte die

Behauptung auf, daß vom Roten Kreuz festgestellt worden sei, »nur« 300 000 Menschen seien Opfer rassischer und politischer Verfolgung während der NS-Herrschaft geworden. Das meldete ausgerechnet am 1.4.1955 eine Zeitung namens »Die Anklage. Organ der entrechteten Nachkriegsgeschädigten« unter der Titelzeile »Beweis aus der Schweiz: Was nun, Herr Staatsanwalt?«. Obwohl das Datum und der schreiende Kontrast etwa zur Aussage des KZ-Kommandanten Höß vor dem Internationalen Militärtribunal in Nürnberg die Behauptung sofort als Ente kenntlich machten, hielt sich die Zahl hartnäckig. Daran änderte auch das umgehende Dementi des Roten Kreuzes nichts, das sich daher auch später mehrfach von der Geschichtsfälschung distanzieren mußte. Selbst als der große Auschwitz-Prozeß 1963–65 vor dem Frankfurter Landgericht erneut das um ein Vielfaches größere Ausmaß des Verbrechens bestätigt hatte, ließen die Bemühungen von neonazistischer Seite nicht nach.

Im Gegenteil: Wenn man mit der angeblichen Roten-Kreuz-Zahl nicht durchkam, mußte man eben weiter absenken und dafür einen noch eindrucksvolleren Zeugen benennen: Ein gewisser Heinz Roth verfaßte 1973 eine Broschüre mit dem Titel: »Warum werden wir Deutschen belogen?« Darin beziffert er die Zahl der jüdischen Opfer (»sicher beklagenswerte Verluste«) auf 200 000 und gibt als Quelle die Vereinten Nationen an. Hier handelte offenbar jemand nach der von Hitler in »Mein Kampf« verkündeten Maxime, daß die Menschen eher geneigt seien, eine große Lüge zu glauben als kleine Flunkereien. Das mag auch damit zu tun haben, daß die Weltorganisation solche absurden Behauptungen natürlich gar nicht zur Kenntnis nimmt. Erst als immer mehr rechtsradikale Pamphlete die Roth-Fälschung aufgriffen, veröffentlichte die deutsche Vertretung bei den UN am 1.8.1974 eine Gegendarstellung.

Viel genützt hat sie nicht, denn die Zahlenakrobatik kennt noch viele andere Verfahren: So werden Vorkriegsstatistiken bemüht und mit Nachkriegszahlen verglichen. Bei hinreichender Phantasie kommen manche »Statistiker« dann sogar auf weltweit mehr Juden nach 1945 als vor 1939. Andere sprechen davon, daß viele Juden wie die Vermißten des Krieges nur »verschwunden« seien, den Kontakt zu ihrer Familie verloren oder die gute Gelegenheit genutzt haben, unterzutauchen. Wer etwas partout nicht wahrhaben will, wird immer eine Schonhaltung finden, die Schmerzen lindert und das Gewissen scheinbar entlastet.

Lit.: Wolfgang Benz (Hrsg.): Dimension des Völkermords. Die Zahl der jüdischen Opfer des Nationalsozialismus, München 1991 ▪ Deborah E. Lipstadt: Betrifft: Leugnen des Holocaust, Zürich 1994 ▪ Franciszek Piper: Die Zahl der Opfer von Auschwitz. Aufgrund der Quellen und der Erträge der Forschung 1945 bis 1990, Auschwitz 1993

Autobahnen

→ *Reichsautobahnen*

»Barbarossa«

→ *Rußlandfeldzug*

Bauerntum

→ *Agrarpolitik*

Befehlsnotstand

Wer verbrecherische Befehle verweigerte, riskierte sein Leben

Die Berufung auf einen Befehlsnotstand gehört zum Standardrepertoire der Angeklagten in Kriegsverbrecherprozessen. Befehlsverweigerer seien ins KZ eingeliefert oder gar selbst erschossen worden, so die stereotype Behauptung – eine Schutzbehauptung, wie sich längst herausgestellt hat. Die Zentrale Stelle der Landesjustizverwaltungen in Ludwigsburg, die alle einschlägigen Fälle untersuchte, konnte nirgendwo feststellen, daß die Weigerung, an einem Verbrechen mitzuwirken, tatsächlich zur Todesstrafe oder zur Einweisung in ein KZ führte.

Was einem passierte, der »nicht mitmachte«, war allenfalls, daß er eine ungünstigere dienstliche Beurteilung erfuhr oder bei Beförderungen übergangen wurde und daß sein Ansehen im Kameradenkreis wegen seiner »Drückebergerei« sank. Zwar versuchten Befehlshaber bei Mordaktionen wenigstens sämtliche Unterführer als Teilnehmer miteinzubeziehen – im Sinne einer Mittäter- und Mitwisserschaft, die den einzelnen fest an seine Organisation (und deren Verbrechen) band –, aber selbst das funktionierte nicht immer, und bei den Mannschaften noch weniger. Es wirkte sich hierbei hemmend das Fürsorgeprinzip aus, das im Verhältnis der Vorgesetzten zu ihren Untergebenen galt. Das Schicksal der Opfer blieb ihnen gleichgültig, aber auf die psychische Verfassung ihrer Leute hatten die Vorgesetzten zu achten. Von den nervlichen Belastungen, unter denen die Täter litten, ist denn auch in den erhaltenen Berichten oft die Rede, und so ließen die Befehlshaber wenigstens individuelle Abweichungen von der Gruppennorm zu, akzeptierten Krankmeldungen oder gar die offene Weigerung, Mordbefehle auszuführen. Es soll auch einen Befehl Himmlers gegeben haben, wonach niemand gezwungen werden sollte, an Erschießungen teilzunehmen.

In der Geschichte des Reserve-Polizeibataillons 101, die Christopher R. Browning (s. Lit.) erforscht hat, finden sich aufschlußreiche Belege. Das hauptsächlich aus Hamburgern bestehende Bataillon war 1942/43 an der Ausrottung der Juden in Polen beteiligt. Sein unheilvolles Wirken begann im Juli 1942 in einer Ortschaft namens Józefów, wo 1800 Juden

»zusammengefaßt« werden sollten, was bedeutete, daß ein Großteil von ihnen, da nicht arbeitsfähig, an Ort und Stelle erschossen werden würde. Als der Befehl unter den Offizieren bekannt wurde, erklärte ein Leutnant sogleich, ihn nicht befolgen zu können. Er sei Reservist, im Hauptberuf Geschäftsmann und als solcher viel in der Welt herumgekommen, wodurch er andere Einstellungen gewonnen habe. Im übrigen handele es sich um »polizeifremde« Tätigkeiten, und er werde nicht auf Frauen und Kinder schießen. Der Leutnant wurde ohne weiteres für andere Aufgaben eingeteilt.
Vor Beginn der Aktion versammelte der Bataillonskommandeur seine Männer um sich und erläuterte den Mordauftrag. Danach machte er ein Angebot: Wer sich der Aufgabe nicht gewachsen fühle, möge vortreten. Zwölf der etwa 500 Männer meldeten sich. Sie gaben ihre Gewehre ab und wurden aufgefordert, sich zur Verfügung des Kommandeurs zu halten. Weiter geschah ihnen nichts. Im Laufe des Tages wurden noch mehrere Männer aus den Erschießungskommandos entlassen, die erklärten, daß ihnen die Aufgabe »zuwider« sei. Andere schützten dringende Pflichten vor, um sich von der Aktion fernzuhalten, oder machten sich auf andere Weise unsichtbar. Wieder andere erreichten ihre Abkommandierung, nachdem sie eine Weile mitgeschossen hatten. Solche Vorfälle wiederholten sich auch bei den späteren Aktionen, ohne daß irgend jemand disziplinarische Nachteile dadurch hatte.
Allerdings, das muß hinzugefügt werden, auch ohne daß der Mordbetrieb ernsthaft gestört worden wäre. Es gab genug Leute im Bataillon, die ohne Bedenken ihre Gewehre auf wehrlose Menschen richteten. Der Einsatz der Hamburger endete mit einer Bilanz von mindestens 45000 in die Vernichtungslager deportierten und 38000 an Ort und Stelle erschossenen Juden. Befehlsverweigerung half also nicht gegen das einmal in Gang gesetzte Verbrechen, sie stand aber als Handlungsmöglichkeit dem einzelnen offen, wenn er nicht

mitschuldig werden wollte, und es ist anzunehmen, daß weit mehr Menschen ungestraft davon hätten Gebrauch machen können, als tatsächlich geschah.
Dazu bedurfte es freilich mehr als der üblichen Zivilcourage, denn es kam eben doch vor, daß Verweigerer bestraft wurden. Sicher konnte sich da niemand sein im brutalisierten Klima. So erklärte ein Unterführer des genannten Bataillons einem Verweigerer, wenn er nicht mitmache, könne er sich gleich zu den Opfern gesellen. Tatsächlich geschah ihm nichts, aber Männern gegenüber, die ohne Regung Wehrlose abknallten, standhaft zu bleiben war keine kleine Mutprobe. Von den Sorgen vor künftigen Schikanen oder Nachteilen für die Familie, Anklage wegen Wehrkraftzersetzung und anderem war niemand frei. So erklärte sich ein SS-Mann, der an den Erschießungen in den *Fosse Ardeatine* teilnehmen sollte, nach anfänglicher Weigerung doch bereit. Er war vom Kommandeur Kappler »ins Gebet genommen« worden und mit einer Mischung aus Drohung und Appellen an sein Pflichtgefühl gefügig gemacht worden. Es spielte wohl auch eine Rolle, daß Kappler ihm anbot, die »Sache« mit ihm gemeinsam zu erledigen.

Lit.: Christopher R. Browning: Ganz normale Männer. Das Reserve-Polizeibataillon 101 und die »Endlösung« in Polen, Neuausgabe, Reinbek 1999 ▪ Hans Buchheim: Befehl und Gehorsam, in: H. Buchheim / M. Broszat / J. P. Jacobsen / H. Krausnick: Anatomie des SS-Staates, Olten/Freiburg 1967

Blitzkrieg

Die Vokabel »Blitzkrieg« wurde von Hitler geprägt

Wenn deutsche Fußballer siegen, macht sie die englische Presse gern zu »Panzern« und ihren Erfolg zu einem »Blitz« oder »Blitzkrieg«. Und es war auch historisch so, daß die Vokabel vom »Blitzkrieg« erst durch englische Verwendung

1939/40 populär wurde. Es wäre freilich ein Fehlschluß, wenn man darin eine Rückübersetzung sähe, ebenso wie es falsch ist, Hitler oder der Goebbels-Propaganda die Prägung des Wortes zuzuschreiben. Doch der Reihe nach:

Die Vokabel gab es in Deutschland schon 1935, als die Militärzeitschrift »Deutsche Wehr« in einem Artikel über »Die Ernährungswirtschaft als Wehrproblem« ausdrücklich von »Blitzkrieg« sprach und rohstoffarmen Staaten wie eben Deutschland empfahl, »gleich zu Anfang durch einen rücksichtslosen Einsatz ihrer totalen Kampfkraft« die Entscheidung »schlagartig« zu suchen. Der Begriff findet sich später noch öfter, doch blieb er zunächst auf Fachpublikationen beschränkt.

Erst nach dem Polenfeldzug 1939 und endgültig nach dem Sieg im Westen 1940 »blitzte« es allenthalben, vor allem, wie gesagt, in englischen Veröffentlichungen, die nicht einmal nach einer eigenen Vokabel suchten. Der »lightning war«, der im »Time Magazine« vom 25.9.1939 benutzt wurde, steht dort als erläuternde Übersetzung neben dem deutschen Wort. Solche Verständnishilfe war bald nicht mehr nötig, denn die britischen Autoren machten den klanglich so zündenden Begriff zu einer stehenden Redewendung, auch in der Kurzform »the blitz« für die deutsche Luftoffensive gegen England 1940/41. Als sie 1944 noch einmal mit schwachen Kräften wiederaufgenommen wurde, machte das ironische Wort vom »Baby-Blitz« die Runde. Im Kauderwelsch, den Charlie Chaplin für seine Hitler-Parodie »Der große Diktator« (1940) erfand, kam das Wort daher auch vor: »Blitzkrieg, ratsch, fratsch«, gurgelt der virtuose Hitler-Nachahmer.

Eine gewisse Popularität auch in Deutschland gewann der Begriff durch das Buch von Reichssendeleiter Hadamovsky »Blitzmarsch nach Warschau« (1940). Es erschien nämlich während der rasanten Operationen der Wehrmacht im *Frankreichfeldzug*, von dem dann bald auch die Legende ging, er sei von Hitler bewußt als »Blitzkrieg« angelegt worden.

Auch andere Veröffentlichungen griffen das Schlagwort auf, das durchaus Hitlers Vorliebe für Metaphern der Entschlossenheit entsprach. So erklärte er laut *Hoßbach-Niederschrift* am 5.11.1937 seinen höchsten Militärs, daß ein Überfall auf die Tschechoslowakei »blitzartig« zu erfolgen habe. Und gegen Jugoslawien ordnete er am 27.3.1941 ein »Blitzunternehmen« an.

Schon bald aber, der Krieg zog sich bedenklich in die Länge, war eine gewisse Zurückhaltung in seiner Diktion zu erkennen, wenn es um die vermutliche Dauer bis zum »Endsieg« ging. Am 8.11.1941, die deutscherseits dieses Mal wirklich als Blitzkrieg angelegte Offensive in Rußland war im Schlamm vor Moskau liegengeblieben, erklärte er sogar: »Ich habe noch nie das Wort Blitzkrieg verwendet, weil es ein ganz blödsinniges Wort ist.«

Noch später (Monologe im Führerhauptquartier, Januar 1942) unterstellte er eine »italienische Phraseologie«, wie er denn zuletzt überhaupt die Schuld für das Scheitern in Rußland bei Mussolini suchte, dem er auf dem Balkan habe helfen müssen. Deshalb habe er im Osten erst um entscheidende Wochen zu spät zuschlagen können (Bormann-Diktate, 1945). Belege für eine italienische Wortschöpfung freilich blieb er schuldig. Und an anderer Stelle machte Hitler als Urheber des Begriffs »die Briten« aus, denn »wir haben nie gesagt, daß dieses gewaltigste aller Ringen sich jemals in Blitzesschnelle abspielen könnte« (1.10.1942).

Lit.: Karl-Heinz Frieser: Blitzkrieg-Legende. Der Westfeldzug 1940 (= Operationen des Zweiten Weltkriegs, Band 2), München 1995 ▪ Charles Messenger: Blitzkrieg. Eine Strategie macht Geschichte, Augsburg 2000

»Blut und Boden«

→ *Agrarpolitik*

Bromberger Blutsonntag

Die Wehrmacht mußte zum Schutz der deutschen Minderheit in Polen einrücken

Auch am dritten Tag (3.9.1939) nach dem Angriff auf Polen stießen die deutschen Truppen in unerhörtem Tempo vor. Polnischen Einheiten blieb oft nur noch die kopflose Flucht. Die Ordnung ging vielerorts völlig verloren, die Disziplin nicht selten auch. Da reichten manchmal schon Gerüchte oder unglückliche Zufälle, und die Wut der Geschlagenen richtete sich gegen wehrlose Volksdeutsche. Mit diesem Begriff bezeichnete man Deutsche, die durch den Versailler Vertrag von 1919 mit der Heimat die deutsche Staatsbürgerschaft verloren hatten und in diesem Fall zu Polen geworden waren. Die polnische Propaganda hatte sie im Nervenkrieg mit Hitler-Deutschland als »fünfte Kolonne« der Nazis gebrandmarkt. Deutscherseits dagegen waren sie seit Wochen als wehrlose Opfer polnischer Willkür hingestellt worden.
Zu den schwersten Ausschreitungen kam es in Bromberg, einer Stadt, die 1772 bis 1920 zu Preußen gehört hatte und in der trotz danach forcierter Polonisierung immer noch gut zehn Prozent der 120 000 Einwohner Volksdeutsche waren. Durch Bromberg (polnisch Bydgoszcz) zogen an diesem Tag versprengte polnische Trupps. Am Morgen des 3.9. fielen plötzlich Schüsse. Ob absichtlich oder versehentlich und von wem abgegeben – das ging in der einsetzenden Panik unter und ließ sich auch später nicht aufklären. Nach Schuld oder Unschuld aber fragt in solchen Situationen niemand, und bald waren die deutschen Einwohner als Sündenböcke ausgemacht. Sie wurden zur Zielscheibe aufgebrachter und verhetzter polnischer Soldaten, deren Verzweiflung über die hereinbrechende Niederlage ohnedies ein Ventil suchte.
Kam es bei Tage nur da und dort zu Übergriffen, so nahm das Wüten in der Nacht zum 4.9. systematische Formen an. Gedeckt von den Behörden (Stadtkommandant Major

Albrycht), ja mit polizeilichen Befugnissen versehen, durchkämmte eine »Bürgerwehr« die Stadt nach Deutschen. Ohne Rücksicht auf Alter und Geschlecht wurde erschlagen oder erschossen, wer den »Rächern« ins Visier geriet. Vor allem mit Bewohnern von Häusern, in denen Waffen entdeckt worden waren, wurde kurzer Prozeß gemacht. Das Gemetzel hielt noch über 24 Stunden an und endete erst nach Eindringen regulärer deutscher Truppen (Infanterieregiment 123) am Morgen des 5.9. – um wenig später deutschem Justizterror gegen tatsächliche und vermeintliche Täter Platz zu machen. Eine Dokumentation des Auswärtigen Amtes stellte die Informationen über alle Opfer polnischer Gewalt gegen die Volksdeutschen in den letzten Wochen im ganzen Land zusammen und ermittelte 5437 inklusive der etwa 1000 Getöteten in Bromberg. Die deutsche Propaganda machte daraus 58 000 zur Rechtfertigung des Krieges gegen Polen als »Schutzfeldzug«. Die Presse erhielt Anweisung, allein diese verzehnfachte Zahl zu verwenden, die Täter als »organisierte polnische Mörderbanden« zu bezeichnen und den ersten Tag des Massakers als »Bromberger Blutsonntag« fest im Geschichtsbewußtsein zu verankern. Man fürchtete, selbst als Täter hingestellt zu werden.
Das geschah auch mehrfach und wird bis heute wiederholt (z.B. im Buch von Günter Schubert, s. Lit.), obwohl geklärt ist, daß das Entscheidende nicht geklärt ist: Nazi-Provokateure hätten die Schießereien ausgelöst, heißt es. Dafür aber gibt es keinen stichhaltigen Beleg, ja es spricht manches sogar dagegen. Klar ist aber: Vor dem deutschen Angriff gab es nur vereinzelt Anschläge auf Volksdeutsche in Polen und in Bromberg gar keine. Erst der Krieg hatte sie dann alle in die tödliche Gefahr gebracht, zu deren Abwendung die Wehrmacht angeblich hatte einschreiten müssen – als Beschützer vor den Folgen der eigenen Tat.

Lit.: Wlodzimierz Jastrzebski: Der Bromberger Blutsonntag. Legende und Wirklichkeit, Posen 1990 ▪ Günter Schubert: Das

Unternehmen »Bromberger Blutsonntag«, Köln 1989 ▪ Zygmunt Zieliński (Hrsg.): Polen Deutsche. Vergangenheit Gegenwart Zukunft, Kattowitz 1995

Dolchstoßlegende

→ *Erster Weltkrieg*

Drittes Reich

Der Epochenbegriff für die Jahre 1933–1945 geht auf Hitler zurück

Mit dem ursprünglichen theologischen Sinn des Begriffs hat die heute übliche Bezeichnung »Drittes Reich« für die Hakenkreuz-Ära allenfalls sehr entfernt zu tun. Die heilsgeschichtliche Assoziation aber war vor Hitlers Machtübernahme nicht unerwünscht, zumal der »Führer« selbst gern als eine Art Messias, als finaler Heilsbringer verklärt wurde. Die Begriffsbildung in diesem Sinn geht natürlich nicht auf ihn zurück, sondern entstammt der Drei-Reiche-Lehre des Joachim von Fiore, der im 12. Jahrhundert nach einem ersten (alttestamentlichen) Reich des Vaters und einem zweiten (neutestamentlichen) des Sohnes ein drittes, das Erlösungswerk Gottes abschließendes des Heiligen Geistes heraufziehen sah. Auch die Philosophie machte sich die Formel vom Dritten Reich für ein Zeitalter zu eigen, in dem der Dualismus von Idee und Wirklichkeit überwunden sei (so etwa bei Edmund Husserl, nur eine Generation älter als Hitler).
Politisch-kulturhistorisch gewendet kam der Begriff 1917 durch Ernst Kriecks Buch »Die deutsche Staatsidee« in Gebrauch, in dem aber zunächst noch die christliche Grundidee mitschwang, wenn etwa vom »sittlichen Reich Gottes auf Erden« die Rede war. Die Anbindung tilgte der Autor erst später im tatsächlichen Dritten Reich, als schon andere den

Begriff längst weiter politisiert hatten wie etwa Hitler-Mentor Dietrich Eckart, der 1919 in der Zeitschrift »Auf gut Deutsch« die nationalistische Färbung lieferte mit der Feststellung: »Es gibt nirgends auf Erden ein Volk, das fähiger wäre, das dritte Reich zu erfüllen, als das deutsche.« Propagandistische Griffigkeit aber erhielt die Prägung erst durch das 1923 erschienene Buch von Arthur Moeller van den Bruck (1876–1925) mit dem Titel »Das Dritte Reich«. Er bezeichnet darin dieses Reich als einen »alten deutschen Gedanken, ... der sich wohl auf die Zukunft, doch nicht so sehr auf das Ende der Zeiten bezog«. In dieser Zukunft werde »das deutsche Volk erst seine Bestimmung auf Erden erfüllen«.

Und hier kommt das für die NS-Propagandisten Reizvolle erstmals zur Geltung, nämlich die Zählung des Heiligen Römischen Reiches Deutscher Nation (919–1806) als dem ersten und des Bismarck-Reiches (1871–1918) als dem zweiten Reich. Diese Numerierung ließ sich unter Übergehung der Republikzeit als »Zwischenreich« wunderbar ausweiten auf das erhoffte und unmittelbar bevorstehende Dritte Reich Hitlers. Dieser selbst beteiligte sich an der Etikettierung so gut wie gar nicht, wohl in Vorahnung, daß die Bezeichnung auch zur Belastung werden konnte; maßgeblichen Anteil an der Begriffsprägung hatte er keinesfalls. Sie erwies sich als recht haltbar, aber nach Vollendung der persönlichen Diktatur immer mehr als wenig erfreulich für den Diktator, der mehr sein wollte als einer in einer Reihe von Reichsgründern und sich darüber ärgerte, daß etwa die Schwarze Front des abtrünnigen Anhängers Otto Strasser bereits mit einem »Vierten Reich« operierte, was Hitlers Herrschaft als bloße Episode erscheinen lassen sollte.

Am 10.7.1939 erging daher durch das Propagandaministerium eine Weisung an die Presse, den Begriff nicht mehr zu verwenden. An seine Stelle sollte nach einer weiteren Weisung vom 21.3.1942 der schlichte, aber eben darum monumentalere Begriff »Das Reich« treten in Anlehnung an das

Wort »Empire«, das das gesamte britische Weltreich meine. Man wollte mit der knapperen Vokabel »das neue Deutschland in all seinen Besitzungen vor der Weltöffentlichkeit als geschlossene staatliche Einheit« darstellen; ein numeriertes Reich vertrug sich nicht mehr mit den imperialen Visionen des Nationalsozialismus. Das Verbot hat damals nicht viel gefruchtet, umgangssprachlich blieb die Formel in Gebrauch. Und nach 1945 avancierte die Bezeichnung »Drittes Reich« (oder »3. Reich« oder »III. Reich«) dann rasch zum allgemein akzeptierten Epochenbegriff.

Lit.: Cornelia Berning: Vom »Abstammungsnachweis« zum »Zuchtwart«. Vokabular des Nationalsozialismus, Berlin 1964 ▪ George L. Mosse: Die völkische Revolution. Über die geistigen Wurzeln des Nationalsozialismus, Königstein 1979

Dünkirchen

Hitler ließ die alliierten Truppen entkommen, weil er England schonen wollte

Über weniges ist mehr gerätselt worden als über die Motive Hitlers, die deutschen Panzer am 24.5.1940 vor Dünkirchen zu stoppen und erst nach zwei Tagen wieder anrollen zu lassen. Das ermöglichte den Westmächten die Evakuierung von insgesamt 370 000 Mann, die bei Fortsetzung der deutschen Offensive wohl nur zu einem winzigen Bruchteil zu retten gewesen wären. Ob dann der Weltkrieg anders verlaufen wäre und womöglich mit einem deutschen Sieg geendet hätte, wie manche britischen Militärhistoriker mutmaßen, ist eine müßige Spekulation, und es spricht zudem recht wenig dafür. Sicher aber hätte es noch mehr Opfer gekostet, Hitlers Wehrmacht und sein unmenschliches System niederzukämpfen. Doch warum der Haltbefehl in einer Situation, in der die Falle in kürzester Frist hätte zuschnappen können? Der Interpretationen sind viele, stichhaltig aber ist keine, und eigentlich hat nur eine ein paar Indizien für sich, die aber letztlich auch nicht reichen. Doch dazu gleich. Hier erst einmal die gänzlich abwegigen Deutungen:

• Hitler vertraute Görings Großsprecherei, die Luftwaffe könne den Kessel allein zerschlagen. Darauf hätte sich nicht einmal ein fliegerischer Laie eingelassen, denn die Strapazierung von Flugzeugführern und Maschinen in den letzten drei Wochen erlaubte keinen vollen Einsatz mehr. Zudem stand man einer nicht unbeträchtlichen modernen Streitmacht der Royal Air Force (RAF) gegenüber und erzielte mit Bombentreffern im sandigen Dünengelände kaum Wirkung.

• Das Polderland mit den vielen Wasserläufen schien Hitler für Panzeroperationen nicht geeignet. Selbst Panzerexperte Guderian soll sich so geäußert haben. Richtig ist aber, daß dessen Bemerkung erst am 28.5. fiel, als Regen eingesetzt hatte. Vorher war das Operationsgebiet nicht schwieriger als viele andere, die man erfolgreich bewältigt hatte.

• Der »Führer« wollte sich erst gegen einen Flankenangriff sichern, wie er selbst am 1.6. vor Generälen ausführte. Dagegen sprach die Feindlage, die Hitler bestens bekannt und die jederzeit beherrschbar war. Der an die Wand gemalte angeblich drohende »Flankenangriff« war nichts als ein Popanz zur nachträglichen Rechtfertigung.

• Meldungen etwa der Panzergruppe Kleist, über die Hälfte ihrer Kampfwagen seien nicht mehr einsatzfähig, bewogen Hitler zur Schonung der Panzerwaffe. Das kann so auch nicht stimmen, da ihn selbst Generalstabschef Halder darüber beruhigte. Außerdem war der Kessel auch mit halber Kraft der gepanzerten Verbände einzudrücken.

• Mangels genauer Kenntnis der Stärke der eingeschlossenen gegnerischen Truppen befürchtete Hitler zu hohe Verluste bei weiterem ungestümen Vorgehen. Der Feind könne im Kessel außerdem den Vorteil der inneren Linie nutzen. Ebenfalls ein haltloser Einwand, denn die Stärke der Gegner war auf die Division genau bekannt und ihre verzweifelte Lage ebenso.

• Hitler wollte die zweite Etappe des Feldzugs, den Schlag gegen Frankreich selbst (Fall »Rot«), sorgfältig vorbereiten. Das Argument erledigte schon damals Generaloberst Rundstedt, Oberbefehlshaber der Heeresgruppe A, mit der lakonischen Feststellung: »Man bringt erst eine Operation zum Abschluß, bevor man an die nächste denken kann.« Gerade Hitler hätte das genauso gesehen und gehandhabt.

• Der in kontinentalem Denken befangene Hitler konnte sich nicht vorstellen, daß so große Truppenmassen über See zu evakuieren waren. Dagegen spricht klar sein Auftrag an die Luftwaffe vom Tag des Haltbefehls, »das Entkommen englischer Kräfte zu verhindern«.

Einzig die Überlegung, ob Hitler den Briten goldene Brücken bauen wollte für eine Verständigung mit ihm nach dem jetzt absehbaren Zusammenbruch Frankreichs, einzig diese Variante hat etwas für sich. Denn Hitler stellte schon in »Mein Kampf« England als Wunschverbündeten dar, sah in seiner kruden Rassenideologie in den Engländern ein »germanisches Brudervolk« und setzte auch manches Zeichen für seine Anglophilie (z.B. Einführung des Englischen an deutschen Schulen als erste Fremdsprache 1937).

Stutzig macht jedoch, daß Hitler selbst die Behauptung von der bewußten Schonung der Briten später mehrfach betont und noch in seinem »politischen Testament« wiederholt hat. Das paßt so gar nicht zu Äußerungen wie der gegenüber Göring, die Engländer sollten einen ordentlichen Denkzettel bekommen. Es steht auch im Kontrast zur typischen Wortwahl in der Weisung Nr.13 vom 24.5., in der er ausdrücklich von »Vernichtung« der eingeschlossenen Feindkräfte spricht. Und es reimt sich auch nicht auf seine Forderung nach bevorzugtem Einsatz von SS-Verbänden gegen den Kessel. Nein, die Schonungstheorie ist von Hitler selbst in die Welt gesetzt worden, um London die Schuld an der Fortsetzung und Brutalisierung des Krieges zuzuschieben.

Warum aber dann das kategorische »Halt!«? Es spricht vieles für die Vermutung des Militärhistorikers Karl-Heinz Frieser (s. Lit.), daß Hitler angesichts der rasanten Entwicklung befürchtete, das Gesetz des Handelns könne ihm entgleiten. In seinem Befehl wollte er wieder als »Führer« sichtbar werden und klarstellen, daß er der Architekt des Sieges war und nicht mehr oder minder begabte Militärs. Die cäsarische Ironie darin ist, daß er mindestens den halben Sieg verschenken mußte, um sich mit der anderen Hälfte schmücken zu können.

Lit.: Karl-Heinz Frieser: Blitzkrieg-Legende. Der Westfeldzug 1940 (= Operationen des Zweiten Weltkriegs, Band 2), München 1995 ▪ John Lukacs: Fünf Tage in London. Deutschland und England im Mai 1940, Berlin 2000

Ehe

Dem Nationalsozialismus waren Ehe und Familie heilig

Ehestandsdarlehen, Familienförderung, Mutterkreuz – der Hitler-Staat präsentierte sich als Hüter familiärer Werte. Daß er dabei Einschränkungen hinsichtlich »Erbgesundheit« und »rassischer« Normen machte, entsprach noch der Logik seiner Weltanschauung. Doch gerade sie bescherte ihm einen Zielkonflikt zwischen Bestandsmehrung (Quantität) und Anhebung des »Rasseniveaus« (Qualität). Einerseits brauchten ein angebliches »Volk ohne Raum« und eine auf Krieg angelegte Politik eine entsprechende Kopfzahl, andererseits mußte ein »Herrenvolk« darauf achten, daß nicht minderwertige Erbeinflüsse in den »Blutstrom« eindrangen. Gegen die zweite Gefahr ergriff man sogleich Maßnahmen mit dem »Gesetz zur Verhütung erbkranken Nachwuchses« vom 14.7.1933 und später durch die Nürnberger Rassegesetze (15.9.1935), während der Fruchtbarkeitsförderung die im

Juni 1933 eingeführte Kreditvergabe an junge Familien diente, die den Betrag »abkindern« konnten.

Ganz ausgleichen aber ließ sich damit die Verringerung der Fortpflanzungsgemeinschaft nicht, zu der ja auch sogenannte Asoziale und Arbeitsscheue nicht mehr gehören sollten. Die Eheverherrlicher mußten das Undenkbare denken: Förderung auch der unehelichen Mutterschaft von rassisch und erblich »hochwertigen« Frauen. Am 17.7.1937 berieten darüber im Reichsinnenministerium 25 hochrangige Vertreter aus Behörden und Partei, darunter auch der Reichsführer SS Himmler, sowie aus der Wissenschaft. Das Protokoll liest sich wie eine Posse, denn es ging da um Fragen wie:

Würde man sicherstellen können, daß die vorgesehenen Mütter nur Kinder von ebenso wertvollen Vätern austragen? Müßte für »ganz hervorragend und exzellent beschaffene Männer« nicht eine Ausnahmeregelung gefunden werden, damit sie sich zahlreicher fortpflanzen könnten, »als das mit nur einer Frau möglich ist«? Wie ließe sich der Frauenüberschuß ausgleichen, der »durch die enorme Zahl von homosexuellen Männern« gegeben sei? Das war O-Ton Himmler, der besonders eifrig die »Umerziehung« von Schwulen in Konzentrationslagern betrieb und dort Abkehrprüfungen abhalten ließ: Homosexuelle, die auf Reize von Prostituierten reagierten, konnten freigelassen werden.

Einzige zunächst greifbare Folge der Sitzung war im Jahr darauf die Einführung der »Ehemündigkeitserklärung« für Frauen unter 16 Jahren am 6.7.1938 (Reichsgesetzblatt I, 808). Die vorgesehene Gleichstellung von ehelichen und unehelichen Kindern ließ auf sich warten. Das lag auch daran, daß nach geltendem Recht die uneheliche Mutter nicht zur Preisgabe des Erzeugernamens gezwungen werden konnte, so daß der Einbruch »schlechten Blutes« nicht auszuschließen war. Mit Kriegsbeginn sank die Schwelle solcher Bedenken, denn die Front verschlang Legionen von wertvollen Männern, die anderen waren vielfach als »nicht wehrwürdig« eingestuft worden. Am 28.10.1939 erging daher ein »Zeugungsbefehl« Himmlers für SS und Polizei, mit dem er der »Kontraselektion« begegnen wollte, also der Tatsache, daß gerade die besonders mutigen Männer oft Opfer der Kampfhandlungen wurden:

»Über die Grenzen vielleicht sonst notwendiger bürgerlicher Gesetze und Gewohnheiten hinaus wird es auch außerhalb der Ehe für deutsche Frauen und Mädel guten Blutes eine hohe Aufgabe sein können, nicht aus Leichtsinn, sondern aus tiefem sittlichen Ernst Mütter der Kinder der ins Feld ziehenden Soldaten zu werden, von denen das Schicksal allein weiß, ob sie heimkehren oder für Deutschland fallen werden.«

Darin sahen natürlich viele einen Freibrief zum Ehebruch, und die von Himmler gegründete Institution »*Lebensborn*« geriet in den Ruch einer Bewahranstalt für die Ergebnisse solcherart verordneter Unmoral. Zur Eindämmung der Gerüchte wurde wenige Tage nach dem genannten Befehl am 4.11.1939 die Möglichkeit der Ferntrauung geschaffen: Dazu war eine Erklärung des »Ehewillens« vor dem Bataillonskommandeur erforderlich, die zur Ehe führte, wenn die Auserwählte daheim spätestens nach sechs Monaten vor dem Standesbeamten zugestimmt hatte. Auch der umgekehrte Weg war möglich, indem die Frau die Trauung beantragte und die Zustimmung des abwesenden Soldaten vorweisen konnte. Sie galt danach auch dann als verheiratet, wenn der Verlobte inzwischen gefallen oder vermißt war. Als Hochzeitstag wurde dann der Termin von dessen Willenserklärung festgesetzt. Ferntrauungen, auch »Stahlhelmehen« genannt, bauten die Zahl unehelicher Geburten ebenso ab wie die lediger Frauen und erlaubten zudem ohne umständliches Werben die Zeugung von ehelichen Kindern während der kurzen Fronturlaube.

Manchmal aber war der Mann schon gefallen, ehe er seine Bereitschaft zur Ehe überhaupt hatte erklären können. Frauen,

die ein Kind von Gefallenen erwarteten, wandten sich in wachsender Zahl an die Behörden mit der Bitte, ihrem Kind die Ehelichkeit durch nachträgliche Trauung zu verschaffen. Hitler genehmigte das in Einzelfällen per Gnadenakt, doch überstieg die Antragsflut auch kinderloser »Bräute« bald die Möglichkeiten seiner Kanzlei, so daß im Wege eines geheimen Führerbefehls vom 6.11.1941 die generelle Möglichkeit zur »Leichentrauung«, so der Volksmund, geschaffen wurde. Dagegen wurden erhebliche Bedenken laut, konnten sich Frauen auf diese Weise doch Versorgungsbezüge für Kinder erschleichen, die womöglich nicht vom fraglichen Soldaten stammten, ja sie konnten sogar ohne Kinder Erbansprüche erwerben. Und wie weit sollte das Recht denn zeitlich zurückreichen? Das Innenministerium von Württemberg fragte am 2.6.1942 sogar an, ob nun auch Ehen mit Gefallenen des Weltkriegs 1914–18 möglich sein sollten.
Das alles hätte wohl wenig bewirkt, wenn den Verantwortlichen nicht aufgefallen wäre, daß die Totenehe die Frauen für einige Zeit weniger fortpflanzungswillig machte. Außerdem häuften sich die Fälle, daß sich gerade einem Gefallenen angetraute Frauen mit anderen Männern einließen, sich der »Helden« also nicht würdig erwiesen. Dagegen schuf eine Verordnung vom 18.3.1943 die Möglichkeit zur Totenscheidung auf Antrag der Staatsanwaltschaft. Von davon betroffenen Frauen konnte sich der »völkische« Staat natürlich auch keine weiteren Kinder wünschen. Die Qualitätsfrage wurde zur Fruchtbarkeitsfalle, weswegen Bevölkerungspolitiker in Erwartung eines massiven Frauenüberschusses nach dem Krieg seit 1944 vermehrt Ideen zur Lockerung der Einehe für »erbgesunde« Männer entwickelten, wohl wissend, daß etwa Himmler und Bormann solchen Erwägungen äußerst wohlwollend gegenüberstanden. Der »Sekretär des Führers« praktizierte eine solche »Volksnotehe« bereits mit begeisterter Billigung seiner Frau, und auch Himmler hielt sich eine Zweitfrau.

Zu entsprechenden offiziellen Regelungen kam es nicht mehr, und Hitlers Eheschließung am Tag vor seinem Selbstmord zeigt, daß er ihnen wohl nicht zugestimmt hätte. Doch auch er hatte mit seinen Erlassen an der Pervertierung des Eheideals maßgeblich mitgewirkt und gezeigt, daß die Halbwertszeit ideologischer Positionen je nach Zweckmäßigkeit relativ gering sein konnte.

Lit.: Cornelia Essner / Edouard Conte: »Fernehe«, »Leichentrauung« und »Totenscheidung«. Metamorphosen des Eherechts im Dritten Reich, in: VfZ 2/1996 ▪ Gudrun Schwarz: Eine Frau an seiner Seite. Ehefrauen in der »SS-Sippengemeinschaft«, Berlin 2000

Elser, Johann Georg

Der schwäbische Tischler hat ohne Not acht Menschen ermordet

Alljährlich am Vorabend des 9.11., des in Erinnerung an den Hitler-Putsch von 1923 höchsten Feiertags im NS-Kalender, hielt Hitler im Münchener Bürgerbräukeller eine fast immer schier endlose Rede vor »Alten Kämpfern«. Das wußte auch der Schreinermeister Johann Georg Elser, der zunehmend vom braunen Unrechtsregime enttäuscht und über dessen Kriegsvorbereitungen entsetzt war. Er beschloß im Herbst 1938, in einer Säule des Saales in der Nähe des Rednerpults eine Zeitzünderbombe zu plazieren und sie im kommenden Jahr pünktlich hochgehen zu lassen.
Monatelang ließ er sich Nacht für Nacht ungesehen im Saal einschließen und bastelte an seinem Bombenversteck. Er sah sich dabei im September 1939 in seinem Tun mehr als bestätigt, als Hitler mit dem Überfall auf Polen einen Krieg entfesselte, der sich nach den Kriegserklärungen der Westmächte zu einem neuen Weltkrieg auszuweiten drohte. Elser machte also die Bombe scharf und setzte sich in Richtung Schweizer Grenze ab, wo er noch vor der Detonation aufgrund seines

seltsamen Tascheninhalts (Zündkapseln u.a.) von Grenzern festgesetzt wurde.
Als die Höllenmaschine um 21.20 Uhr wie geplant explodierte, hatte Hitler jedoch den Saal bereits seit sieben Minuten verlassen, weil er wegen schlechten Wetters zur Rückreise nach Berlin vom Flugzeug auf die Bahn hatte umsteigen müssen. Die Bombe brachte die Decke des Saales zum Einsturz, tötete sieben Zuhörer und eine Kellnerin und verletzte 63 Personen.
Nach tagelangen Verhören gestand Elser die Tat, konnte aber die gewünschten britischen Hintermänner nicht nennen und auch nicht die Flüsterwitz-Variante bestätigen, nach der der Anschlag obendrein »60 Millionen Verkohlte« (Belogene) gekostet habe, weil »von oben« gesteuert. Nein, auch als Werkzeug der NS-Propaganda taugte der Attentäter nicht. Er wurde in den kommenden Jahren in Isolationshaft in den KZs Sachsenhausen und Dachau gehalten und dort am 9.4.1945 erschossen, als der geplante Schauprozeß gegen ihn illusorisch geworden war.
Die beiden Hintermänner-Geschichten machten nach dem Krieg jahrzehntelang die Runde, konnten aber schließlich seit 1969 dank genauer Dokumentationen (s. Lit.) schlüssig widerlegt werden. Elser rückte in den Rang eines geachteten Widerstandskämpfers auf, der anders als die einflußreichen Persönlichkeiten und schon gar die Mitläufer versucht hatte, dem Unheil in den Arm zu fallen, ungeachtet der Gefahr, die er damit für sich und seine Angehörigen heraufbeschwor.
Da die Fakten nicht zu bestreiten waren, rückten in jüngster Zeit konservative bis revisionistische Historiker Elsers Tat selbst ins Zwielicht. Der Dresdener Dozent Lothar Fritze bestritt in einem Zeitungsbeitrag zum 60. Jahrestag des Anschlags dem einfachen »Durchschnittsbürger« die »Beurteilungskompetenz«, die allein seine Tat hätte rechtfertigen können. Außerdem bemängelte er, daß Elser den Tatort verlassen habe, so daß er die Katastrophe nach dem Weggang

Hitlers nicht mehr aufhalten konnte. So habe er sich schuldig gemacht am Tod unschuldiger Menschen und gehöre damit, das suggeriert die Darstellung, eher in kriminelle als in politische Kategorien.

Diese Behauptung hat zu einer scharfen Kontroverse geführt, in der sich immer deutlicher herausstellt, daß es den Revisionisten an Faktenkenntnis fehlt und daß sie aus einer Bildungsarroganz heraus urteilen, für die es keine Veranlassung gibt. Genaue Lektüre der Gestapo-Vernehmungen Elsers zeigen ein politisches Urteilsvermögen, das bei weiterer Verbreitung im Volk den Hitler-Spuk schon so früh hätte stoppen können, daß es eines Elser gar nicht mehr bedurft hätte.

Aus Elsers Äußerungen geht zudem klar hervor, daß er hoffte, nicht nur Hitler zu treffen, sondern viele aus der NS-Führung, die traditionsgemäß in der ersten Reihe saßen. Dann wäre eine Fortsetzung des verhängnisvollen Kurses noch weniger möglich gewesen. Er erklärte die Plazierung der Bombe damit und auch den gewählten Zeitpunkt. Während Hitlers Rede wurde nämlich nie serviert, so daß er annehmen durfte, er werde nur braunes Führungspersonal treffen. Mit einer ganz knappen Ansprache des Dauerredners Hitler konnte niemand rechnen.

Daraus ergibt sich, daß hier ganz anderes angestrebt wird als die abfällige Verkleinerung, ja Kriminalisierung von Elsers mutiger Tat. Es geht offenbar darum, Entlastungsstrategien für Eliten und Mitläufer des NS-Regimes zu entwickeln nach der Methode: Gegen den flächendeckenden Terror ließ sich nichts ausrichten. Ziel: Freispruch erster Klasse für Schreibtischtäter und sonstige willige Helfer. Außerdem rütteln die Umdeuter am Widerstandsrecht gegen Unrechtsregime insgesamt, denn auch ein Stauffenberg hatte den Tatort verlassen müssen, ohne den Erfolg oder Nichterfolg seines Attentats abwarten zu können.

Elser zu einem bedenkenlosen Terroristen zu stempeln verkennt nicht nur den Charakter des inzwischen sehr genau durchleuchteten Mannes, sondern stellt die moralischen Argumente auf den Kopf: Nicht er war der Extremist, sondern das über jede Vorstellung hinaus mörderische Regime, gegen das mit allen Mitteln Widerstand zu leisten ein Menschenrecht, ja eine Menschenpflicht war und in vergleichbaren Fällen immer ist.

Lit.: Lothar Fritze: Die Bombe im Bürgerbräukeller. Der Anschlag auf Hitler vom 8. November 1939. Versuch einer moralischen Bewertung des Attentäters Johann Georg Elser, in: Jahrbuch der Juristischen Zeitgeschichte 1 (1999/2000), S. 206–216 ■ Helmut G. Haasis: »Den Hitler jag' ich in die Luft«. Der Attentäter Georg Elser, eine Biographie, Reinbek 2001 ■ Anton Hoch / Lothar Gruchmann: Georg Elser. Der Attentäter aus dem Volk. Der Anschlag im Münchener Bürgerbräu, Stuttgart 1970, Taschenbuchausgabe München 1980

Endlösung

→ *Auschwitz*, → *Judenvernichtung*

Erster Weltkrieg

Deutschland hat den Krieg an der Heimatfront verloren

Welches Trauma die Kapitulation von 1918 für das Gros der Deutschen bedeutete, macht sich nur richtig klar, wer zugleich den vorauseilenden Siegestaumel, das »Augusterlebnis« von 1914, in den Blick nimmt. Beides wäre hier kaum von Belang, wenn nicht Hitlers Aufstieg ganz wesentlich durch dieses Trauma bestimmt gewesen und wenn nicht das Jahr 1933, also die Machtübernahme durch Hitler, zu einem neuen 1914 verklärt worden wäre. Auch der Appell, in einer verschworenen »Volksgemeinschaft« zusammenzurücken, fiel nicht zuletzt eben wegen dieses unvermindert anhaltenden Schmerzes über die nie begriffene und schon gar nicht innerlich akzep-

tierte Niederlage auf so fruchtbaren Boden, den dann Hitlers Revisionspolitik so erfolgreich düngte, daß der »Führer« in den Rang eines Halbgottes rücken konnte.
Er war zwar nicht der Erfinder der Formel, die zur Lebenslüge einer ganzen Generation werden und letztlich zum Sturz der Republik führen sollte, aber ihr größter Nutznießer: Das »im Felde unbesiegte Heer« sei von der Heimat durch die Hetze demokratischer, insbesondere sozialdemokratischer (marxistischer) Kräfte »von hinten erdolcht« worden. Geprägt hatte diese Dolchstoßlegende ein englischer General, doch populär wurde sie erst durch einen der Hauptschuldigen an der Katastrophe, Generalfeldmarschall Hindenburg, bei Kriegsende Chef der Obersten Heeresleitung (OHL). Der spätere Reichspräsident machte sich bei seiner Vernehmung durch einen Untersuchungsausschuß der Nationalversammlung am 18.11.1919 die Dolchstoßlegende zu eigen, die von zahlreichen seriösen Historikern teilweise bis heute vergeblich widerlegt worden ist.
Es kümmerte die Anhänger nicht, daß die OHL schon am 4.10.1918 die politische Führung dringend aufgefordert hatte, um Waffenstillstand nachzusuchen, und daß der angebliche Dolchstoß durch Streiks und angeblich aufgewiegelte Matrosen erst am 4.11.1918 geführt wurde. Und es fruchtete auch nichts, daß Analysen der militärischen Lage im November 1918 den totalen Kollaps der Westfront in wenigen Wochen erwarten ließen. Die USA, 1917 in den Krieg eingetreten, brachten erst jetzt ihr ganzes Potential zur Geltung. Zwei Millionen ausgeruhte, vorzüglich versorgte GIs standen zusammen mit Engländern und Franzosen einer ausgebluteten deutschen Fronttruppe gegenüber, deren letzte Reserven im Frühjahr 1918 in aussichtslosen Offensiven buchstäblich verpulvert worden waren. Hauptverantwortlicher auch hier nominell Hindenburg, getrieben allerdings von einem der später fanatischsten Anhänger der Dolchstoßlegende, seinem Generalquartiermeister Ludendorff, der dann Ende Septem-

ber 1918 angesichts der von ihm herbeigeführten desolaten Lage an der Front zurücktrat. Beiden gelang es, ihre Schuld an der Katastrophe den Politikern in die Schuhe zu schieben, sie die demütigenden Waffenstillstands- und die noch härteren Friedensbedingungen unterschreiben zu lassen. Sie selbst sonnten sich weiter in ihrem Ruhm vor allem als »Helden von Tannenberg« 1914.

Wie sehr die Dolchstoßlegende der Schonhaltung gerade der Frontgeneration entgegenkam, läßt sich beispielsweise daran ablesen, daß Hitler, noch ehe sie in der Welt war, in ähnlicher Richtung dachte und als Verwundeter im Lazarett von Pasewalk Ende 1918 deswegen »beschloß, Politiker zu werden« (»Mein Kampf«). Dieser vorgeblich oder tatsächlich so abrupte Beschluß speiste sich aus dem Haß auf die »Novemberverbrecher«, womit die Politiker gemeint waren, die den Bankrott der Militärs abwickeln mußten. Wie verbreitet diese Schuldumkehr war, machte auch ein seltsamer Prozeß deutlich:

Vom 19.10. bis zum 20.11.1925 wurde vor dem Amtsgericht München ein Rechtsstreit zwischen dem Herausgeber der »Süddeutschen Monatshefte«, Paul Nikolaus Cossmann, und dem verantwortlichen Redakteur der sozialdemokratischen »Münchner Post«, Martin Gruber, ausgetragen. Es ging in dem als Dolchstoß-Prozeß in die Geschichte eingegangenen Verfahren weniger um den Wahrheitsgehalt der Dolchstoßlegende als um eine Privatklage wegen Beleidigung, der sich Gruber mit persönlichen Angriffen gegen Cossmann wegen dessen Heften zum Thema »Dolchstoß« schuldig gemacht habe. Grubers Verurteilung am 9.12.1925 erfolgte jedoch nicht nur wegen der wüsten Attacken, sondern auch aus »sachlichen« Gründen. Das Gericht sah es als straferschwerend an, daß die Beleidigungen nicht einmal der Sache nach berechtigt gewesen seien, weil die bis dahin bekannten Tatsachen nach Ansicht des Gerichts durchaus gestatteten, die deutsche Niederlage von 1918 auf einen »Dolchstoß« der Heimat zurückzuführen. Erstaunlich dabei waren die verkehrten Fronten: Der jüdische Kläger vertrat die nationalistische Sache, der marxistische Beklagte bediente sich antisemitischer Vorurteile. Dennoch wurde das Urteil von der NS-Propaganda oft und genüßlich zitiert.

Sogar die Gegenseite trug zur Verfestigung der Legende bei: Der sozialdemokratische erste Reichspräsident der Republik Friedrich Ebert etwa begrüßte die heimkehrenden Soldaten der Westfront mit der Versicherung, kein Feind habe sie besiegt. Und die Kommunisten rühmten sich, den kaiserlichen Imperialisten durch die Revolution in der Heimat in den Arm gefallen zu sein und dem Blutvergießen ein Ende gemacht zu haben. Als sie die verheerende Wirkung dieser unhaltbaren, aber ideologisch erwünschten Behauptung begriffen, war es zu spät. Sie hatten von links die Axt schärfen helfen, die von der Reaktion der ersten deutschen Demokratie an die Wurzeln gelegt worden war. Insofern faßte Hitler beide Stränge genial zusammen, als er 1920 die Umbenennung seiner Deutschen Arbeiterpartei in eine »Nationalsozialistische« durchsetzte. 1933 konnte er daher das »nationale Erwachen« zugleich als »deutsche Revolution« feiern lassen und den Wind, den er damit Linken wie Rechten aus den Segeln nahm, für seinen Kriegskurs nutzen.

Viele sahen bis weit in diesen neuen Krieg hinein nur den Kampf gegen das »Versailler Diktat«, die Tilgung der »Schmach« von 1918, gipfelnd in der Unterzeichnung des Siegesdiktats von 1940. Am gleichen Ort (Compiègne) und im gleichen Eisenbahnwaggon wie seinerzeit zwang Hitler die französischen Unterhändler, schriftlich zu bestätigen, daß 1918 nur ein Irrtum der Geschichte gewesen sei. Er, Hitler, habe »nunmehr« die »Volksgemeinschaft« hergestellt, die damals von »jüdischen Volksverderbern« zersetzt worden sei. Deswegen konnte der Triumph für ihn auch nur ein erster Schritt zum »Endsieg« über den »jüdisch-bolschewistischen Weltfeind« sein. Die Rache für den angeblichen Dolchstoß von 1918 galt ja weniger den damaligen als vielmehr den herbeiphantasierten inneren Feinden. Aus der Revanche war ein Rassenwahn geworden, der völkerrechtliche und humanitäre Beschränkungen nicht mehr kannte.

Lit.: Joachim Petzold: Wegbereiter des deutschen Faschismus. Die Jungkonservativen in der Weimarer Republik, Köln 1986 ▪ Jeffrey Verhey: Der »Geist von 1914« und die Erfindung der Volksgemeinschaft, Hamburg 2000

Euthanasie

Die Morde an angeblich unheilbar Kranken wurden 1941 eingestellt

Sterbehilfe für unheilbar Kranke wurde schon während der Weimarer Republik diskutiert, wobei auch bereits »rassenhygienische« Denkansätze zum Tragen kamen, die Krankheiten und soziales Fehlverhalten auf erbliche Defekte zurückführten, denen man mit Maßnahmen der Geburtenregelung oder gar der Tötung »lebensunwerten Lebens« begegnen wollte. Im Dritten Reich erfuhren diese Tendenzen massive Förderung; die Sterbehilfe-Diskussion bezog sich nun auch auf Behinderte, denen als »unnützen Essern« die Existenzberechtigung abgesprochen wurde. Von den Zwangssterilisationen »erbkranker« Personen bis hin zu ihrem aktiven »Ausmerzen« – wofür als Verschleierung das griechische Wort »Euthanasie« (schöner Tod) benutzt wurde – führte ein direkter Weg.
Ende 1938 genehmigte Hitler die Tötung eines schwerstbehinderten Kindes, dessen Eltern darum ersucht hatten. Daraus wurde eine generelle Ermächtigung für seinen Leibarzt Karl Brandt und den Chef seiner Kanzlei, Philipp Bouhler, »die Befugnisse namentlich zu bestimmender Ärzte so zu erweitern, daß nach menschlichem Ermessen unheilbar Kranken bei kritischster Beurteilung ihres Krank-

heitszustandes der Gnadentod gewährt werden kann«. Mit dieser Verfügung vom Oktober 1939, rückdatiert auf den 1.9., den Tag des Kriegsanfangs, begann ein Ausrottungsfeldzug ohnegleichen. Unter verschiedenen Tarnnamen wurde die »Aktion T4« (benannt nach der Adresse der Verwaltungszentrale in der Berliner Tiergartenstraße 4) gestartet, in deren Rahmen die Insassen von psychiatrischen Anstalten (also keineswegs die »unheilbar Kranken«, von denen ursprünglich die Rede war) ausgesondert, in Tötungsanstalten verbracht und dort mit Gas (Kohlenmonoxid) oder Injektionen umgebracht wurden. Die Opfer wurden mit Hilfe von Fragebögen ermittelt, die ärztliche Gutachter auswerteten. Bis Mitte 1941 kamen so in den sechs Tötungsanstalten Grafeneck bei Reutlingen, Brandenburg (Havel), Bernburg an der Saale, Hartheim bei Linz an der Donau, Sonnenstein in Sachsen und Hadamar bei Limburg mindestens 70000 Menschen ums Leben.

Trotz der Tarnung sickerten Nachrichten in die Öffentlichkeit, Proteste von Angehörigen und von kirchlicher Seite häuften sich. Der Leiter der Bethelschen Anstalten, Friedrich von Bodelschwingh, und der Bischof von Münster, Clemens August Graf von Galen, waren die Wortführer. Am 3.8.1941 geißelte Galen in einer Predigt den staatlichen Krankenmord und berichtete seiner Gemeinde, er habe Strafanzeige bei den zuständigen Behörden erstattet. Hitler, der einen Konflikt mit der katholischen Kirche scheute, befahl am 28.8. die Einstellung des Euthanasie-Programms. Die Mitarbeiter von »T4« wurden in den Osten verlegt, wo sie halfen, die Vernichtungsmaschinerie der »Endlösung« mit aufzubauen.

Das Morden in den deutschen Krankenanstalten hörte indes nicht auf, es ging unter leicht veränderter Zielsetzung und dezentral organisiert weiter. Eine Aktion unter der Bezeichnung »Sonderbehandlung 14f13« (Aktenzeichen des Inspekteurs der KZs) betraf geisteskranke und arbeitsunfähige KZ-Häftlinge. Auch in vielen Heilanstalten tötete man weiter Behinderte, nun aber an Ort und Stelle durch Spritzen, Tabletten oder Entzug der Nahrung. Während des Luftkriegs 1943/44 wurden zahlreiche Pflege- und Heilanstalten geräumt, um Platz für Ausweichkrankenhäuser zu schaffen; im Rahmen der »Aktion Brandt« (Hitlers Leibarzt war inzwischen zum Reichskommissar für das Sanitäts- und Gesundheitswesen ernannt worden) kam es dabei erneut zu Massentötungen, nicht einmal Insassen von Altersheimen sowie Kriegsversehrte oder von den Luftangriffen Traumatisierte konnten mehr sicher sein, nicht aus ihren Pflegestätten entfernt und umgebracht zu werden. Dieser zweiten Phase der Euthanasie fielen nach Schätzungen mindestens 50 000 Menschen zum Opfer.

Lit.: Götz Aly (Hrsg.): Aktion T4. 1939–1945. Die »Euthanasie«-Zentrale in der Tiergartenstr. 4, Berlin 1987 ▪ Hartmut Jenner / Jochen Klieme (Hrsg.): Nationalsozialistische Euthanasieverbrechen und Einrichtungen der Inneren Mission, Reutlingen 1997 ▪ Ernst Klee: »Euthanasie« im NS-Staat, Frankfurt a. M. 1983

Familie

→ *Ehe*

Fosse Ardeatine

Die Massenerschießung in den römischen Höhlen war rechtens

Seit September 1943 kontrollierte deutsche Polizei auch die Stadt Rom. Am 23.3.1944 marschierte die 11. Kompanie des III. Bataillons des Polizeiregiments »Bozen« wie täglich gegen 14 Uhr auf dem Weg zu ihrem Quartier am Quirinalspalast durch die Via Rasella. Dort erwartete sie der als Straßenfeger verkleidete kommunistische Widerstandskämpfer Rosario Bentivegna, der in seinem Karren unter Eisenschrott zwölf

Kilo Sprengstoff verborgen hatte. Bei Annäherung der deutschen Polizisten steckte er die Lunte an und entfernte sich. Etwa die Hälfte der Kolonne hatte den Karren passiert, als der Sprengsatz zündete. 27 Deutsche starben auf der Stelle, drei weitere wenig später im Krankenhaus, und auch zwei schwerverletzte Kameraden überlebten den Tag nicht; im Verlauf des folgenden Tages erlagen noch zwei Mann ihren Verletzungen, 45 fielen als Verwundete aus. Verlust also ingesamt fast genau die halbe Kompanie, zu der 156 Mann gehörten.

Viel gerätselt worden ist, was der italienische Widerstand mit der Tat bezweckte. Zielte er in Erwartung deutscher Repressalien auf konkurrierende trotzkistische Gruppen, oder wollte er ein Fanal für einen allgemeinen Aufstand setzen? Gleichviel, zu einem Aufstand kam es nicht, hingegen blieben die »Sühnemaßnahmen« nicht aus, und sie fielen, wie bei der Schwere des Anschlags nicht anders erwartet, äußerst brutal aus. Es tut hier auch nichts zur Sache, ob die schließlich festgesetzte Quote von zehn zu tötenden Italienern für jeden umgekommenen Deutschen auf einen »Führerbefehl« zurückging oder ob vor Ort – womöglich in vorauseilendem Gehorsam – entschieden wurde. Dort waren die militärischen Spitzen zuständig und der Leiter des SS-Außenkommandos in Rom, Obersturmbannführer Herbert Kappler. Sie waren einverstanden, und Kappler wurde die Ausführung der »Vergeltung« übertragen.

Zunächst wollte er nur »Todeswürdige« aus Gefängnissen erschießen lassen, doch erreichte er nicht einmal mit allen Insassen die Quote: 154 Personen saßen in Gestapo-, 43 in Wehrmachtgefängnissen, von den letzteren waren gerade einmal drei zum Tode verurteilt. Also nahm Kappler alle Häftlinge in seine Liste auf. Dazu kamen die zehn Personen, die seine Leute bei ersten Ermittlungen in der Umgebung des Tatorts festgenommen hatten, 50 weitere stellte die faschistische Quästur aus dem römischen Stadtgefängnis »Regina Coeli« (Himmelskönigin) zur Verfügung. Das reichte immer

noch nicht, so daß Kappler 75 Juden hinzunahm, die auf ihre Deportation warteten.
Sie alle wurden am Tag nach dem Anschlag gegen 14 Uhr, als gerade der 33. deutsche Polizist gestorben war, per Lastwagen zu den Fosse Ardeatine (Ardeatinische Höhlen) gebracht. Dort mußten die gefesselten Gefangenen absteigen, wurden in Gruppen zu fünft von den Todesschützen des Sicherheitsdienstes (SD) und der Sicherheitspolizei in die Höhlen geführt und mit Genickschuß getötet. Die draußen wartenden nächsten Kandidaten hörten Flehen, Schreie und Schüsse. Hauptsturmführer Erich Priebke führte Buch, indem er die Namen der Liquidierten von der Liste strich. Gegen 19 Uhr waren 335 Menschen, darunter Frauen und ein 15jähriger Junge, tot.
Kein Mensch käme heute auf den Gedanken, daß ein so bestialisches Vorgehen auch nur entfernt zu rechtfertigen sein könnte. Doch damals war die Tat zum einen bei weitem nicht die grausamste und zum anderen die Frage, ob Repressalmaßnahmen dieser Art völkerrechtlich gedeckt seien, nicht hinreichend geklärt. So kam es, daß beim Prozeß gegen Kappler nach dem Krieg die Rede davon war, er sei nur wegen der überzähligen fünf getöteten Geiseln zu lebenslanger Haft verurteilt worden, weil zur Tatzeit erst 33 Anschlagsopfer tot waren. Und so kam es auch, daß der erst 1995 von Argentinien an Italien ausgelieferte Priebke 1996 in erster Instanz freigesprochen wurde, weil die Tat als Kriegsverbrechen 1966 verjährt gewesen sei. In nächster Instanz wurde 1998 zwar auf Mord und lebenslange Freiheitsstrafe erkannt, doch zeigt die doppelte Sichtweise der italienischen Kammern die erhebliche Unsicherheit bei der Einschätzung der 1944 geltenden Rechtslage.
Erst seit 1949 sind Repressaltötungen durch die Genfer Konvention eindeutig untersagt, 1944 aber galt für solche Fälle die Haager Landkriegsordnung von 1899/1907, die in diesem Punkt nur sehr allgemein das Recht von Besatzern defi-

niert, »die öffentliche Ordnung ... wiederherzustellen und aufrechtzuerhalten«. Die Völkerrechtler der verschiedenen Rechtstraditionen zogen daraus unterschiedliche Schlüsse. Einig war man sich allerdings, daß jede Repressalie in einem angemessenen Verhältnis zur Tat stehen müsse, nicht unnötig grausam sein dürfe und erst nach erfolglosem Bemühen, der tatsächlichen Täter habhaft zu werden, greifen dürfe. Alle drei Kriterien treffen auf die Massentötung in den Fosse Ardeatine nicht zu.

Die Kriegslage läßt sich bei der Entschuldigung für unterlassene korrekte Ermittlungen und die überstürzte Ansetzung der Repressalie bereits auf den Folgetag der Tat vielleicht noch ins Feld führen. Für die unverhältnismäßige Quote und die wahllose Zusammenstellung der Opfer aber gibt es keinen mildernden Umstand, und für die ungeheuer grausame Ausführung der »Sühne« schon gar nicht. Zwar existierte kein ausdrückliches völkerrechtliches Verbot von Repressaltötungen, doch die Verantwortlichen handelten selbst den am weitesten gehenden Kommentaren deutscher Völkerrechtler zuwider. Der Mord von Rom bleibt auch bei weitester Auslegung des 1944 geltenden Kriegsrechts Mord.

Lit.: Stefan Pauser: Mord in Rom? Der Anschlag in der Via Rasella und die deutsche Vergeltung in den Fosse Ardeatine im März 1944, in: VfZ 2/2002 ▪ Gerhard Schreiber: Deutsche Kriegsverbrechen in Italien. Täter, Opfer, Strafverfolgung, München 1996

Frank, Anne

Das »Tagebuch der Anne Frank« ist eine Fälschung

Ein Geburtstagsgeschenk, das die Welt bewegen wird: Am 12.6.1942 findet Anne Frank, an diesem Tag 13 Jahre alt gewordene Tochter einer vor den Nazis nach Amsterdam geflüchteten jüdischen Familie aus Frankfurt am Main, eine Kladde für Tagebuchaufzeichnungen auf dem Gabentisch. Wenig später müssen die Franks vor dem Zugriff der deutschen Besatzer untertauchen. Zwei Jahre leben sie in einem Hinterhaus in der Prinsengracht 263, dann kommen die Häscher doch und sorgen für die Deportation nach Auschwitz. Anne und ihre Schwester werden nach Bergen-Belsen zurückverlegt und sterben dort im März 1945 an Typhus und Unterernährung. Die Mutter verendet in Auschwitz. Nur Vater Otto kehrt am 3.6.1945 heim.

Zwei Monate hofft er, daß wenigstens seine Töchter überlebt haben, dann kommt die furchtbare Nachricht. Da nun Anne nicht wiederkehren wird, übergibt Miep Gies, eine der holländischen Unterstützerinnen der Untergetauchten, Otto Frank die von ihr geretteten Tagebuch-Aufzeichnungen Annes über die zwei Jahre im Versteck. Lange vermag der Vater die Texte nicht zu lesen. Als er dann doch die Trauer durchbricht und liest, kommt zur Erschütterung ein großes Staunen über das frühe Talent der Tochter zum Schreiben, zu minutiöser Beobachtung und zu psychologischer Feinzeichnung. Er begreift das als Auftrag und Vermächtnis Annes, die Welt ihre Stimme mithören zu lassen.

Das »Tagebuch der Anne Frank« erschien erstmals 1947, wurde in alle Weltsprachen übersetzt und erreichte Millionenauflagen. Auch in Theaterfassung und Verfilmung kam es auf den Markt, wurde zu einem zentralen Zeugnis für die Judenverfolgung und den Völkermord durch die Deutschen und damit auch zum zentralen Ärgernis derer, die Hitlers Vernichtungsdespotie verniedlichen oder überhaupt nicht wahrhaben wollen. Erste Behauptungen tauchten auf, das Tagebuch sei über weite Strecken oder gar komplett gefälscht, vom Vater nachträglich erfunden und mit Hilfe von Kitschschreibern herausgebracht worden.

Daß es so viel Mühe machte, die Vorwürfe juristisch aus der Welt zu schaffen, lag daran, daß Otto Frank manche Passage ausgelassen hatte. Er wollte damit seine und seiner Tochter Intimsphäre schützen, bot aber so und mit redak-

tionellen Eingriffen Angriffspunkte. Hinzu kam etwa in der deutschen Übersetzung der Versuch der Bearbeiterin, durch Milderung antideutscher Stellen die Akzeptanz im Täterland zu erhöhen. Heute schwer verständlich, aber damals im Verdrängungsklima vielleicht so unüberlegt nicht. Außerdem gab es zwei Fassungen von Anne, die selbst schon literarisch gefeilt hatte. Dadurch waren Widersprüchlichkeiten entstanden, die von den Revisionisten genüßlich breitgetreten wurden.
Gleichviel: Alle Glättungen – »Manipulationen« oder eben »Fälschungen«, sagten die Gegner – sind gemessen am Inhalt der Aufzeichnungen von Anne völlig belanglos. Doch Juristen neigen zum Erbsenzählen, und da werden aus läßlichen Änderungen eben doch Entschuldigungen für Diffamierer, die sich auf ihr Recht zu freier Meinungsäußerung berufen. Letztlich aber wurden in den 1960er Jahren alle Fälschungsvorwürfe entkräftet, und es hätte Ruhe eintreten können, wenn nicht das Bundeskriminalamt (BKA) gewesen wäre:
Diese erst kürzlich wegen ihrer Rechtslastigkeit ins Gerede gekommene deutsche Ermittlungsbehörde stellte Ende der 1970er Jahre gutachterlich fest, im Original des Tagebuchs sei stellenweise Kugelschreibertinte verwendet worden, die es erst nach 1951 gegeben habe. Ob es sich bei den inkriminierten Stellen um Korrekturen oder überhaupt um ein nennenswertes Quantum handelte, sagten die Gutachter nicht. Und sie rückten auch nicht mit Beispielen heraus, als der niederländische Staat, Erbe des 1980 verstorbenen Otto Frank, 1986 eine neuerliche Prüfung durch das Gerechtelijk Laboratorium in Rijswijk in Auftrag gab. Warum das BKA mauerte, ist bis heute nicht geklärt.
Klar aber ist, daß von Fälschung keine Rede sein kann, und wer der These immer noch anhängt, kann sich durch eine kritische Edition aller überlieferten Originale eines Besseren belehren lassen. Sie ist 1988 vom Amsterdamer Rijksinstituut voor Oorlogsdocumentatie (Reichs-, heute Niederländisches

Institut für Kriegsdokumentation) herausgegeben worden. Und im Jahr 2001 wurden auch noch fünf Seiten hinzugefügt, die bis dahin ein ehemaliger Freund von Otto Frank zurückbehalten und erst gegen einen Betrag von 300 000 Dollar (zum Teil für wissenschaftliche Zwecke gespendet) herausgegeben hatte.
Als authentisches Zeugnis für die Leiden und Hoffnungen der Verfolgten bleibt das Tagebuch unersetzlich. Wie genau es das Leben im Untergrund abbildet, sehen alljährlich 600 000 Besucher des Hinterhauses in der Prinsengracht, das als Museum originalgetreu erhalten und gepflegt wird.

Lit.: Anne Frank Haus. Ein Haus mit einer Geschichte, interaktiver Rundgang, CD-ROM, Oberhaching 2000 ▪ Carol Ann Lee: Anne Frank. Die Biographie, München 2000 ▪ Ruud van der Rol / Rian Verhoven: Anne Frank. Bildbiographie (insbesondere für Jugendliche), Hamburg 1993

Frankreichfeldzug

Der deutsche Angriff im Westen war als Blitzkrieg konzipiert

Mit seiner Entscheidung schon gleich nach dem Polenfeldzug 1939, noch vor dem Wintereinbruch im Westen offensiv zu werden, stürzte Hitler die Wehrmachtführung in schwere Zweifel, ob ein solcher Feldzug überhaupt zu bestehen sei. Wenn dann der Angriffsbefehl 29mal verschoben wurde (bis 10.5.1940), so auch deswegen, weil Hitler selbst sich nicht sicher war. Letztlich aber siegte seine Sorge, daß die Zeit für die Gegner arbeitete, die ihm am 3.9.1939 den Krieg erklärt, die Feindseligkeiten aber noch immer nicht eröffnet hatten. Wollte er nicht in die Defensive geraten, mußte er das kleine strategische Fenster momentaner deutscher Rüstungsüberlegenheit nutzen.
Dabei handelte es sich allerdings nur um einen Vorsprung

auf technischem und operativem Gebiet, während die Wehrmacht an Quantität den Westmächten klar unterlegen war. Der in Kategorien der Materialschlachten des Ersten Weltkriegs denkende »Führer« hatte auch deswegen so lange gezögert und handelte schließlich nur, weil an dieser Ausgangslage allenfalls durch einen massiven Erstschlag Änderungen möglich waren, nicht aber weil er glaubte, mit einem solchen Erstschlag bereits die Entscheidung erzwingen zu können. Und noch etwas förderte seinen Entschluß, und hier bewies er wenigstens militärisch einmal Weitsicht:

Politisch war seine Kalkulation mit dem Stillhalten des Westens bei seinem Polenabenteuer nicht aufgegangen. Das hatte ihm die »falsche« Frontstellung beschert, aus der nur die Flucht nach vorn einen – freilich höchst riskanten – Ausweg versprach. Zunächst basierten alle Planungen dazu auf dem gleichen Konzept wie das von General Schlieffen aus dem Jahr 1905, das so furchtbar gescheitert war. Kühnere Pläne wie der von General Manstein favorisierte Stoß in den Rücken der vorgehenden gegnerischen Armeen hatten zunächst keine Chance und wurden von der Heeresführung abgelehnt.

Erst als die ursprünglichen Planungen beim sogenannten Mechelen-Zwischenfall, der Notlandung zweier Majore der Luftwaffe in Belgien, der gegnerischen Aufklärung zum Teil in die Hände gefallen waren, sah man sich nach Alternativen um. In Mansteins später (zuerst von Churchill) so genanntem Sichelschnitt-Konzept erkannte Hitler die einmalige Möglichkeit, erhebliche Startvorteile zu erzielen. An einen *Blitzkrieg* allerdings war nach seiner und der Meinung der Generalität angesichts der Materialüberlegenheit der Gegner nicht zu denken.

Wenn es dennoch einer wurde, dann entgegen allen Planungen und wider Erwarten selbst derer, die den schnellen Sieg schließlich erkämpften. Vor allem Hitler selbst, der das Terrain aus dem Stellungskrieg nur zu gut kannte, wurde von der Entwicklung völlig überrascht und traf daher Fehlentscheidungen wie die von *Dünkirchen*. Ausschlaggebend aber war natürlich, daß eben nicht nur die deutschen Strategen von der Dynamik überrollt wurden, sondern vor allem die alliierten Heerführer, von denen einige wie etwa de Gaulle vergeblich vor einer solchen Katastrophe gewarnt hatten.

Denn Anzeichen dafür, daß Schnelligkeit und Zusammenwirken der verschiedenen Waffengattungen ein neues Kriegsbild heraufführen könnten, gab es schon. Der Polenfeldzug hatte ja gezeigt, wozu ge- und entschlossen geführte Panzerverbände mit Luftunterstützung fähig waren. Dennoch hielten die britisch-französischen Feldherren an der »Verkleckerung« der Tanks auf die Infanteriedivisionen fest und gerieten so in die von Manstein aufgestellte Falle der Panzersichel, die alle ihre rückwärtigen Verbindungen kappte und ihren Armeen das Cannae (römische Niederlage in einer Umfassungsschlacht 216 v. Chr.) bescherte, das 1914 in Schlieffens Plan ebenfalls vorgesehen, aber nicht gelungen war. Die Mär von der übermächtigen deutschen Wehrmacht diente nur zur Bemäntelung eigener schwerer operativer Fehler.

Sie wurden aus der Verwirrung heraus über das von niemandem für möglich gehaltene Tempo der Panzerraids, Luftlandungen und Sturmangriffe begangen. Und das Tempo war nur möglich, weil die deutschen Frontkommandeure vielfach eigenmächtig entschieden, ehe noch die oberste Führung über die Lage im Bilde war. Wäre es nach ihr gegangen, hätte es den Sturmlauf in dieser Form nicht gegeben, denn Blitzkriegsdenken war ihr wie Hitler völlig fremd. »Es war nicht Ursache, sondern Folge des Sieges«, heißt es bei Karl-Heinz Frieser (s. Lit.).

Der danach zum »größten Feldherrn aller Zeiten« stilisierte »Führer« wurde erst durch den unerwarteten Triumph zu einem Anhänger der Blitzkriegsstrategie. Nach dem weiteren Erfolg auf dem Balkan 1941 setzte er auch im Osten auf sie und scheiterte damit in den Weiten Rußlands gründlich und endgültig.

Lit.: Karl-Heinz Frieser: Blitzkrieg-Legende. Der Westfeldzug 1940 (= Operationen des Zweiten Weltkriegs, Band 2), München 1995 ▪ Kenneth John Machsey: Deutsche Panzertruppen, Wien/München 1985 ▪ Klaus A. Maier u.a. (Hrsg.): Errichtung der Hegemonie auf dem europäischen Kontinent (= Das Deutsche Reich und der Zweite Weltkrieg, Band 2), Stuttgart 1979

Frauen [1]

Seine Wahlsiege verdankte Hitler den Frauen

Gewiß, es gab sie, die verzückten Frauen, die ohnmächtig wurden, wenn Hitler an ihnen vorüberfuhr, die bei Aufmärschen hysterisch »Heil!« schrien, die Briefe mit flammenden Liebeserklärungen schrieben und sich von ihrem »Führer« ein Kind wünschten und die begeistert ihre Männer und Söhne an die Front schickten. Aber diese Anbetung wurde dem erfolgreichen Politiker und Kriegsherrn zuteil, Hitler erfuhr sie, als er bereits an der Macht war. Anders sah die Sache aus, als er sich noch auf dem Weg dorthin befand.
Einige Frauen hatten ihm beim Start auf der politischen Bühne geholfen. Bestimmten Damen der Münchener Gesellschaft machte es Spaß, ihre Salons mit dem kehlig daherredenden österreichischen Agitator zu schmücken, sie bemutterten Hitler, bezahlten seine Schulden und steckten ihm wertvolle Geschenke zu. Aber das waren Einzelfälle. Die Nationalsozialisten mußten zunächst hauptsächlich mit den Stimmen der Männer auskommen. Die große Masse der Frauen, die in der »Kampfzeit«, also vor 1933, zu den Wahlen ging, wählte nicht Hitler und seine NSDAP, sondern andere Politiker und Parteien. Zwar verschoben sich ihre Präferenzen allmählich von den linken Parteien SPD und KPD weg nach rechts, aber nicht Hitlers Bewegung profitierte davon, sondern zunächst konservative Parteien wie die Deutschnationale Volkspartei,

die Bayerische Volkspartei und vor allem das katholische Zentrum.

Die geringen Erfolge bei Wahlen waren kein Wunder, unternahm doch die NSDAP anfänglich wenig Anstrengungen, die Frauen zu gewinnen. Politik war Männersache, so die Meinung der Parteigründer. Frauen wurden keineswegs ermuntert, in die Partei einzutreten, aus den Leitungsgremien waren sie sogar explizit ausgeschlossen. In Hitlers dickleibigem Bekenntnisbuch »Mein Kampf« fehlt jede Auseinandersetzung mit der Frauenfrage, und unterm Stichwort »Erziehung« wird seitenlang die Ausbildung der Jungen zu harten Kämpfern beschrieben, während es zu den Mädchen lapidar heißt: »Das Ziel der weiblichen Erziehung hat unverrückbar die kommende Mutter zu sein.« »Die Frauen gehören heim in die Küche und Kammer, sie gehören heim und sollen ihre Kinder erziehen«, sagte Hermann Esser, Parteimitglied Nr. 2, und gab damit vermutlich die herrschende Meinung unter den in Saalschlachten und Straßenkämpfen abgehärteten Parteigenossen wieder.

Erst als die Partei zu Beginn der 1930er Jahre ihre Taktik änderte und eine Machtübernahme nunmehr auf legalem Wege, über den Stimmzettel, anstrebte, wurde auch die Notwendigkeit erkannt, Wahlwerbung unter den Frauen zu treiben. Der Ton änderte sich, Hitler mühte sich, das »weibliche Gemüt« anzusprechen und den »Geschmack der Frauen« zu treffen. Und er zeigt sich bereit, die Realitäten des modernen Lebens wenigstens vorläufig anzuerkennen: »Die Frau ist Geschlechts- und Arbeitsgenossin des Mannes. Auch bei den heutigen wirtschaftlichen Verhältnissen muß sie das sein. Ehedem auf dem Felde, heute auf dem Büro.«

Die neue Linie trug Früchte. Nach 1930 läßt sich eine Angleichung im weiblichen und männlichen Wählerverhalten feststellen, der Nationalsozialismus gewann Frauenstimmen hinzu. Doch blieben immer noch Unterschiede, auch 1932 votierten zwei Prozent weniger Frauen als Männer für Hitler.

Am deutlichsten fielen die Differenzen in den katholischen Kleingemeinden aus, in denen sich die weiblichen Bewohner weit weniger von Hitler beeindrucken ließen als die männlichen.

Lit.: Jürgen W. Falter: Hitlers Wähler, München 1991 ▪ Ulrike Leutheusser (Hrsg.): Hitler und die Frauen, Stuttgart/München 2001 ▪ Wolfgang Schneider: Frauen unter dem Hakenkreuz, Hamburg 2001

Frauen [2]

Mutterkreuz und Mutterkult beeindruckten niemand

Es war auch schon vor der Machtergreifung klar, daß im »Dritten Reich« Frauen allenfalls die Rolle einer »Kameradin des Mannes« zugedacht war. Dennoch war der Frauenanteil unter den NSDAP-Wählern zwar geringer als jener der Männer, aber nicht unerheblich. Natürlich haben nicht »die Frauen« Hitler an die Macht gebracht, viele haben aber seine Männer- und Kampfpartei trotz der von ihr zu erwartenden politischen Entmündigung angenommen. Ja, es läßt sich anhand mancher Indizien nachweisen, daß die allgemeine Politikmüdigkeit bei den Frauen besonders ausgeprägt war, so daß die Parolen von der »natürlichen Bestimmung« der Frau als Mutter und Ehepartnerin und vom Rückzug an den heimischen Herd nicht nur ungern gehört wurden.
Die Nationalsozialisten versprachen Familienidylle in einer Zeit, da die Familie erheblichen seelischen und wirtschaftlichen Belastungen ausgesetzt war, Belastungen zudem, die zuvörderst Frauen zu tragen hatten, manchmal ganz allein. Von einer – und sei es auch autoritären – Wiederherstellung der traditionellen Familie und ihrem staatlichen Schutz erhofften sich viele verunsicherte und deklassierte Frauen neue Sicherheit, und die NS-Propagandisten taten alles, die Rolle der Frau als »Blut- und Lebensquell des Volkes« kultisch zu

überhöhen, was nicht nur schlichten Gemütern verlorenes Selbstwertgefühl wiedergeben konnte.
Diese Propaganda nahm mit heraufziehendem Krieg und in der Kriegszeit zunehmend halbreligiöse Formen an, ausgedrückt in der Ausgestaltung des Muttertags zum höchsten Fest der »deutschen« Familie, der Verleihung des Mutterkreuzes (in Bronze für vier oder fünf, in Silber für sechs oder sieben und in Gold für acht und mehr Kinder) und der Ausrichtung von Mütterehrungsfeiern, die makaber verschwistert waren mit »Heldengedenken« für die Gefallenen. Irmgard Weyrather, Soziologin aus Paderborn, hat untersucht, inwieweit die Nationalsozialisten damit Erfolg hatten (s. Lit.). Sie hat dazu nicht nur gedruckte Quellen genutzt, sondern sich vor allem auf Mutterkreuz-Akten aus ganz Deutschland gestützt, die Anträge auf Verleihung der Auszeichnung, Begründungen für die Verweigerung oder gar Aberkennung, Beschwerden über Verzögerungen bei der Vergabe und Bitten von abgewiesenen Antragstellerinnen enthalten, doch noch berücksichtigt zu werden.
Fanden die absurden Konstrukte des NS-Rassismus sonst nur wenig Anklang und wurden noch weniger begriffen, so erzielte hier die Doppelstrategie der Bevölkerungspolitiker Wirkung: Es wurde durchaus als Makel empfunden, wenn »erbbiologische« Bedenken die Verleihung des Mutterkreuzes gefährdeten. Das konnte an jüdischen Vorfahren liegen, an Behinderungen eines Kindes, an Totgeburten oder an der Einstufung als »asozial«. Das Mutterkreuz jedenfalls war äußerst begehrt – nicht nur weil damit »Erbgesundheit« und Würdigkeit zum Empfang sozialer Leistungen bescheinigt wurden. Die ständige Diffamierung von Juden und anderen »Minderwertigen« – und natürlich die Angst vor ihrem Schicksal – scheint hier bis zu einem gewissen Grad gegriffen zu haben.
Außer an einer Erhöhung der Geburtenrate, die trotz der Misere im *Wohnungsbau* nicht völlig verfehlt wurde, lag

den Rassenhygienikern ja vor allem an einer »Aufartung des deutschen Volkes«. Zwangssterilisationen, Tötung Behinderter *(Euthanasie)* und der Völkermord an den Juden waren die terroristischen Methoden, Mutterkult und Deutschtümelei die Lockmittel dabei. Allerdings wird in heutigen Untersuchungen oft nicht ganz klar, wieso der Kult locken konnte. Wenn sein Kitsch und seine Verlogenheit so offenbar gewesen wären, wie es Autoren im politisch korrekten Rückblick gern kopfschüttelnd nahelegen, dann wäre mit mehr Distanz zu rechnen gewesen. Die Akten und die SD-Berichte aber nennen nur wenige Fälle vor allem christlich gefestigter Frauen, die den schändlichen Mißbrauch durchschauten.

Man muß sich schon in die Lage der Frauen von damals versetzen, will man begreifen, was den Kult für eine Mehrheit attraktiv machte. Gerade ihnen, die im Männerstaat auf ein Heimchendasein am Herd verwiesen waren oder als mehr oder minder unzulänglicher Ersatz für die eingezogenen männlichen Arbeitskräfte galten, taten die propagandistischen Streicheleinheiten gut. Erst die anschwellende Flut der Meldungen über »für Führer, Volk und Vaterland« gefallene junge Soldaten weckte allmählich die Einsicht, daß das Leben, das nach offizieller Lesart aus ihnen »quoll«, dem Tod geweiht war.

Lit.: Dorothee Klinksiek: Die Frau im NS-Staat, Stuttgart 1982 ▪ Irmgard Weyrather: Muttertag und Mutterkreuz. Der Kult um die »deutsche Mutter« im Nationalsozialismus, Frankfurt a. M. 1993

Führer und Reichskanzler

→ *Staatsoberhaupt*

Gaskammern [1]

→ *Auschwitz [2]*

Auf deutschem Boden hat es keine Vergasungen gegeben

Verharmloser des Dritten Reiches und seiner Untaten trösten sich gern damit, daß die Vernichtungslager, in denen die fabrikmäßige Massentötung mittels Gas stattfand, also *Auschwitz*, Bełżec, Kulmhof (Chełmno), Majdanek, Sobibór und Treblinka, sämtlich außerhalb Deutschlands, im besetzten Polen, lagen. Zusätzlich verweisen sie dann noch darauf, daß Krematorium und Gaskammer im KZ Dachau nie in Betrieb genommen worden seien. Wenn dort keine Vergasung, dann nirgends in Deutschland!

Die Schlußfolgerung erweist sich bei näherem Hinsehen als haltlos. Selbstverständlich hat es auf deutschem Boden Gaskammern gegeben. Die Ingenieure des Todes lernten hier ihr Handwerk. Der Unterschied zu den großen Vernichtungslagern im Osten bestand höchstens darin, daß in den hiesigen Tötungsanstalten die Opfer nicht nach Hunderttausenden oder Millionen, sondern »nur« nach Tausenden oder Zehntausenden zählten.

Im Rahmen des *Euthanasie*-Programms, der Tötung sogenannten »lebensunwerten Lebens«, wurden seit Herbst 1939 in sechs Heil- und Pflegeanstalten, und zwar in Grafeneck bei Reutlingen, Brandenburg (Havel), Bernburg an der Saale, Hartheim bei Linz an der Donau, Sonnenstein in Sachsen und Hadamar bei Limburg, Gaskammern eingerichtet, in denen bis August 1941 mindestens 70 000 Geisteskranke, die aus anderen Anstalten hierhin verlegt worden waren, mittels Gas umgebracht wurden. Das Verfahren war dem ähnlich, das später in den Lagern der *Judenvernichtung* angewendet wurde. Die Opfer mußten sich entkleiden und wurden in gekachelte Räume geführt, die auf den ersten Blick wie Baderäume wirkten. Die Rohre und Duschköpfe an den Decken führten jedoch kein Wasser, es waren Attrappen beziehungs-

weise die Öffnungen von Gasleitungen. Nachdem die Türen fest verschlossen waren, wurde aus Flaschen, die außerhalb der Räume installiert waren, Kohlenmonoxid eingeleitet. Nach der offiziellen Einstellung der Euthanasie im August 1941 (tatsächlich ging sie in geringerem Umfang unter strenger Geheimhaltung noch bis 1945 weiter) wurde das Personal in den Osten verlegt, wo sein »Know-how« für den Aufbau der Vernichtungslager gebraucht wurde.
Aber auch im Reich wurden neue Gaskammern gebaut, so in den KZs Mauthausen (ab Herbst 1941), Neuengamme (September 1942), Sachsenhausen (März 1943), Stutthof (Juni 1944) und Ravensbrück (Januar 1945), die, anders als Dachau, auch tatsächlich in Betrieb gingen, mit dem Ziel der Vernichtung spezieller Häftlingsgruppen. Nach den Erfahrungen, die man inzwischen in Auschwitz gewonnen hatte, wurde zur Tötung nun nicht mehr Kohlenmonoxid benutzt, sondern Zyklon B, ein kristallines Blausäurepräparat, das bei Kontakt mit Sauerstoff sofort zu einem tödlich wirkenden Gas wird. Opferzahlen sind zumeist nicht bekannt, im Falle Sachsenhausen lautet eine unsichere Schätzung auf 4000, in Mauthausen waren es mindestens 3544 Ermordete, die letzte Vergasung fand hier am 28.4.1945 statt.

Lit.: Henry Friedlander: Der Weg zum NS-Genozid. Von der Euthanasie zur Endlösung, Berlin 1997 ▪ Eugen Kogon (Hrsg.): Nationalsozialistische Massentötungen durch Giftgas, Frankfurt a.M. 1983

Germany must perish

Der »Plan« des Theodore N. Kaufman zur Unterjochung Deutschlands

Es gehörte zu den Eigentümlichkeiten der Nationalsozialisten, daß sie ihren Gegnern ähnliche Ausrottungs- und Unterwerfungsabsichten unterstellten wie diejenigen, die sie selber hegten und in die Tat umsetzten. Unablässig waren sie auf der Suche nach Beweisen dafür, und nichts war unsinnig und abstrus genug, um nicht doch irgendwann als »Plan« der Feinde zur Vernichtung Deutschlands präsentiert zu werden. Einzelgänger und Phantasten wurden sogleich zu einflußreichen und mächtigen Männern hochstilisiert und das, was sie im stillen Kämmerlein zu Papier gebracht, als Regierungsdokument ausgegeben. Einmal in die Welt gesetzt, konnten solche Legenden ein zähes Leben haben, manche geisterten in der Nachkriegszeit noch herum. Von dieser Art war auch das »jüdische Vernichtungsprogramm«, das die NS-Propaganda im Sommer 1941 entdeckte.

Ein US-Bürger namens Theodore N. Kaufman, Inhaber einer Verkaufsstelle für Theaterkarten und bisher weiter nicht hervorgetreten, hatte eine Broschüre mit dem Titel »Germany must perish« (Deutschland muß zugrunde gehen) erscheinen lassen, in der die Aufteilung Deutschlands an die Nachbarstaaten und die Auslöschung des deutschen Volkes durch Massensterilisierung gefordert wurde. Es handelte sich um eine Privatmeinung, der Verfasser hatte auch Druck und Vertrieb selbst finanziert. Die amerikanische Öffentlichkeit lehnte Kaufmans Ideen ab, das Magazin »Time«, überhaupt das einzige Organ, das ausführlicher darauf einging, berichtete von entrüsteter Ablehnung, die das Machwerk des selbsternannten Vorkämpfers gegen das Deutschtum überall gefunden habe.

Das zählte natürlich für die NS-Propaganda wenig. Sie stürzte sich sofort auf das wirre Pamphlet. Im »Völkischen Beobachter« vom 24.7.1941 hieß es, Kaufman sei ein enger Mitarbeiter des US-Präsidenten Roosevelt, von dem auch die Hauptthesen des Buches stammten. In jeder Hinsicht enthülle es »die letzten Ziele der jüdischen Politik gegenüber Deutschland«. Die Publizität, die Kaufman in Amerika nicht bekommen hatte, gewann er in Deutschland. Im September 1941 druckte das Reichspropagandaministerium in Millionenauflage eine Schrift, in der versucht wurde zu beweisen,

daß der Verfasser von »Germany must perish« eine führende Figur des »Weltjudentums« mit Verbindung zu höchsten amerikanischen Regierungskreisen sei.
Als solchen präsentierten ihn auch neonazistische Publikationen späterer Zeit, denen es darum zu tun war, den Juden die Schuld an dem Verhängnis zuzuweisen, das über sie hereingebrochen war. So diente der »Kaufman-Plan« dem Goebbels-Epigonen Paul Rassinier 1963 als Begründung für seine These, die von den Nationalsozialisten inszenierte Vernichtung der Juden sei nichts als Notwehr gewesen, da die Juden ja ähnliches mit den Deutschen vorgehabt hätten. Andere Apologeten des Hitler-Regimes übernahmen diese Version, und noch im Jahr 1983 konnten sich die Leser der »Nationalzeitung« über Auszüge aus Kaufmans Schrift gruseln, die ihnen unter der Überschrift »Holocaust-Verbrechen gegen Deutschland – Die Pläne zur Ausrottung unseres Volkes« vorgesetzt wurden.

Lit.: Wolfgang Benz: Judenvernichtung aus Notwehr? Die Legenden um Theodore N. Kaufman, in: VfZ 3/1981

Gestapo

Staatsspitzel waren allgegenwärtig

Vor den Augen des Großen Bruders ist niemand sicher – dieses Bild aus der Nachkriegszeit, entworfen von George Orwell in seinem 1949 veröffentlichten Roman »1984« und gemünzt auf die stalinistische Schreckensherrschaft, wird gerne auch auf die Verhältnisse in Deutschland 1933–45 angewandt. Das Regime Hitlers und seiner Spießgesellen soll eine dem deutschen Volk aufgezwungene Tyrannei gewesen sein, in der ein perfekter Überwachungs- und Verfolgungsapparat jede nicht systemkonforme Regung unterdrückt habe.
Diese Deutung geht in mehrerlei Hinsicht fehl. Sie ignoriert

das Ausmaß an Zustimmung, das viele der Handlungen und Maßnahmen Hitlers bei den Volksgenossen erfuhren. Teile der Gesellschaft sympathisierten mit dem Nationalsozialismus oder paßten sich so weit an, daß sie keine Zusammenstöße mit ihm und seinen Repräsentanten zu befürchten hatten. Verfolgung und Unterdrückung geschahen selektiv, bestimmte Schichten wurden von Gesinnungswächtern fast gar nicht behelligt. Während Arbeiter, denen man aktive Mitgliedschaft bei SPD oder KPD unterstellte, gleich nach der Machtergreifung in großer Zahl in Konzentrationslager gesteckt wurden, ließ man die Angehörigen der Mittelschicht und erst recht Großgrundbesitzer, Industrielle und Bankiers zumeist in Ruhe. Und der vermeintlich allmächtige Herrschaftsapparat des Nationalsozialismus war personell gar nicht so stark besetzt, daß damit in Deutschland eine flächendeckende Überwachung hätte stattfinden können.

Mittlerweile liegen ja Zahlen aus einem anderen Repressionssystem vor, die einen Vergleich ermöglichen. Das Ministerium für Staatssicherheit der DDR, kurz Stasi, gebot über 91 000 hauptamtliche Mitarbeiter, das bedeutete schon mal einen Stasi-Mitarbeiter auf je 200 Einwohner. Dazu kamen noch 174 200 sogenannte Inoffizielle Mitarbeiter, ein Wachregiment von 11 000 Mann sowie ein Heer von »Offizieren im besonderen Einsatz« und »Gesellschaftlichen Mitarbeitern Sicherheit«.

Demgegenüber nehmen sich die Sicherheitskräfte des Dritten Reiches kümmerlich aus. Man schätzt heute, daß Überwachung und Spitzeldichte im Hitler-Reich nur ein Siebtel dessen betrugen, was im Lande Honeckers und Mielkes für nötig erachtet wurde. Der von Reinhard Heydrich eingerichtete Sicherheitsdienst (SD) der SS zählte 6500 hauptamtliche Mitarbeiter und soll rund 30 000 V-Leute beschäftigt haben. Ihm oblag hauptsächlich, die Stimmung im Volk zu erkunden und Berichte darüber anzufertigen. Die Aufgabe, staatsfeindliche Bestrebungen aufzudecken, war der Gestapo zugedacht, die als das eigentliche Terrorinstrument des Nationalsozialismus anzusehen ist. Sie hatte im gesamten Reichsgebiet nicht mehr als 32 000 Personen im Dienst. In Großstädten wie Düsseldorf (damals 500 000 Einwohner) mußte die Gestapo mit 126 Beamten und Angestellten auskommen, in Essen (650 000 Einwohner) waren es überhaupt nur 43 und in Wuppertal und Duisburg (jeweils über 400 000 Einwohner) je 28 Mitarbeiter. Die Staatspolizeistelle Bielefeld, zuständig für die Länder Lippe-Detmold und Lippe-Schaumburg, hatte 18 Beamte in der Kartei. In Bremen betrug die Personalstärke 44 Mann, in Hannover 42, in Würzburg 22. Und V-Leute beziehungsweise Agenten waren auch eher rar, in Frankfurt am Main etwa 100, in Saarbrücken 50 und in Bremen nur 10.

Nun konnten die Staatspolizeistellen über die Orts- und Kreispolizeibehörden als Hilfsorgane verfügen, aber das ergab immer noch keine massive Personaldecke. Vor allem, da nur etwas mehr als die Hälfte der Gestapo-Leute mit aktiven Polizeifunktionen betraut war. Bereits im Nürnberger Prozeß räumte Insider Werner Best, seit 1935 in führender Stellung im Geheimen Staatspolizeiamt in Berlin tätig, dann auch mit dem Mythos auf, die Gestapo habe ein Netz von Nachrichtenagenten und Spitzeln unterhalten, das ausgereicht hätte, »um das ganze Volk zu überwachen«: Das sei »mit dem kleinen Beamtenbestand, der voll mit den laufenden Dingen beschäftigt war«, gar nicht zu machen gewesen. So die Aussage des Juristen Best im Zeugenstand 1946.

Wenn die Gestapo trotz der mangelhaften Personalausstattung ihre bekannte Effizienz entwickeln konnte, lag das an einem anderen Umstand, den Best gleichfalls den Nürnberger Richtern darlegte. Sie hatte unentgeltlich arbeitende freiwillige Helfer. Best auf die Frage, nach welchen Gesichtspunkten die Gestapo Tatbestände aufgriff: »Fast ausschließlich aufgrund von Anzeigen, die entweder von Privatpersonen oder von irgendwelchen Stellen außerhalb der Polizei an sie gerichtet wurden.« Die Geheimpolizei setzte Agenten und

V-Leute auf erkennbare Widerstandsgruppen an, versuchte sie zu unterwandern oder mit Druck und Erpressung einzelne Mitglieder illegaler SPD- oder KPD-Zellen »umzudrehen« und sie ihrerseits als Aushorcher zu benutzen. Aber darüber hinaus machte sie kaum Versuche, abweichendes Verhalten aufzuspüren. Vielmehr verließ sie sich auf das, was ihr aus der Bevölkerung selbst zugetragen wurde. Und das war nicht wenig.

Im Dritten Reich blühte die Denunziation. Die »Verordnung des Reichspräsidenten zur Abwehr heimtückischer Angriffe gegen die Regierung der nationalen Erhebung« vom 21.3.1933, am 20.12.1934 umgewandelt in ein »Gesetz gegen heimtückische Angriffe auf Staat und Partei und zum Schutz der Parteiuniformen« (Heimtückegesetz), dazu das »Gesetz zum Schutze des deutschen Blutes und der deutschen Ehre« (15.9.1935) sowie im Krieg dann die Verordnungen gegen »Volksschädlinge« (5.9.1939) und weitere Maßnahmen, mit denen »Defätismus«, »Wehrkraftzersetzung«, der Umgang mit Kriegsgefangenen und Zwangsarbeitern oder das Abhören von Feindsendern unter Strafe gestellt wurden, lieferten die Voraussetzung dafür, daß jeder jeden bei den Behörden anschwärzen konnte. Und viele machten Gebrauch davon.

Denunziationen waren meist privat motiviert, sie dienten zur Verdrängung eines geschäftlichen Konkurrenten, zur Befriedigung von Rachegelüsten, zur Kompensation von Zurücksetzungen und Enttäuschungen. Sie konnten aber auch ohne die Absicht, jemandem gezielt zu schaden, nur im guten Glauben, damit der gerechten Sache zu dienen, erstattet sein. »... fühlte ich mich verpflichtet, dies zur Anzeige zu bringen«, hieß es dann etwa im Text der Anzeige. Ein fester Typus von Denunziant läßt sich nicht ermitteln, bei den meisten handelte es sich um unauffällige, »normale« Menschen, die unter anderen Bedingungen wahrscheinlich nicht denunziatorisch tätig geworden wären. Aber die enorme Macht, die

der Nationalsozialismus verkörperte, wirkte einladend auf sie. Per Denunziation konnten sie daran teilhaben.
Welchen Umfang das Denunziantentum annahm, haben erst regionalgeschichtliche Untersuchungen seit den 1970er Jahren richtig ans Licht bringen können. In der Nachkriegszeit wurde nämlich darüber zumeist der Schleier gnädigen Vergessens gebreitet. Selten kam ein Fall vor Gericht. Dabei hatte die Denunziation nicht selten entsetzliches Leid angerichtet. Auch wenn es den nationalsozialistischen Behörden manchmal geradezu unheimlich wurde vor der Flut der Anzeigen und sie mit Recht argwöhnten, nur vor den Karren irgendwelcher Leute gespannt zu werden, waren doch Zehntausende von Verhaftungen vorgenommen worden, denen Verurteilungen zu Haftstrafen, verfahrenslose Einweisungen in KZs oder sogar Hinrichtungen folgten. Aber die bundesrepublikanische Justiz zeigte wenig Neigung, sich des Themas gründlicher anzunehmen. Zur Begründung zog sie sich gern auf den Grundsatz zurück, daß die Anzeige von tatsächlichen oder angeblichen Straftaten kein Delikt gewesen sei und man die Denunzianten deswegen nicht belangen könne. Oder vornehmer: Es hieße die Praktiken des Nationalsozialismus fortsetzen, wenn man heute Anzeigen gegen Denunzianten von damals annehme. Dann höre die Denunziation nie auf.

Lit.: Gisela Diewald-Kerkmann: Politische Denunziation im NS-Regime oder Die kleine Macht der »Volksgenossen«, Bonn 1995 ▪ Robert Gellately: Die Gestapo und die deutsche Gesellschaft, Paderborn 1993 ▪ Ian Kershaw: Hitlers Macht. Das Profil der NS-Herrschaft, 2. Auflage München 2000

Goebbels, Joseph

Hitlers Nachfolger ließ sich erschießen

Nicht einmal die Kraft zur Selbsttötung soll das Reichsgroßmaul aufgebracht haben: Über die letzten Stunden im Leben des wohl engsten Hitler-Mitarbeiters Goebbels, den der »Führer« zu seinem Nachfolger als Reichskanzler bestimmt hatte, kursieren seit 1945 diverse Legenden, ausgelöst vor allem durch die schon bald nach Kriegsende begonnene Rekonstruktion des britischen Historikers Hugh Trevor-Roper über das Finale im Bunker unter der Reichskanzlei. Sein Buch (s. Lit.) erschien erstmals 1947 und erlebte zahlreiche Auflagen. Es war Grundlage für Filme und wurde wegen seiner ungeheuer genauen Darstellung gerade in Details zum Nennwert genommen. Bedauerlicherweise nahm der Autor neue Erkenntnisse zwar zur Kenntnis, aber nicht zum Anlaß von umfangreicheren Korrekturen. Er hielt das, was andere als die Stärke des Buches ansahen, eben die Details, für nebensächlich.

Das mag er nicht zu Unrecht so gesehen haben, denn letztlich ist es von wenig Belang, ob zwei oder gar keine Schüsse gefallen sind, ob geraucht wurde oder nicht. Leider aber ist es so, daß Erbsenzähler gern Unstimmigkeiten aufdecken, um dann das Ganze in Zweifel zu ziehen. Das sind die Übelwollenden; es gibt aber auch diejenigen, die jede Einzelheit begierig aufnehmen und meinen, sie hätten nun ein Eins-zu-eins-Abbild des tatsächlichen Geschehens. Und: Kenner verstricken sich in erbitterten Streit eben um Petitessen, obwohl doch gerade ihnen klar sein muß, daß fünf Zeugen durchaus zehn Versionen zu entwickeln vermögen, je nach dem Zeitpunkt der Befragung, der Person des Fragers, der Formulierung der Frage, der Interessenlage des Aussagenden und so weiter. Die chaotische Situation nach Hitlers Selbstmord im Bunker sorgte natürlich zusätzlich für Verwirrung.

Gerade deswegen braucht es mehrfach gesicherte Aussagen, ehe apodiktisch festzustellen ist: So hat sich die Sache zugetragen. Das aber ist im Fall des Endes der Familie Goebbels nur in einigen Punkten so, und die Behauptung von Trevor-Roper, der einstige Propagandaminister habe sich und seine Frau von einem SS-Mann erschießen lassen, hält genauerer

Nachprüfung nicht stand. Ja, nicht einmal der Vorgang der vorangegangenen Tötung der sechs Goebbels-Kinder ist zweifelsfrei geklärt. So steht nicht fest, ob Magda Goebbels ihnen das Gift selbst verabreicht hat oder der Arzt Ludwig Stumpfegger. Auch Berichte darüber, daß ihnen Goebbels oder seine Frau vorher etwas über eine »große Reise« erzählt hätte, sind nicht hinreichend verbürgt. Es gilt daher für jeden Darsteller des Geschehens, das, was feststeht, von dem zu unterscheiden, was sich nur mit mehr oder minder großer Wahrscheinlichkeit mutmaßen läßt.

Und das geschieht leider in vielen Berichten nicht. So finden sich selbst bei dem renommierten Goebbels-Biographen Helmut Heiber (s. Lit.) Feststellungen, die eben so fest nicht stehen. Die genannte Todeszeit (kurz nach 20.30 Uhr) ist ungenau, und der Schuß, von dem er spricht, war nach einigen Zeugenaussagen nicht zu hören, und nach anderen wäre er im Bunker auch gar nicht zu hören gewesen. Das Einschußloch in der Schläfe von Goebbels taucht in russischen Obduktionsberichten nicht auf. Hier soll daher kurz skizziert werden, was als sicher gelten kann und was ins Reich der Vermutungen gehört:

Der nach heutigen Erkenntnissen mutmaßliche Ablauf am 1.5.1945: Etwa um 17 Uhr rief Magda Goebbels den Adjutanten des Chefarztes in der Sanitätsverwaltung der SS in der Reichskanzlei an, er solle kommen. Helmut Kunz kam sofort und betäubte auf Verlangen von Magda Goebbels etwa um 20.40 Uhr deren sechs Kinder mit Morphiumspritzen. Er habe sich aber anschließend gegenüber Magda geweigert, die Kinder mittels Zyankali zu töten. (Das wissen wir nur von ihm, einen weiteren Zeugen gab es nicht.) Magda habe ihn daraufhin Stumpfegger holen lassen. Dieser kam nach etwa fünf Minuten und ging in das Zimmer mit den sechs schlafenden Kindern, in dem sich auch schon Magda Goebbels befand. Nach vier bis fünf Minuten kamen beide heraus.

Wer von den beiden die Kinder tötete oder ob sie beide die

Kinder gemeinsam töteten, wird trotz aller Spekulationen für immer im dunkeln bleiben. Ebenso, ob sich das älteste Kind, die 14jährige Helga, noch gewehrt hat (nach der Morphiumgabe unwahrscheinlich), Berichte über Prellungen an Helgas Körper sind nicht gesichert. Die Kinder wurden durch gläserne Zyankaliampullen aus dem Bestand von Hitlers einstigem Leibarzt Theodor Morell getötet. Kurz nach 22.00 Uhr töteten sich Magda und Joseph Goebbels im Garten vor dem Bunker mittels ebensolcher Zyankalikapseln aus dem Bestand von Morell. So viel ist sicher. Ungeklärt blieb hingegen, ob sich Goebbels zusätzlich in den Kopf schoß. In sowjetischen Unterlagen ist, wie bereits gesagt, keine Schußverletzung erwähnt. Seltsamerweise jedoch lagen bei den Leichen zwei angesengte Walther-Pistolen Nr. 1. Ob daraus gefeuert worden war, ist nicht zweifelsfrei überliefert.

Lit.: Joachim Fest: Der Untergang. Hitler und das Ende des Dritten Reiches, Berlin 2002 ▪ Helmut Heiber: Joseph Goebbels, München 1965 (zahlreiche weitere Auflagen) ▪ James O'Donnell / Uwe Bahnsen: Die Katakombe. Das Ende in der Reichskanzlei, München 1977 ▪ Hugh Trevor-Roper: Hitlers letzte Tage, Berlin 1995

Goldhagen-Debatte

→ *Judenvernichtung [3]*, → *Kollektivschuld*

Heß, Rudolf

Hitler hat seinen Stellvertreter nach England entsandt

1987 starb im Kriegsverbrechergefängnis Spandau Rudolf Heß, der einstige Stellvertreter Hitlers als Parteiführer, und 1991 brach die Sowjetunion auseinander. Da bestanden natürlich keine ursächlichen Zusammenhänge, aber beides führte zusammen zu einem wichtigen historischen Erkenntnisgewinn: Hitlers früherer Zellengenosse in Landsberg und

Sekretär beim Abfassen von »Mein Kampf«, der Mann, der 1939 von Hitler als nächster Anwärter auf die Nachfolge nach Göring benannt worden war, ist ohne Wissen Hitlers und mithin natürlich auch ohne dessen Billigung am 10.5.1941 nach England geflogen. Es handelte sich bei dem sensationellen Unternehmen um die Kurzschlußhandlung eines politischen Wirrkopfs und weltfremden Spinners, die gleichwohl weltpolitische Bedeutung erlangte.

Die Unterlagen über Unterhandlungen britischer Diplomaten und Politiker mit Heß, im Grunde eher Vernehmungen, wurden seinerzeit mit dem Sperrvermerk »2018« archiviert, weil sie von erheblicher Brisanz auch noch nach Jahrzehnten hätten sein können. Da aber die Hauptfigur tot und der Staat, gegen den sie die Regierung Churchill instrumentalisiert hatte, untergegangen ist, wurden die Akten 1992 freigegeben. Sie widerlegen die von vielen Publizisten, zuletzt noch im selben Jahr vom britischen Historiker John Costello, genährten Mutmaßungen, Hitler hätte eben doch Bescheid gewußt und auf diesem Weg versucht, den Rücken für seinen Überfall auf die Sowjetunion frei zu bekommen. Diese Autoren fanden in der Öffentlichkeit jedenfalls lange weit mehr Gehör als die Skeptiker, denn Munkeln macht sich besser als Kopfschütteln. Und mancher nostalgische Leser sah in der Aktion wohl auch nur zu gerne das »Genie des Führers« aufblitzen.

An Indizien für ein Komplott der NS-Führung oder sogar eines geheimen Einverständnisses nur zwischen Hitler und seinem engen Weggefährten fehlte es nicht: Am Tag der Landung von Heß in Schottland erfolgte der letzte deutsche Großangriff auf London (312 Tote, 1200 Verletzte), danach blieb es ruhig über der Insel. Dann berichtete General Bodenschatz, daß er sich am 11.5.1941 mit Hitler allein im Empfangszimmer des Berghofs auf dem Obersalzberg befunden habe, als die Nachricht über den spektakulären Flug vom Heß-Adjutanten Karl-Heinz Pintsch zusammen mit einem Konvolut von Briefen des »Führer«-Stellvertreters an Hitler überbracht wurde; von diesen Briefen fehlt seither jede Spur. Vielleicht weil darin Einzelheiten des abgekarteten Spiels dokumentiert waren? Sehr sonderbar schien auch das lange Zögern Hitlers, ehe er zum Fall Heß Stellung bezog und den kühnen Flieger schließlich für verrückt erklären ließ.

Und obendrein: Setzte Hitler nicht schon immer auf ein Bündnis mit England, und hatte er nicht auch deswegen die Briten 1940 aus *Dünkirchen* entkommen lassen? Wann wäre die Lage für ein Arrangement günstiger gewesen als jetzt, da London gegen die ungeheure deutsche Militärmaschine allein stand und aus den USA nur vage Zusagen erhielt, jetzt, da die deutschen U-Boote den transatlantischen Nachschub Großbritanniens an den Rand des Zusammenbruchs torpediert hatten, jetzt, da die letzten englischen Soldaten durch den deutschen *Blitzkrieg* auf dem Balkan vom Kontinent verjagt worden waren und die britische Mittelmeerposition ins Wanken geriet? In London gab es zudem noch viele Anhänger der einstigen Appeasement-Politik, die lieber heute als morgen dem unkalkulierbaren Abenteuer des Krieges gegen Deutschland ein Ende gemacht hätten. Der Heß-Flug als Auftrieb für sie und als Sargnagel für die unnachgiebige Regierung Churchill? Das mochten auch ernstzunehmende Historiker lange nicht ausschließen.

Sie kannten eben nicht die Protokolle der Unterredungen mit dem selbsternannten Friedensmissionar, sonst hätten sie sich schleunigst von der gewagten These verabschiedet. Die Mitschriften offenbaren einen Abgrund an Naivität und ein gebetsmühlenartiges Nachplappern von bis zum Überdruß bekannten Propagandathesen. Gipfel der »Enthüllungen«: Bei Nichteinlenken Londons drohe dem Land der Untergang. Kurz: Churchill traf mit seiner Feststellung den Nagel auf den Kopf, die Gespräche muteten ihn an wie »die Unterhaltungen mit einem mental retardierten Kind« und wie »die Ergüsse eines konfusen Geistes«. Das hinderte den britischen Premier und seine wie er zur Fortsetzung des Krieges entschlossenen Mitstreiter nicht, nunmehr mit Heß ein diplomatisches Verwirrspiel erster Ordnung zu inszenieren, das vor allem auf Stalin zielte, der sich durch keinerlei Warnungen vor einem deutschen Angriff in seiner Bündnistreue gegenüber Hitler irremachen ließ:

Churchill täuschte in den folgenden Tagen und Wochen nun genau das vor, was alle Gerüchte wissen wollten: Berlin habe mit dem typisch Hitlerschen Überraschungscoup ein spektakuläres Verständigungszeichen gesetzt, das nicht so ohne weiteres zu ignorieren sei. Das ließ einerseits die Moskauer Alarmglocken schrillen, wiegte die Russen aber auch in trügerischer Sicherheit, denn Stalin sah so lange keinen Anlaß zur Besorgnis, wie die Kriegspartei um Churchill sicher im Sattel saß und England also noch nicht niedergerungen war. Stalin konnte sich die Heß-»Mission« nur so erklären, wie sie aller Welt erschien: Absicherung Deutschlands gegen einen im Falle eines sowjetischen Angriffs unvermeidlichen Zweifrontenkrieg, der seit 1914–18 ein deutsches Trauma war. Den umgekehrten Fall hielt Stalin für absurd. Nicht einmal genaue englische Informationen über den deutschen Aufmarsch im Osten und auch nicht die Meldungen des Superspions Richard Sorge aus Tokio konnten den sowjetischen Diktator umstimmen.

Er ließ nur von seinen Geheimdienstleuten in Berlin sorgfältig beobachten, ob irgendwelche Anzeichen einer deutsch-englischen Annäherung zu erkennen seien. Das war erwartungsgemäß nicht der Fall. Hitler konnte also gar nicht losschlagen, sein Aufmarsch war allenfalls als Drohkulisse zur Erzielung russischer Zugeständnisse zu verstehen. Wenn Stalin überhaupt reagierte, dann halbherzig: Er sorgte für eine Aufstellung seiner Panzerverbände in offensiver Formation, damit er notfalls aus dem Stand in der Lage wäre, seinerseits zum Angriff überzugehen. Er provozierte damit geradezu den sowieso zum Überfall entschlossenen Berliner Kollegen, denn ein solcher »Aufmarsch auf alle Fälle« (Manstein) lud förmlich zu Blitzkriegsoperationen ein, wie sie dann auch die ersten Wochen des *Rußlandfeldzugs* prägten und die unausrottbare Legende vom deutschen Präventivkrieg nährten. Churchill hatte durch demonstrative Geheimhaltung der Heß-Kontakte und ihre Nichtkommentierung systematisch den Eindruck eines Machtkampfs um Downing Street erweckt. Der »Führer«-Stellvertreter wurde so zum Trumpf beim Hineinziehen Rußlands in den Krieg, den England allein auf Dauer kaum zu bestehen vermochte. Auch die USA, denen an einer weiteren Festigung der deutschen Macht in keiner Weise gelegen war, erhöhten aus Sorge um einen möglichen Ausstieg Englands aus dem Krieg nun deutlich ihre Unterstützung und damit die Aussichten Churchills, trotz der verzweifelten Situation des braunen Gegners Herr zu werden. Heß hatte damit gerade die gigantische Anti-Hitler-Koalition schmieden helfen, deren Verhinderung sein naives Unternehmen gegolten hatte.

Lit.: Klaus Hildebrand: Deutsche Außenpolitik 1933–1945. Kalkül oder Dogma, Stuttgart 1990 ▪ Kurt Pätzold: Rudolf Heß. Der Mann an Hitlers Seite, Leipzig 1999 ▪ Rainer F. Schmidt: Der Heß-Flug und das Kabinett Churchill. Hitlers Stellvertreter im Kalkül der britischen Kriegsdiplomatie Mai–Juni 1941, in: VfZ 1/1994

Heydrich, Reinhard

Der SD-Chef hieß eigentlich Heydrich-Süss

Wie der »Führer« geriet auch der führende Vollstrecker seiner Vernichtungspolitik Reinhard Heydrich in Verdacht, selbst nicht ganz »rasserein« zu sein. Das könnte man heute auf sich beruhen lassen, wenn davon nicht die Geschichtsschreibung über den Chef des Reichssicherheitshauptamts und über die »Endlösung der Judenfrage« nachhaltig gefärbt worden wäre. Da im Weltbild des Nationalsozialismus »fremdrassische Blutanteile« eine zentrale Rolle spielten, hätte eine jüdische »Versippung« Heydrichs erhebliche Auswirkungen auf sein Selbstverständnis und mithin auf sein Handeln gehabt. Es lohnt also zu prüfen, was dran war an den Gerüchten und inwieweit Heydrich selbst Zweifel seiner Abstammung gegenüber hatte und haben konnte.

Nach dem Krieg übten sich Figuren aus der Nähe der führenden Akteure des Dritten Reiches in Berichten über diese und in der Kunst der Rechtfertigung des eigenen seinerzeitigen Tuns. Es meldeten sich auch viele aus dem Dunstkreis um Heydrich zu Wort, und nahezu bei allen sind mehr oder minder üppig ausgeschmückte Geschichten über die in den Augen der Autoren offenbar immer noch anrüchige Herkunft des maßgeblichen Judenverfolgers zu finden. Er sei bei der Marine, die ihn 1931 unehrenhaft entließ (wegen eines gebrochenen Eheversprechens), gern als Isidor Süss gehänselt worden, denn sein Vater habe ja schon Bruno Heydrich-Süss geheißen. Auch häufen sich die Behauptungen, der später allmächtige SD-Chef habe die Spuren seiner Abstammung in Kirchenbüchern und Standesamtsregistern systematisch tilgen lassen.

Tatsache ist, daß Gauleiter Rudolf Jordan 1932 Gregor Strasser, Reichsorganisationsleiter der NSDAP, auf den Makel im Stammbaum von Heydrich aufmerksam machte. Jordan erhielt dahin gehend Bescheid von Achim Gercke, dem obersten Parteigenealogen, daß an den Gerüchten nichts dran sei. Sie seien dadurch entstanden, daß Heydrichs Großmutter in zweiter Ehe mit dem Schlosser Gustav Robert Süss verheiratet gewesen sei. Zum Stiefvater, also Heydrichs Stiefgroßvater, könne es aber keine Blutsverbindung geben. Und außerdem: Auch Süss sei rein »arischer« Abstammung, obwohl der Name jüdisch klinge.

Von dieser Stellungnahme wußte Heydrich natürlich, der denn auch mehrfach gerichtlich und stets erfolgreich gegen Kolporteure der »ehrenrührigen« Behauptung vorging. Er wußte aber sicher auch, daß gegen Gerüchte keine Gerichte helfen, und behielt damit ebenfalls recht. Solche Legenden erweisen sich als höchst haltbar, wie ihre Aufwärmung nach 1945 belegt. Damit werden mehrere Interessen bedient, einmal der Klatsch, der systemübergreifend funktioniert, und dann der Bedarf nach Schuldverschiebung nach dem absurden Muster »von hinten durch die Brust ins Auge«: Waren die obersten Nazis selber Juden, war der alltägliche Antisemitismus fast schon Widerstand.

In einem ganz anderen, vollkommen legitimen Zusammenhang begegnen wir diesen Gerüchten bei Autoren, die sie zu biographischen und interpretatorischen Zwecken nutzen. Das ist in sonst hoch verdienstvollen Werken geschehen, für die stellvertretend das klarsichtige Buch des Publizisten Joachim Fest »Das Gesicht des Dritten Reiches« stehen soll, erschienen erstmals 1963:

»Die Härte und Ungerührtheit, die ihn auszeichneten, waren weniger, wie das verbreitete Klischee seiner Erscheinung es will, im Hang zu sadistischer Grausamkeit begründet, sondern vielmehr die manierierte Gewissenlosigkeit eines Mannes, der seine Unbefangenheit dem Leben gegenüber eingebüßt hatte; denn Reinhard Tristan Eugen Heydrich war mit einem untilgbaren Makel behaftet und im Zustand der ›Todsünde‹, der ihn schwermütig machte; er hatte jüdische Vorfahren. Zwar hatte er alle Beweisstücke zu beseitigen versucht ...«

Aber, läßt sich nach Fest zusammenfassend fortfahren, Antrieb und Dynamik seines Machthandelns speisten sich nicht zuletzt aus einem Selbsthaß wegen besagter Herkunft. Eine blendende, in sich stimmige Theorie, die gerade den »Bruch« in Heydrichs Wesen perfekt erklären könnte. Doch der israelische Historiker Shlomo Aronson (s. Lit.) hat schon 1967 klar nachgewiesen, daß Heydrich durchaus einen lückenlosen »Ariernachweis« bis ins 18. Jahrhundert vorlegen konnte. Und die Nachforschungen der jungen Ingenieurin Karen Flachowsky haben das im Jahr 2000 bestätigt und zudem den

Nachweis erbracht, daß die Theorie von der Spurentilgung durch Heydrich in allen Punkten haltlos ist.
Nun kann Fest davon bei der neuesten Auflage seines Buches noch keine Kenntnis gehabt haben. Aronsons Ergebnisse aber kannte er natürlich und setzt sich mit ihnen in der Erweiterung einer Anmerkung auseinander. Obwohl er den Belegen des Kollegen »Überzeugungskraft« nicht abspricht, bleibt er bei seiner Darstellung, weil es weiterhin möglich sei, daß Heydrich »keine Sicherheit über seinen Abstammungshintergrund besaß«. Selbst wenn er »jüdischen Bluteinschlag« auch nur für möglich gehalten habe, sei Heydrich davon und von den Hänseleien damit in der Jugend so geprägt worden. Das wird sich so nach Flachowskys Untersuchungen wohl nicht mehr halten lassen.

Lit.: Shlomo Aronson: Heydrich und die Anfänge des SD und der Gestapo (1931–1935), Berlin 1967 ▪ Joachim C. Fest: Das Gesicht des Dritten Reiches, 5. Auflage der Neuedition von 1993, München/Zürich 1997 ▪ Karen Flachowsky: Neue Quellen zur Abstammung Reinhard Heydrichs, in: VfZ 2/2000

Hitler [1]

In seiner Jugend war Hitler bettelarm/gutsituiert

In »Mein Kampf« finden sich ausführliche Passagen, nach denen der Autor die Wiener Jahre (1907/08–13) in bitterer Armut verbracht habe. Das haben einige Historiker rundum bestätigt, andere haben es vehement bestritten. Durchgesetzt im allgemeinen Bewußtsein hat sich dank der Nachhaltigkeit der NS-Propaganda die Selbstdarstellung Hitlers, die seinen Aufstieg zum Herrn über Europa noch kometenhafter erscheinen läßt. Obwohl bei derartigen Stilisierungen immer Vorsicht angeraten ist, ergibt sorgfältige Prüfung, daß sie für weite Strecken der Jugend Hitlers zutrifft und daß Phasen relativen Wohlstands die Ausnahme bildeten:

Als Hitlers Vater am 3.1.1903 gestorben war, blieben seiner Witwe 100 Kronen im Monat von seiner Beamtenpension sowie 40 Kronen Waisengeld für ihre Kinder Adolf und Paula. Der Hausverkauf in Leonding brachte abzüglich von Gebühren und Hypotheken sowie des Erbteils der Kinder 5500 Kronen, so daß noch mal etwa 20 Kronen monatlich an Zinsen anfielen. Die Einkünfte Klara Hitlers beliefen sich damit auf eine Summe, die das Existenzminimum knapp überstieg, äußerste Sparsamkeit war geboten. Dennoch blieb in einigen Fällen nur der Rückgriff auf das Kapital, so daß bei ihrem Tod am 21.12.1907 nur noch ein Rest übrig war.
Die Hälfte der Zinsen darauf und sein Waisengeld waren also alles, was Hitler von daheim in den kommenden Wiener Jahren zur Verfügung stand. Sein Erbteil von 652 Kronen plus Zinsen nämlich fiel ihm erst mit 24 Jahren zu, also 1913, und hätte ihn ohne Zusatzeinkünfte auch nicht viel länger als ein halbes Jahr über Wasser zu halten vermocht. Gerade damals nämlich setzte eine Teuerung ein, ausgelöst durch die immer stärkere Belastung der Waren durch indirekte Steuern zur Rüstungsfinanzierung und durch aufgrund von Spekulantentum und ungebremster Zuwanderung steigende Mieten. Schon 1908 sah sich Hitler daher gezwungen, sich bei einer Tante 924 Kronen zu leihen. Ob er sie zurückgezahlt hat, ist nicht überliefert.
Schon im Jahr darauf stand der junge Mann, der obendrein alles Geld für Opernbesuche zusammenkratzte, wieder vor dem Nichts. Obdachlosigkeit drohte und konnte nur zeitweilig durch Gelegenheitsarbeiten vermieden werden. Daß Hitler »jahrelang als Arbeiter am Bau schuf«, wie er in »Mein Kampf« berichtet, läßt sich jedoch nicht belegen und dürfte schon wegen der hohen körperlichen Anforderungen nicht stimmen. Es blieben Hitler wie den vielen anderen Hungernden und Frierenden oft nur die Inanspruchnahme von öffentlichen Armeneinrichtungen und die Annahme von Almosen, die von Stiftungen in großer Zahl an Bedürftige

vergeben wurden. Und vielleicht gehörte Hitler zuzeiten auch zu den etwa 80 000 »Bettgehern« in Wien, die tagsüber leerstehende Betten gegen geringes Entgelt zum Ausruhen nutzten.

Aktenkundig ist jedenfalls, daß Hitler 1909 Aufnahme in einem Obdachlosenasyl fand, wo er mit rund 1000 ebenfalls Mittellosen (viele Hunderte mußten täglich wegen Überfüllung abgewiesen werden) ein Dach über dem Kopf, karges Essen und Waschmöglichkeiten hatte. Hier brachte ein Pritschennachbar Hitler auf die Idee, seine künstlerischen Fähigkeiten zu nutzen und Ansichtskarten zu malen. Mit geliehenem Geld kaufte er die erforderlichen Utensilien. Der Freund übernahm, gegen Beteiligung, versteht sich, den Verkauf der Bilder.

Seitdem ging es in höchst bescheidenem Rahmen aufwärts, und Hitler zog in ein gehobeneres Männerheim. Er hatte es 1911 immerhin so weit gebracht, daß er auf gerichtlichen Beschluß – keineswegs freiwillig, wie oft behauptet – zähneknirschend seinen Teil der Waisenpension seiner minderjährigen Schwester Paula abtreten konnte. 1913 erhielt er dann das väterliche Erbteil und ging nach München, wenig später wurde er Soldat.

Es gab also wirklich anfangs Zeiten, da Hitler in Wien bettelarm war. Erst 1911 trat wirklich Besserung ein, von »gutsituiert« aber konnte weiterhin keine Rede sein. Das Gerücht ist 1956 durch Franz Jetzinger, den Biographen des jungen Hitler, aufgebracht und dann von Werner Maser 1971 in seinem Hitler-Buch (s. Lit.) verstärkt worden. Beide behaupten, Hitler sei in den Genuß von Nachlässen gekommen, doch Jetzinger räumt selbst ein, daß er die von ihm behauptete Erbschaft von 3800 Kronen im Jahr 1910 nicht belegen könne. Und auch Maser bleibt für den tatsächlichen Geldfluß und dessen Höhe aus einem 1900 verfaßten Vermächtnis der Großtante Walburga Rommeder den Beleg schuldig.

Die Legende vom wohlhabenden jungen Hitler rührt wohl

her vom grundsätzlich durchaus angebrachten Mißtrauen gegen dessen autobiographische Darstellungen. Sie sind aber ein geschicktes Gewirr von Dichtung und Wahrheit, und im Fall der Jugendarmut haben wir es halt mit einer im Kern, obschon nicht in allen Details, wahren Aussage zu tun.

Lit.: Brigitte Hamann: Hitlers Wien. Lehrjahre eines Diktators, München/Zürich 1996 ▪ Ian Kershaw: Hitler, Band 1: 1889–1936, Stuttgart 1998 ▪ Werner Maser: Hitler. Legende, Mythos, Wirklichkeit, 18. Auflage München 2001

Hitler [2]

Der Diktator war von Haus aus ein fanatischer Antisemit

Einer der berühmtesten, wenn nicht gar der berühmteste Satz Hitlers überhaupt steht in »Mein Kampf« dort, wo es um den nach einem Gasangriff in den letzten Kriegswochen 1918 erblindeten und im Lazarett von Pasewalk gepflegten Autor geht: »Ich aber beschloß, Politiker zu werden.« Diesen Knalleffekt hat Hitler dramaturgisch gut vorbereitet durch die Schilderungen seiner quälenden Sorgen um Deutschland nach der Niederlage und seine persönlichen Nöte angesichts einer finsteren Zukunft. Insofern lohnt ein Blick auf den Satz, der dem berühmten unmittelbar vorausgeht: »Mit dem Juden gibt es kein Paktieren, sondern nur das harte Entweder-oder. Ich aber beschloß …« Unlöslich verknüpft hier Hitler seinen Antisemitismus mit dem Entschluß, Deutschlands Geschicke, wie er es ausdrücken würde, »nunmehr« selbst in die Hand zu nehmen.

Zu seiner Taktik gehört daher auch die Darstellung, wie er schon in den Wiener Jahren (1907–13) in einem langen Grübelprozeß zur Überzeugung gekommen sei, daß sich so gut wie alle Probleme lösen ließen, gelänge es, sich »des Juden zu erwehren«. Bei der Behandlung der wirtschaftlichen Verhältnisse des jungen *Hitler [1]* haben wir gesehen, daß er darüber in »Mein Kampf« ein Gemisch von Wahrem und Unwahrem zubereitet hat. Was seinen Antisemitismus angeht, sagt er nach allem, was sich noch nachprüfen läßt, nur Unwahres. So stimmt es sicher nicht, wenn er behauptet, daheim in der Familie sei das Wort »Jude« nicht einmal gefallen. Vater Alois nämlich war überzeugter Anhänger des alldeutsch und antisemitisch auftretenden Politikers Georg Ritter von Schönerer (1842–1921), den auch Hitler später bewunderte. Außerdem machen Zeitklima und Beamtenstatus des Vaters ein völliges Übergehen des Themas ganz unwahrscheinlich.

Vollends Legende ist, was Hitler über seinen antisemitischen Werdegang in Wien berichtet, wo ihm zunächst beim bloßen Anblick von (Ost-)Juden, dann nach Beschäftigung mit antisemitischem Schrifttum aufgegangen sei, daß bei näherer Prüfung hinter jeder Abgefeimtheit und in jedem moralischen Morast ein »Jüdlein« stecke. Das lehrte ihn angeblich »die Wiener Straße«, während ihm die antisemitischen Augen politisch dadurch geöffnet wurden, daß er »den Juden als Führer der Sozialdemokratie« entdeckte. Jetzt habe er, wo immer er ging, Juden gesehen, »und je mehr ich hinsah, umso schärfer sonderten sie sich für das Auge von anderen Menschen ab«. Was sich später zum »granitenen Fundament« seiner Weltanschauung formte, stamme, so soll glauben gemacht werden, aus frühesten Erfahrungen.

Dafür findet sich nur ein Beleg in den Erinnerungen seines damaligen Freundes August Kubizek, die aber zu einer Zeit entstanden, als es immer weniger geraten war, den »Mein Kampf«-Legenden zu widersprechen. Veröffentlicht allerdings wurden Kubizeks Erzählungen erst 1953. Ein anderer Freund aus der Wiener Zeit, Reinhold Hanisch, Hitlers Kamerad aus dem Männerheim, weiß hingegen nichts von einer antijüdischen Einstellung Hitlers, im Gegenteil: Er regte sich, selbst Antisemit, eher über dessen Freundschaften mit Juden auf, die ihm bald die schönen Einkünfte raubten, die er mit

dem Verkauf von Hitlers Bildern erzielt hatte. Hitler nämlich hatte gemerkt, daß Hanisch ihn übervorteilte, und sich dem jüdischen Freund Josef Neumann zugewandt. Ein anderer jüdischer Freund, Siegfried Löffner, zeigte Hanisch sogar bei der Polizei an wegen der an Hitler begangenen Betrügereien.
In die erste Wiener Zeit fiel auch das Sterben der Mutter Klara, zu der Hitler damals heimreiste. Ihr jüdischer Hausarzt Eduard Bloch hatte Brustkrebs diagnostiziert, der auch durch eine Operation nicht mehr einzudämmen gewesen war. Hitler wachte bei der Sterbenden und erlebte die teilnahmsvolle Pflege durch den Arzt, dem er nach dem Tode Klaras noch ein Dankschreiben zukommen ließ. Von Vorbehalten wegen seines Judentums keine Spur. Wiederum im Gegenteil: Nach dem Anschluß Österreichs 1938 wurde Blochs Praxis wie die aller jüdischen Ärzte geschlossen. Der inzwischen 66jährige Doktor, dessen Angehörige bereits geflohen waren, entsann sich seines nun weltberühmten Bekannten und schilderte Hitler brieflich seine Lage. Umgehend wurden er und seine Frau unter Polizeischutz gestellt für den Fall antijüdischer Ausschreitungen. Bloch konnte anders als alle anderen Juden sein Haus zu einem reellen Preis an einen Interessenten seiner Wahl verkaufen, sein Hab und Gut behalten und 1940 in die USA auswandern, wo er 1945 starb.
Auch Thesen, Hitler sei von einem jüdischen Professor an der Wiener Kunstakademie abgelehnt worden oder er habe sich bei einer jüdischen Prostituierten mit Syphilis infiziert, erwiesen sich als haltlos und mithin als untauglich zur biographischen Erklärung seines fanatischen Judenhasses. Natürlich las Hitler in Wien antisemitische Hetze, hörte antisemitische Parolen und kannte neben Hanisch sicher noch viele Antisemiten. Es überwogen aber die jüdischen Bekanntschaften, obwohl Juden nur ein knappes Zehntel der Wiener Bevölkerung ausmachten. Auch geschäftlich wandte sich Hitler lieber an jüdische Händler, weil die nichtjüdischen Geschäfte nur Bilder kauften, wenn sie alle bisherigen

schon verkauft hatten. Die Juden Morgenstern, Altenberg und Landsberger hingegen, Hitlers bevorzugte Abnehmer, kauften auch auf Vorrat und zu ebenso guten oder besseren Bedingungen. Hitler verkehrte auch in jüdischen Familien, deren Kultiviertheit er bewunderte. Und er ließ sich nicht von Verleumdungen in seiner Vorliebe für den jüdischen Direktor der Hofoper beirren, den Komponisten Gustav Mahler, den er als Wagner-Interpreten verehrte.
Nein, in Wien kann das »Erweckungserlebnis« des Antisemiten Hitler nicht stattgefunden haben, auch nicht sozusagen rückwirkend. So wenig wie in diesen Jahren darauf hinweist, daß Hitler politische Ambitionen gehabt hätte, so wenige Anhaltspunkte gibt es für seine »rassische Reifung«. Wenn es denn überhaupt einen genauen Zeitpunkt für seine Wandlung gibt, dann liegt er in der kurzen Münchener Vorkriegs- oder erst in der Kriegszeit, also nicht mehr in der Jugend. Womöglich hat der Schock der Niederlage beim verwundeten Hitler nicht nur die politische, sondern auch die damit engstens verbundene Sündenbock-Vision ausgelöst.

Lit.: Brigitte Hamann: Hitlers Wien. Lehrjahre eines Diktators, München/Zürich 1996 ▪ Manfred Koch-Hillebrecht: Homo Hitler. Psychogramm des deutschen Diktators, München 1999

Hitler [3]

Der »Führer« hat sich gar nicht umgebracht

Niemand hat gesehen, wie Hitler zu Tode gekommen ist. Die Tat geschah ohne Zeugen. Als Hitler starb, befand er sich allein mit seiner Frau Eva Braun in einem Zimmer im Bunker der Reichskanzlei, siebeneinhalb Meter unter der Erde. Es dauerte allerdings nicht lange an diesem Nachmittag des 30.4.1945 gegen 15.30 Uhr, dann betraten die ersten aus Hitlers Gefolge den Raum. Sie sorgten dafür, daß die Nachricht »Der Führer ist tot« sich alsbald im Bunker verbreitete und dann auch über Funk dem von Hitler ausersehenen Nachfolger, Großadmiral Dönitz, mitgeteilt wurde, der sie mit dem frei erfundenen Zusatz, der Führer habe an der Spitze seiner Truppen kämpfend den Heldentod gefunden, an die Öffentlichkeit gab. Hitlers Leiche und die seiner Frau wurden ins Freie gebracht, mit Benzin übergossen und verbrannt. Die Überreste vergruben die Helfer auf dem Gelände der Reichskanzlei. Diese lag während des ganzen Tages unter schwerem Beschuß durch die in Berlin eingedrungene Rote Armee.

Einige Augenzeugen der Vorgänge wie Goebbels oder Bormann begingen anschließend ihrerseits Selbstmord oder kamen in den letzten Kriegstagen ums Leben. Es gab aber noch genug andere, die Bericht erstatten konnten. Allerdings waren die meisten von ihnen in sowjetische Kriegsgefangenschaft geraten und standen für Aussagen vorerst nicht zur Verfügung. Erst Ermittlungen, die das Amtsgericht Berchtesgaden in den Jahren 1952–56 (als Hitlers Wohnsitz zuständig für die Todeserklärung) anstellte, erbrachten Klarheit, wenigstens in der Frage, wie und womit Hitler sich umgebracht habe. Die Antwort lautete eindeutig: Hitler tötete sich, indem er sich mit seiner Pistole in die rechte Schläfe schoß. Eva Braun nahm Gift.

Über das, was danach geschah, ließ sich allerdings nicht so klare Auskunft geben. War von Hitler und seiner Frau in dem von Granaten umgepflügten und von Bränden verwüsteten Boden des Reichskanzleigartens überhaupt etwas übriggeblieben? Daß die Sowjets schon bald nach der Kapitulation Überreste gefunden hatten, war aus den Aussagen von Mitarbeitern des Hitlerschen Zahnarztes zu entnehmen, die bestimmte Zahnersatzteile, die ihnen im Mai 1945 präsentiert worden waren, als Hitler beziehungsweise Eva Braun gehörend wiedererkannt hatten. Zu dieser Zeit war im Westen nicht bekannt, daß die Sowjets auch einen vollständigen Leichnam Hitlers besessen hatten – oder besser geglaubt hatten zu besitzen. Der sowjetische Journalist Lew

Besymenski präsentierte erst 1968 ein gerichtsmedizinisches Untersuchungsprotokoll vom 8.5.1945. Es bezog sich auf eine an der Reichskanzlei gefundene »durch Feuer entstellte Leiche eines Mannes«.
Nur war es nicht die von Hitler, sie gehörte einem um zehn Zentimeter kleineren Mann, der auch sonst Eigenheiten aufwies, die nicht mit Hitlers Erscheinung übereinstimmten. Aber in ihrer Mundhöhle staken Glassplitter von einer dünnwandigen Ampulle; das machte die Leiche zum wertvollen Zeugen, ließ sich doch damit »beweisen«, daß Hitler nicht ehrenvoll durch einen Schuß, sondern feige durch Gift gestorben war. Andererseits wußten es die Sowjets längst besser, denn bei einer Begehung des Bunkers im Mai 1946, über die ein Protokoll angefertigt wurde, das kriminaltechnisch auf der Höhe ist, waren in Hitlers ehemaligem Arbeitszimmer deutliche Spuren gefunden worden, die die Kopfschußtheorie untermauerten.
Aber diese Ergebnisse hatte man so wenig publiziert wie zuvor das Sektionsprotokoll. Die Sowjets hatten nämlich aus den Ungewißheiten über Hitlers Tod und den Verbleib seiner Leiche Kapital schlagen wollen. Am 6.6.1945 ließ Stalin gegenüber den Amerikanern durchblicken, er halte für möglich, daß Hitler noch lebe. Auf der Potsdamer Konferenz im Juli 1945 hieß es von sowjetischer Seite, Hitler befinde sich wahrscheinlich in Spanien. Die Verbreitung solcher Gerüchte wider besseres Wissen sollte zum einen die Kriegsallianz aufrechterhalten – solange der gemeinsame Feind am Leben war, durften Westalliierte und Sowjetunion sich ja nicht entzweien –, zum anderen ließ sich damit Druck auf Staaten ausüben, die im Begriff standen, sich dem Westen anzuschließen. Führende US-Militärs fielen tatsächlich darauf herein und riefen im Sommer 1945 zur Jagd nach Hitler auf.
Unter solchen Umständen konnten dann Überlebenstheorien aller Art ins Kraut schießen. Die Sowjets beteiligten sich bald nicht mehr daran, da sie merkten, daß aus der Sache für

sie wenig herauszuholen war. Aber sie hatten immerhin die Stichworte geliefert, die andere aufnahmen und weiterentwickelten. So stammte die Idee einer Flucht per Flugzeug (vom Berliner Tiergarten aus) von den Sowjets, ebenso die Version, Hitler habe sich mit einem U-Boot abgesetzt, und diejenige, im Bunker sei nicht der echte Hitler gestorben, sondern ein Double. Daraus wurden dann Aufenthaltsorte in Kolumbien, Argentinien, Palästina und Japan, schließlich sogar in der Südpolregion konstruiert, wo Hitler sich verkrochen haben sollte.

Man habe ihn mit einer V 2-Rakete aus Berlin weggeschossen, hieß es, er habe sich im Kyffhäuser verborgen oder ganz einfach in einem Keller in Berlin. Chirurgen hätten seine Gesichtszüge unkenntlich gemacht. Er lebe als Hirte in den Schweizer Bergen oder als Mönch in Italien; sogar in Tibet wollte ihn jemand gesehen haben. Er werde von den Sowjets in Moskau verwahrt und diene als Berater, hieß es, der kalte Krieg sei mehr oder weniger ihm zu verdanken. Mal wähnte man ihn als Einflüsterer beim Großmufti von Jerusalem, der Kampf der arabischen Welt gegen die Israelis sei von ihm inspiriert. Die Doppelgängertheorie gebar die wildesten Blüten: In den letzten Kriegswochen habe man im Bunker einen Hitler ähnlichen Mann präpariert, der zum passenden Zeitpunkt umgebracht worden sei.

Eine andere Legende wollte wissen, daß der echte Hitler schon früher gestorben sei, an den Folgen des Attentats vom 20. Juli 1944 nämlich, und ein begabter Schauspieler habe seinen Platz eingenommen, der dann bei der Flucht aus dem Bunker ums Leben gekommen sei. Von da war es nicht mehr weit zur Behauptung, der ganze Hitler sei überhaupt ein Produkt feindlicher Mächte gewesen. Der britische Geheimdienst habe 1919 einen Agenten in München plaziert, der den Auftrag gehabt habe, Deutschland in den größtmöglichen Untergang zu treiben, um es ein für allemal zu erledigen. Dazu habe man einen entwurzelten Weltkriegssoldaten

namens Adolf Hitler gekidnappt und den Agenten mit desssen Identität ausgestattet. Während der Doppelgänger planmäßig Deutschland in den Ruin führte, habe der echte Hitler in England gelebt und sei dann in den letzten Tagen des Krieges nach Berlin gebracht und in der Nähe des Führerbunkers ermordet worden, während der Agent sich davonmachte.
Nachdem ein chilenischer Diplomat 1987 in einem Buch die Überzeugung niedergelegt hatte, Hitler warte im Erdinneren unterhalb der Antarktis verborgen auf die Gelegenheit zur Rückkehr, blieb es einem Deutschen vorbehalten, in dieser Hinsicht das letzte Wort zu sagen: Mit einer »Jenseitsflugmaschine« in Scheibenform, so die 1993 veröffentlichte These eines »Wissenschaftlers« mit dem Pseudonym Jan van Helsing, sei Hitler die Flucht gelungen. Zwar räumte der Verfasser ein, daß Hitler wohl inzwischen tot sei. Aber der »Führer« im UFO, das war das Tüpfelchen auf dem i, das den Mystifikationen bis dahin noch gefehlt hatte.

Lit.: Wolfdieter Bihl: Der Tod Adolf Hitlers. Fakten und Überlebenslegenden, Wien/Köln/Weimar 2000 ▪ Anton Joachimsthaler: Hitlers Ende. Legenden und Dokumente, München/Berlin 1995

Hitler [4]

Einer der Großväter des »Führers« war Jude

Die großen Psychologisierer hatten es schon immer gewußt: Ein so hemmungsloser Haß wie Hitlers Antisemitismus kann nur von innen kommen, ist also Selbsthaß. Schon als Hitler bekannt zu werden begann, schossen solche Spekulationen ins Kraut. Und spätestens als er 1932 für das Amt des Reichspräsidenten kandidierte, war des Recherchierens kein Ende, ob nicht doch irgendwo im Stammbaum des Rassenfanatikers eine Spur »artfremden Blutes« auszumachen sei. Bei so viel Sucherei wird natürlich auch viel gefunden und mit ein bißchen Phantasie so hingedreht, wie man es gern hätte. Zu den Suchern gehörte, allerdings aus den gegenteiligen Gründen, auch Hitler selbst, der über seinen eigenen familiären Hintergrund nicht gut informiert war und auch wenig Interesse dafür aufbrachte: »Ich bin ein vollkommen unfamiliäres Wesen, ein unsippisch veranlagtes Wesen. Das liegt mir nicht. Ich gehöre nur meiner Volksgemeinschaft«, sagte er am 21.8.1942 in einem seiner Monologe im Führerhauptquartier.

Vor den letzten Wahlkämpfen der Republik aber mußte er sich notgedrungen mit seiner Sippe beschäftigen, wollten ihn nicht andere auf dem falschen Fuß erwischen. Im Februar 1932 beauftragte er den Wiener Genealogen Karl Friedrich von Frank mit Nachforschungen und hielt schon am 8.4. das Ergebnis in der Hand. Danach sah die Sache zwar nicht eben schön, aber doch unverfänglich aus:

Hitlers Vater Alois war am 7.6.1837 als unehelicher Sohn der ledigen 41jährigen Maria Anna Schicklgruber in Strones bei Döllersheim im niederösterreichischen Waldviertel zur Welt gekommen. Fünf Jahre später heiratete sie Johann Georg Hiedler, der den Sohn aber nicht legitimierte, sondern ihn beim Bruder Johann Nepomuk Hiedler aufwachsen ließ. Die Mutter starb 1847, ihr Ehemann zehn Jahre später, und dann folgte eine seltsame Prozedur: 1876, also fast zwei Jahrzehnte nach Johann Georg Hiedlers Ende, nahm Alois den Nachnamen Hitler an, und im Taufbuch wurde als Vater der Ehemann seiner Mutter nachgetragen, also doch noch eine sehr verspätete Legitimierung des bereits 39jährigen Mannes vorgenommen, in die Wege geleitet durch den Ziehvater Johann Nepomuk. Drei Zeugen sagten aus, Johann Georg habe Alois stets als seinen Sohn betrachtet, sei aber nicht dazu gekommen – weil zu arm oder ämterscheu? –, ihn als solchen eintragen zu lassen.

Die Namensänderung oder eher -abwandlung und die merkwürdig späte Legitimierung gingen ihren sorgfältigen juristischen Gang, waren also gesetzlich in keiner Weise zu beanstanden. Hitler freute sich später vor allem über den neuen Namen, der viel einprägsamer sei als das »langweilige« Hiedler und vor allem nicht so »bäurisch« wie Schicklgruber. Ein »Geschmäckle«, wie es in Schwaben heißt, bekam die Sache erst, als Johann Nepomuk 1888 starb und seinem Ziehsohn offenbar eine größere Summe vererbte, so daß sich Alois ein Haus in Wörnharts kaufen konnte. Sollte Johann Nepomuk doch …? Dann nämlich wäre die dritte Frau des Alois Hitler, Klara Pölzl, die Mutter Adolf Hitlers, eine Nichte ersten Grades ihres Ehemannes gewesen, eine auch nach dörflichen Inzuchtmaßstäben nicht eben erwünschte Verbindung, nach nationalsozialistischen schon gar nicht. Doch beweisen ließ sich nichts. Nur eben ein wenig rumwühlen in den Seltsamkeiten konnten die Reporter, von denen einer, Hans Bekessi mit Namen, später bekannt als Hans Habe, am selben Tag, an dem Hiter seinen Stammbaum in Händen hielt, ein Extrablatt herausgab: »Hitler heißt Schücklgruber.«

Knapp vorbei, aber doch so nah im Ziel, daß es Ärger machen konnte. Hitler beeilte sich daher, den genauen Stammbaum veröffentlichen zu lassen. Doch da wollte es das Pech, daß Frank eine Person im 18. Jahrhundert darin aufführte, die »Salomon« geheißen habe, ein zumindest verdächtiger Name in diesen rassistischen Zeiten. Er beruhte aber, wie der Genealoge selbst bald korrigierte, auf einer Verwechslung. Sie reichte indes für die zündende Idee, Hitler sei womöglich nicht ganz »arisch«. Die Spürhunde schwärmten aus und wurden fündig: Eine ganze Reihe jüdischer Familien mit dem Namen Hitler wurde von Böhmen bis Polen entdeckt. Obwohl sich Verbindungen schon deswegen nicht ergeben konnten, weil Hitlers Vater den Namen ja nur angenommen hatte und obwohl Hiedler oder eben Hitler etymologisch nur sagte, daß irgendwelche Hüttenbewohner, sogenannte Häusler, in der Familie vorgekommen seien – die Behauptung von Hitlers jüdischer Verwandtschaft drang bis in die erste Biographie über ihn vor, die von Konrad Heiden 1936 in der Schweiz veröffentlicht wurde.

Das Gerücht hielt sich und bekam nach 1945 neue Nahrung, ebenfalls durch einen Herrn namens Frank, nämlich Hitlers einstigen Generalgouverneur in Polen, auf den der Galgen wartete. In dessen Angesicht, so nahmen wohl manche an, hätte der in der alliierten Haft fromm katholisch gewordene Kriegsverbrecher Hans Frank sicher nicht gelogen, und so machte denn Folgendes die Runde: Hitler habe ihn Ende 1930 gebeten, einer »ekelhaften« Geschichte auf den Grund zu gehen, mit der ihn widerliche Verwandte zu erpressen suchten: Er habe über die Großmutter jüdisches Blut in den Adern, sei also Vierteljude. Besagte Maria Anna Schicklgruber habe bei einem Juden namens Frankenberger in Graz gearbeitet, sei vom Sohn schwanger geworden und habe nach ihrer Heimkehr 14 Jahre lang Alimente für Hitlers Vater Alois von den Frankenbergers bezogen. Frank relativierte die Geschichte insoweit, als nicht sicher sei, ob das mit der Schwängerung durch den Judensohn stimme. Vielleicht habe man ihn nur der Vaterschaft bezichtigt, weil er zahlungskräftiger war als der tatsächliche Erzeuger. Und auf einen Prozeß wollte es die Familie wohl nicht ankommen lassen.

Diese Variante hatte Widerhaken, denn nun konnte sich jeder seinen Teil denken, von der an Inzest grenzenden Zeugung durch einen Onkel bis zur jüdischen Verwandtschaft. Nur stimmte die leider auch nicht: In Graz gab es seinerzeit keine Juden, auch keine Frankenbergers und ebensowenig Frankenreiters, wie Franz Jetzinger die Leute in seinem Buch über Hitlers Jugend im Jahr 1956 nannte. Wer nun tatsächlich Hitlers Großvater väterlicherseits war, läßt sich nicht mehr feststellen. Alle Versuche, ihm einen jüdischen Selbsthaß als Motor für den Vernichtungskrieg anzudichten, sind ebendieses: Dichtung.

Lit.: Brigitte Hamann: Hitlers Wien. Lehrjahre eines Diktators, München/Zürich 1996 ▪ Ian Kershaw: Hitler, Band 1: 1889–1936, Stuttgart 1998 ▪ Werner Maser: Adolf Hitler. Legende, Mythos, Wirklichkeit, 18. Auflage München 2001

Hitler [5]

Die Tagebücher Hitlers beweisen: Das Dritte Reich war ganz anders

Verurteilte Hitler die Ausschreitungen der Reichskristallnacht *(Novemberpogrom)*? Errichtete die SS ihr Terrorregiment im Osten ohne sein Wissen? Hatte er selbst Heß nach England geschickt? Diese Fragen – und viele andere – bejahten 60 handgeschriebene Kladden, mit deren Veröffentlichung die Illustrierte »Stern« am 23.4.1983 begann. Es waren angeblich persönliche Tagebücher des »Führers«, die dieser 1932–45 geführt habe und nach denen »die Geschichte des 3. Reiches in großen Teilen neu geschrieben werden« müsse. Die Fälschung flog wenige Tage später auf, und es stellte sich heraus, daß der »Stern«-Reporter Gerd Heidemann auf einen Mann hereingefallen war, der schon mit allerhand anderen Falsifikaten gut verdient hatte: Konrad Kujau alias Fischer, ein Militariahändler aus dem Schwäbischen. Angeblich waren die Kladden im Wrack eines in den letzten Kriegstagen abgestürzten Flugzeugs bei Börnersdorf südlich von Dresden entdeckt worden und über anonyme Anbieter in den Westen gelangt.

Es gab eine Reihe von ungeheuren Seltsamkeiten bei dem Plot, der den »Stern« immerhin 9,34 zum größten Teil nie wieder aufgetauchte Millionen DM und die Reputation als seriöses linksliberales Blatt kostete. Hinzu kamen allerdings noch einige Millionen an Abfindung für die beiden damals verantwortlichen Chefredakteure, die eher Strafe verdient hatten. Sie hatten nämlich auf Weisung der Verlagsleitung

(daher wohl der goldene Handschlag) für diese Sache eigens eine Redaktion installiert, die an der eigentlichen Redaktion vorbei operierte. Dabei saß in dieser einer der besten Sachkenner, der schon beim ersten Blick auf die angeblichen Tagebücher wo nicht gelacht, so doch zu äußerster Vorsicht geraten hätte. Dies zeigte sich auch gleich nach der Veröffentlichung, als andere Experten, ohne die Originale gesehen zu haben, die Echtheit sofort bezweifelten. Das tat auch einer der führenden deutschen Zeitgeschichtler, Eberhard Jäckel, der allerdings drei Jahre zuvor bei der Veröffentlichung von frühen (1905–24) Hitler-Aufzeichnungen dem Fälscher Kujau in 76 Fällen aufgesessen war (eingestanden in: VfZ 1/1984).
Das wußte er zum fraglichen Zeitpunkt noch nicht, schätzte aber die veröffentlichten Tagebuchauszüge richtig ein, die sich als Abschriften aus Tagesbefehlen, Reden und anderen bereits veröffentlichten Hitler-Texten oder als alberne Erfindungen entpuppten. Warum ein unter äußerster Anspannung stehender Staatschef im Kriege seine eigenen Weisungen nochmals in ein privates Tagebuch eintragen sollte, erschien sogleich als abwegig. Die vom BKA und vom Bundesarchiv vorgenommene Materialprüfung bestätigte die Skeptiker rundum, lieferte aber natürlich keine Erklärung für die eigentlich brennende Frage: Was konnte erfahrene Blattmacher so betriebsblind machen, daß sie buchstäblich um jeden Preis an einer Sache mit derartigem Hautgout Gefallen fanden und sie ohne zureichende Prüfung veröffentlichten? Gewiß, man hatte mit Hugh Trevor-Roper einen international geachteten Wissenschaftler Einblick nehmen lassen. Er war jedoch kein Schriftexperte und durfte zudem nur einige wenige Kladden unter erheblichem Zeitdruck in Augenschein nehmen. Auch das ein Vorgang, der an Lust zum publizistischen Selbstmord grenzt.
Den Motiven dazu hat 1992 der Regisseur Helmut Dietl in seinem Film »Schtonk« (ein Wort aus Charlie Chaplins Film »Der große Diktator«, 1940) nachzuspüren versucht.

So grotesk komisch diese Suche ausgefallen ist, so beunruhigend war die Diagnose: Nicht von ungefähr lassen sich die »Stern«- oder auch die »Spiegel«-Ausgaben an einer Hand abzählen, in denen das Wort »Hitler« nicht vorkommt. Das, was der damalige Bundestagspräsident Philipp Jenninger 1988 in seiner unglücklichen und vielfach absichtlich mißverstandenen Rede zum 50. Jahrestag des *Novemberpogroms* (Reichskristallnacht) über das »Faszinosum« Hitler gesagt hat, sitzt offenbar tiefer, als die seinerzeit Empörten es wahrhaben wollen. Die Blattmacher wurden nicht nur Opfer ihrer beruflich verständlichen Scoop-Fixierung, sondern bedienten offenbar auch nur zu gern die verbreitete Sehnsucht nach einer Entlastung des kollektiven Gewissens durch einen »Führer ohne Auschwitz«.
Gebüßt dafür haben nur der im Jahr 2000 verstorbene Kujau und Heidemann, die beide zu langjährigen Haftstrafen verurteilt wurden. Und gebüßt haben in gewisser Weise auch die Mitarbeiter des »Stern«, der sich in bezug auf sein Image und zeitweilig auch von der Auflage her nicht wieder ganz hat erholen können. Andererseits sollte man den Profit nicht vergessen, der in der Lehre steckt, daß Wunschdenken blind macht und deswegen politisch nicht taugt und historisch auch nicht, schon gar nicht in unserem Fall.

Lit.: Peter-Ferdinand Koch: Der Fund. Die Skandale des »Stern«. Gerd Heidemann und die Hitler-Tagebücher, Hamburg 1991 ▪ Erich Kuby: Der Fall »Stern« und die Folgen, Hamburg 1986

Hitler [6]

Der »Führer« war schwul

Die Gerüchte gab es schon zu Lebzeiten Hitlers: Der Mann, der sich zum Herrn über Deutschland aufschwang, sei ein Homosexueller, der seine Neigungen nur nicht offen auslebe, sondern sie stets versuche geheimzuhalten.

Das letzte Wort in dieser Hinsicht kam von Lothar Machtan, einem Bremer Historiker, der Ende 2001 ein dickleibiges Buch herausbrachte, in dem mit gelehrtem Fleiß alles zusammengetragen ist, was je an Mutmaßungen, Denunziationen und Unterstellungen über des Diktators heimliche Homosexualität laut wurde. Der Autor versteht sein Werk als »empirisch gestützten Interpretationvorschlag«. Dem Verlag war so viel Vorsicht fremd, er setzte darüber den reißerischen Titel »Hitlers Geheimnis. Das Doppelleben des Diktators« und versprach in seiner Werbung den Durchbruch zu einer grundlegend neuen Sicht auf die Geschichte des Dritten Reiches.

Also wieder einmal die Erklärung des Phänomens Hitler aus einem einzigen Punkt, aus einer einzigen persönlichen Befindlichkeit heraus. Dabei steht sie schon, was das Tatsächliche betrifft, auf schwachen Füßen. Es gibt keinen hieb- und stichfesten Beweis für Hitlers Homosexualität. Was vorliegt, sind Zeugnisse aus zweiter Hand, vom Hörensagen, die nicht glaubwürdiger dadurch werden, daß es viele davon gibt. Denn sie wurden schon früh gesammelt in der Absicht, etwas gegen Hitler in die Hand zu bekommen. So etwa das Dossier, das der Reichswehrgeneral Otto von Lossow anlegte, einer von Hitlers Förderern, den dieser 1923 versuchte in seinen Münchener Putsch zu ziehen. Natürlich bewegte sich Hitler, seit er von zu Hause weg war, hauptsächlich in einer Welt von Männern. Das war schon im Wien der Vorkriegszeit der Fall, und das galt selbstverständlich für die Zeit, da er Soldat war, und nicht weniger danach, als er ganz in der Politik aufging. In diesen Männerbünden und Kameraderien war immer ein Element von Homoerotik einschlägig, aber doch meist nur latent, und sie ließ sich jedem unterstellen, der daran teilnahm.

Hitlers »Frauengeschichten«, die es ja immerhin gab, sollen dann bloße Tarnung und Kaschierung seiner eigentlichen Interessen gewesen sein, wie sie damals nötig waren, als homosexueller Verkehr nach Paragraph 175 des Strafgesetzbuchs verfolgt wurde. Daß aus den Jugendlieben nichts wurde und spätere Beziehungen in Katastrophen endeten, wie die mit Geli Raubal, oder oberflächlich blieben, wie die mit Eva Braun, zieht Machtan zum Beweis heran: Wie soll jemand mit Frauen glücklich werden, der auf Männer gepolt ist!

Dabei gibt es eine viel schlüssigere Erklärung für Hitlers mangelndes Vermögen, mit Frauen harmonische und ausgefüllte Beziehungen aufzubauen. Hans Mommsen nennt sie in einer Rezension zu Machtans Buch (»Die Zeit« 42/2001): Es ging dem »Führer« mit Männern ja genauso. Mitmenschliche Kontakte insgesamt waren bei Hitler nie natürlich und ungezwungen, sondern geprägt von Attitüde oder Kalkül, sein Verhalten zutiefst asozial, was in seiner Politik ebenso zu spüren war wie in seinem kärglichen Privatleben. Er hatte aus seiner früheren Biographie genug zu vertuschen und zu überspielen, so wurden ihm Selbststilisierung und die Fixierung auf die Wahrung seines Prestiges zur Gewohnheit und genauso die Bindungslosigkeit im politischen Bereich. Daß Hitler als Privatperson kaum existierte, tat seinem politischen Wirken keinen Abbruch, im Gegenteil, es war geradezu die Voraussetzung für seinen Erfolg, besaß er doch die Fähigkeit, seine private Sphäre zur öffentlichen zu machen.

Nun gab es im Dritten Reich ein Ereignis, bei dem Homosexualität eine Rolle spielte, nämlich der sogenannte Röhm-Putsch im Juni 1934, der gar kein Putsch war, sondern die staatlich gedeckte und nachträglich legimierte Ermordung von mehr als 80 Menschen, darunter vieler Parteigänger Hitlers, die dieser inzwischen für Hemmnisse bei der Konsolidierung seines Regimes hielt. Ernst Röhm, Stabschef der SA, war bekanntermaßen homosexuell, und einige seiner Häuptlinge waren es auch. Fakt ist weiter, daß Hitler lange Zeit darüber hinwegsah und Röhm gegen innerparteiliche Kritik in Schutz nahm, dann aber, als die Mordbefehle erteilt wurden, lauthals in den Chor derer einstimmte, die sich über die »Schweine« an der SA-Spitze erregten. Daraus konstruiert Machtan, daß zwischen Röhm und Hitler eine sexuelle Beziehung bestanden habe, die der SA-Chef ausnutzte, um Druck auf Hitler auszuüben. Hitler sei eben wegen seiner Homosexualität erpreßbar gewesen, auch von seinem Partner, der seine SA als Volksmilizheer neben die Reichswehr, wenn nicht gar an deren Stelle setzen wollte. Hitlers schließliche brutale Lösung der Krise, die Beseitigung Röhms und weiterer SA-Führer, sei nichts als eine Art Befreiungsschlag gewesen, mit der sich Hitler eines Komplizen entledigte, der ihn drohte zu verpfeifen.

Nach der Logik eines Kriminalromans ganz einleuchtend, aber wieder fehlt der sichere Beleg, wieder sind es nur fragwürdige, undeutliche Zeugnisse, die die Hypothese stützen. Und wieder geht die Interpretation viel zu kurz und läßt die politische Dimension der Röhm-Affäre völlig außer acht. Die SA, im Jahr nach der »Machtergreifung« durch Übernahme paramilitärischer Verbände und Kriegervereine wie des »Stahlhelm« auf ein Heer von 4,5 Millionen Mann angeschwollen, bedrohte mit ihrer Forderung nach einer »zweiten Revolution« das Bündnis zwischen dem Nationalsozialismus und den etablierten Mächten, auf das Hitler bei seinem Aufstieg gesetzt hatte und das er fortzuführen gedachte, und sie war auch untauglich für Hitlers Kriegspläne. Die Reichswehr ließ sich in die moderne Angriffsarmee umbauen, mit der er seinem Reich »Lebensraum« gewinnen wollte, die SA nicht, sie blieb die schwerfällige Miliz, mit der höchstens die Heimat zu verteidigen war.

Der Konflikt bestand, wenigstens in der Tendenz, wirklich, wenn auch Röhm in den Wochen vor dem 30.6. gar nicht mehr versuchte, ihn zuzuspitzen. Das taten dafür andere, Göring, Himmler, Heydrich, Goebbels und der Reichswehrgeneral Reichenau, die Hitler unablässig mit zum Teil bewußt falschen Informationen über Putschpläne der SA bombardierten, und Konservative wie der Vizekanzler Papen, die vor den sozialpolitischen Ambitionen der SA warnten.

Der barbarische Akt, mit dem Hitler am 30.6. die Krise beendete – die Mordaktion traf nicht nur die SA-Spitze, sondern auch eine Reihe anderer Regimegegner –, löste mit einem Schlag mehrere Probleme: Die SA war als politische Kraft ausgeschaltet, die Reichswehr in ihrer Stellung als einzige Waffenträgerin bestätigt, konservative Gegnerschaft war im Ansatz zerschlagen, und die »Machtergreifung« konnte als beendet erklärt werden, was erheblich zur Beruhigung der Bevölkerung beitrug.

Hitler geißelte in seiner Rechtfertigungsrede im Reichstag die homosexuelle Verwilderung in hohen SA-Kreisen, aber das war nicht der Trick des Sünders, der von den eigenen Schwächen ablenken will und mit dem Finger auf andere zeigt. Hitler kannte die scharfe Ablehnung der Homosexualität in den breiten Schichten der Bevölkerung und sprach sie an, um den Abscheu vor den Ermordeten zu verstärken.

Er hatte tagelang gezögert, den Mordbefehl auf Röhm auszudehnen. Dabei hätte er doch, wenn es darum gegangen wäre, einen Erpresser auszuschalten, diesen als ersten liquidieren müssen. Doch Hitler dachte in anderen Kategorien. Er glaubte an Prestige einzubüßen, wenn er einen seiner ältesten Kampfgenossen und einen der ganz wenigen Duzfreunde opferte. Daß er Mitarbeiter manchmal länger auf ihren Posten ließ, als gut war, lag nicht an irgendeiner Treue, die er ihnen gegenüber empfand, sondern am Instinkt des Machtpolitikers, der sich in Personalentscheidungen nicht dreinreden lassen will. Wenn er selbst zu dem Schluß kam, daß jemand seinen Zielen im Weg stand, dann ließ er ihn fallen, egal, wie nahe dieser ihm gestanden haben mochte. So auch Röhm, den er am Nachmittag des 1.7. erschießen ließ, nachdem es dieser abgelehnt hatte, die Pistole zu benutzen, die ihm als Selbstmordempfehlung in die Zelle gebracht worden war.

Lit.: Peter Longerich: Die braunen Bataillone. Geschichte der SA, München 1989 ▪ J. Peter Stern: Hitler. Der Führer und das Volk, München 1978

Hitler [7]

Der »Führer« war von Jugend auf impotent

Immer wieder hat man versucht, die Monstrosität, die Hitler als historischer Person anhaftet, auch in seinem Privatleben wiederzufinden. Der Mann, der schuldig war am Tod von Millionen Menschen, mußte doch irgendeine persönliche Deformation aufweisen! Eine der diesbezüglich aufgestellten Hypothesen war, daß Hitler impotent gewesen sei, sein Machthunger und sein Zerstörungswille also aus der Erfahrung körperlicher Unzulänglichkeit herrühre. Nur gibt es für die behauptete geschlechtliche Unfähigkeit keine Beweise. Allerdings sind auch fürs Gegenteil keine vorhanden, Hitler sprach mit niemandem über sein Geschlechtsleben und sorgte auch dafür, daß niemand etwas davon mitbekam.

So mag unbekannt bleiben, mit wie vielen Frauen er tatsächlich Verkehr hatte. Aber wenigstens im Fall seiner langjährigen Geliebten Eva Braun, die er einen Tag vor dem gemeinsamen Selbstmord noch heiratete, lassen sich Zeugnisse beibringen, daß es in Hitlers Schlafzimmer zuging wie in vermutlich zahllosen anderen Verhältnissen seiner Zeit: Der Diktator hielt sich die junge Frau als Sexualobjekt; was ihre eigenen Bedürfnisse sein mochten, interessierte ihn weniger. »Er braucht mich nur zu bestimmten Zwecken«, schrieb sie in ihr Tagebuch. »Wenn er sagt, er hat mich lieb, so meint er nur in diesem Augenblick.« Normalbürgerliche Triebabfuhr seitens Hitlers also, keine Anzeichen für körperliche Mängel zu erkennen.

Normal? Der US-Geheimdienst OSS (Office of Strategic Studies, Vorläufer der CIA), oder genauer, der von ihm 1942 mit einer Expertise beauftragte Psychoanalytiker Walter Langer, kam zu völlig anderen Schlüssen. Ausgerüstet nur mit dem Freudschen Instrumentarium und schlechten bis falschen Informationen über die Jugendzeit des Diktators, machte sich der Salonanalytiker an eine transatlantische Ferndiagnose, die 1943 als Studie »The Mind of Adolf Hitler« vorlag und auf deutsch 1972 veröffentlicht wurde (s. Lit.). Darin attestierte Langer seinem »Patienten« sexuelle Perversionen (Urophilie) und einen massiven Ödipuskomplex aufgrund einer angeblich allzu rigiden frühkindlichen Reinlichkeitsdressur. Deutschland sei so seine abgöttisch geliebte Mutter geworden, während Österreich zum brutalen Vater mutierte, von dem er, Hitler, fürchtete, er habe ihn kastrieren wollen.

In diesem Zusammenhang kam Langer natürlich auch auf ein Gerücht zu sprechen, das schon länger die Runde machte: Hitler soll unter Monorchismus gelitten, das heißt nur einen Hoden (Testikel) besessen haben. »Hitler has only got one ball«, lautete ein einschlägiger englischer Spottvers, der auf die Melodie des »River-Kwai-Marsches« gesungen und gern ergänzt wurde durch den Zusatz: »But it is very small.« Nun ist diese »Anomalie« keineswegs selten und beeinträchtigt die sexuelle Aktivität gewöhnlich nicht im geringsten. Aber wiederum fehlen alle Beweise. Hitler hatte zwar eine ausgesprochene Abneigung gegen ärztliche Untersuchungen, aber es blieb nicht aus, daß Ärzte um ihn waren und daß er ständig untersucht wurde, häufiger vermutlich als der gemeine Politikerdurchschnitt. Und keiner seiner Ärzte hat vom Monorchismus etwas bemerkt.

Nun ließe sich einwenden, daß es ihnen vielleicht nicht gut bekommen wäre, wenn sie Hitler auf einen derartigen Mangel hingewiesen hätten, aber die ärztlichen Feststellungen lauteten nach dem Krieg nicht anders als zu Lebzeiten Hitlers. Irritationen brachte 1968 die Veröffentlichung eines Protokolls durch den sowjetischen Journalisten Lew Besymenski

(Hitler 3). Sowjetischen Militärärzten war am 8.5.1945 eine auf dem Reichskanzleigelände gefundene männliche Leiche präsentiert worden, die sie als diejenige Hitlers identifizierten. Unter anderem wurde bemerkt, daß der Leiche ein Hoden fehlte. Also doch etwas dran an der Geschichte? Eine Prüfung des Untersuchungsbefunds ergab: Wer immer es gewesen sein mochte, dessen Reste damals auf dem Untersuchungstisch lagen – Hitler war es nicht.

Lit.: Wolfdieter Bihl: Der Tod Adolf Hitlers. Fakten und Überlebenslegenden. Wien/Köln/Weimar 2000 ▪ Walter Langer: Das Adolf-Hitler-Psychogramm, Wien 1972 ▪ Werner Maser: Adolf Hitler. Legende, Mythos, Wirklichkeit, 18. Auflage München 2001

Hitler [8]

Der Meldegänger Hitler hat 1917 in Flandern einen Sohn gezeugt

29.5.1940. Während seine Panzer Richtung Frankreich rollen, besichtigt Hitler die Schlachtfelder in Flandern, auf denen er im Ersten Weltkrieg gekämpft hat. Auf einmal wendet er sich seinem Begleiter Max Amann zu: »Wo ist Madeleine?« Amann, im Ersten Weltkrieg Kompaniefeldwebel im 16. Bayerischen Reserve-Infanterieregiment, in dem auch Hitler diente, reagiert auf die Frage mit Verblüffung, faßt sich dann und meldet gehorsamst, über den Verbleib der Dame lägen keine Informationen vor.
Madeleine? Wer soll das gewesen sein? Nach dem Zweiten Weltkrieg fanden französische Historiker die Spuren einer Madeleine, die Tochter des Wirtes in einem Bistro in Comines gewesen war. Hier verkehrten im Ersten Weltkrieg viele deutsche Soldaten, und zu denen, die das Mädchen hinter dem Tresen anstarrten, gehörte auch Hitler, mehr nicht. In Comines entdeckten die Forscher eine zweite Frau, von der immerhin zu erfahren war, daß Hitler sie nicht bloß

angegafft, sondern auch mit ihr gesprochen hatte – so gut er es in seinem holperigen Französisch eben konnte. Héléna Leroy hieß sie, im Krieg hatte sie als Köchin in einer Villa gearbeitet, die als Offiziersunterkunft diente. Hitler hatte in seiner Funktion als Meldegänger dort in der Küche stets auf Befehle warten müssen. Als die Deutschen abgezogen waren, brachte Héléna einen Sohn zur Welt, dessen Vater sie nicht nennen wollte. Nach ihrem Tod 1963 allerdings erklärte eine Freundin, sie kenne den Namen von Hélénas Geliebten. Ein Deutscher aus Bayern sei es gewesen, aber nicht Hitler.

1976 meldete sich ein Franzose aus Montereau namens Jean Loret bei dem deutschen Historiker Werner Maser und behauptete, der Sohn Hitlers zu sein. Das war nun ein stärkeres Stück als die Geschichten von Madeleine und Héléna. Maser sammelte Indizien: Lorets Mutter Charlotte Lobjoie hatte im Ersten Weltkrieg als Bauernmagd in einer Gegend nicht weit von Hitlers Einsatzgebiet gearbeitet, sie hatte den Namen des Kindesvaters nicht angegeben, Lorets Geburtsdatum (25.3.1918) schien plausibel. Aber es stellte sich dann doch heraus, daß es wohl deutsche Besatzungssoldaten im Zweiten Weltkrieg gewesen waren, die Loret den Floh ins Ohr gesetzt hatten, er könnte Hitlers Sohn sein. Ein erbbiologisches Gutachten, das Maser bei der Universität Heidelberg in Auftrag gab, vermochte jedenfalls keinen deutlichen Nachweis einer Verwandtschaft zwischen Hitler und dem Franzosen aus Montereau zu erbringen.

Lit.: Werner Maser: Adolf Hitler. Legende, Mythos, Wirklichkeit, 18. Auflage München 2001 ▪ Erich Schaake: Hitlers Frauen, 2. Auflage München 2000

Holocaust

→ *Judenvernichtung [2]*

Hoßbach-Niederschrift

Das zentrale Dokument für Hitlers Eroberungspläne ist gefälscht

Im Prozeß gegen die Hauptkriegsverbrecher vor dem Internationalen Militärtribunal (IMT) in Nürnberg 1945/46 ging es ganz wesentlich auch darum, ob und wie genau einige Angeklagte über Hitlers Kriegspläne informiert waren. Ließ sich nachweisen, daß sie vollständig eingeweiht waren, konnte eine Verurteilung wegen »Verschwörung gegen den Frieden«, einem der vier Hauptanklagepunkte, erfolgen. Dreh- und Angelpunkt der Beweisaufnahme bildete daher die Frage nach der Verläßlichkeit der Überlieferung von Hitlers Rede am 5.11.1937 vor den Oberbefehlshabern der drei Wehrmachtteile Raeder (Kriegsmarine), Göring (Luftwaffe), Fritsch (Heer) sowie vor Kriegsminister Blomberg und Außenminister Neurath.
Über diese Zusammenkunft und Hitlers Ausführungen existiert eine zwölfseitige Niederschrift des damaligen Obersten Friedrich Hoßbach, Wehrmachtadjutant bei Hitler, die dem Gericht aber nur in Kopie vorlag. Das Dokument nämlich war im Mai 1945 in deutschen Beständen gefunden worden, als Mikrofilm nach Washington gegangen und in Zusammenfassung den Ermittlern bekannt geworden. Als sie die Brisanz des Materials erfaßten, ließen sie nach dem Original suchen, konnten aber nur noch den Mikrofilm auffinden. Von ihm wurde eine beglaubigte Kopie als Dokument PS-386 im Prozeß zugelassen.
Hoßbach, der als Zeuge gehört wurde, bestätigte, daß er darin seine fünf Tage nach der Besprechung gefertigte Niederschrift wiedererkenne. Sie sei wegen des zeitlichen Abstands, und weil sie nur auf punktuellen Notizen basiere, kein Wortprotokoll und gebe vor allem die Diskussionsbeiträge der Beteiligten nach Ende der Rede Hitlers nur kursorisch wieder. Diesen Sachverhalt betonte er nochmals in seinen

1949 verfaßten Memoiren unter dem Titel »Zwischen Wehrmacht und Hitler 1934–1938«, womit er die Einlassungen der Verteidigung, ablehnende Argumente der Angeklagten gegen Hitlers Aggressionsabsichten seien zu kurz gekommen, immerhin für möglich hielt.

Zweifel aber an der Echtheit der Kopie und Unterstellungen, US-Stellen hätten sie manipuliert, bestätigte er nicht. Dennoch ließen es sich übervorsichtige Historiker nicht nehmen, Zweifel an der Verläßlichkeit der Abschrift zu pflegen, was von rechtsextremistischen Agitatoren zu einem Fälschungsvorwurf vergröbert wurde. Nun wollte es aber der Zufall, daß 1943 Oberst Graf Kirchbach mit der Sichtung der Papiere von Generalfeldmarschall Brauchitsch, Oberbefehlshaber des Heeres 1938–41, beauftragt worden war und dabei das Original von Hoßbachs Niederschrift entdeckt hatte. Auch er äußerte später Bedenken hinsichtlich der Übereinstimmung des seinerzeit von ihm aufgefundenen Textes mit PS-386.

Genaueres zu sagen aber vermochte auch er nicht, da er das Papier an seinen Schwager Viktor von Martin zur Verwahrung weitergegeben hatte. Dieser hatte es 1945 den britischen Besatzungsbehörden überreicht, bei denen es spurlos verschwunden war. Das schürte den Manipulationsverdacht natürlich zusätzlich, so daß ein Dokument ins Zwielicht geriet, dem drei Angeklagte (Raeder, Göring, Neurath) die hohen Strafen mit zu verdanken hatten, die das IMT über sie verhängt hatte.

1989 jedoch fanden sich in bisher nicht zugänglichen britischen Beständen Kirchbachs Abschrift mit seiner Unterschrift sowie Martins Begleitbrief an die britische Behörde. Zum einen stellte sich sofort heraus, daß der Text mit PS-386 wortgleich ist, so daß von Verfälschung, Verkürzung oder sonstiger Änderung des Originals nicht die Rede sein kann. Zum anderen erklärte der Begleitbrief auch, warum Kirchbach das Dokument in Sicherheit hatte bringen wollen. Er

fürchtete, daß er wegen seiner Verbindung zu Kreisen des militärischen Widerstands in die Fänge der Gestapo hätte geraten können, die das belastende Dokument sicher umgehend hätte verschwinden lassen.
Da Kirchbach also bereits an die Nachwelt dachte und an eine Verwendung gegen die NS-Täter, konnte ihm an einer »Redaktion« des in Brauchitschs Akten gefundenen Originals nicht gelegen sein. Er mußte ja annehmen, daß weitere Kopien existierten, die bei Abweichungen die seine und vice versa entwertet hätten. Die Wortgleichheit mit PS-386 bestätigt seine Sorgfalt und die Tatsache, daß der Anklage die komplette Niederschrift vorgelegen hat. Unrecht geschehen ist den Angeklagten also auch insoweit in keiner Weise.

Lit.: Bradley F. Smith: Die Überlieferung der Hoßbach-Niederschrift im Lichte neuer Quellen, in: VfZ 2/1990

Judenvernichtung [1]

→ *Auschwitz [1]–[3]*

Judenvernichtung [2]

Für das unvorstellbare Geschehen ist »Holocaust« der geeignetste Begriff

Die Sprache des Nationalsozialismus oder, mit einem bekannten Buchtitel zu sprechen, des »Unmenschen« (s. Lit.) zeichnete sich durch den virtuosen Einsatz verschleiernder Vokabeln aus. Das begann schon bei der Eigenbezeichnung, die den rassistischen Kern der Ideologie hinter dem Nationalen verbarg und von »Sozialismus« nur redete zur Veredelung der geplanten »Gleichschaltung« (auch so eine Vernebelung für »Gleichmacherei«) zwecks besserer Instrumentalisierung aller für Krieg und Rassenkampf. Dafür entwickelte die Propaganda auch die Begriffe »Volksgemeinschaft« oder »Sozialismus der Tat«, ohne daß freilich im geringsten die Produktionsverhältnisse und das kapitalistische Grundprinzip angetastet worden wären. Die Beispiele sind beliebig vermehrbar bis hin zum Wehrmachtbericht, der nie Rückzüge, sondern allenfalls »Frontbegradigungen« meldete.

Besonders findig waren die NS-Sprachschöpfer, wenn es darum ging, die »radikalste Konsequenz« aus Hitlers Weltanschauung zu ziehen, sprich: den Völkermord ins Werk zu setzen. Hatte man die Inhaftierung in den Quällagern der Friedenszeit noch als »Konzentration« – von politischen Gegnern, Kriminellen und anderen Mißliebigen, darunter vor allem Juden – bezeichnet, so wurde nun aus brutaler Deportation »Umsiedlung«, aus Massenerschießung von Juden »Bandenbekämpfung«, aus Völkermord »Endlösung der Judenfrage«. Das Protokoll der *Wannsee-Konferenz*, die am 20.1.1942 die Details dieser »Endlösung« festlegte, ist ein Meisterstück verschleiernder Sprache. Da heißt es etwa, daß die für die Gaskammern von *Auschwitz [2]* und anderen Lagern bestimmten jüdischen Opfer »straßenbauend in diese Gebiete geführt« würden, wobei ein »Großteil durch natürliche Verminderung ausfallen« werde; der »Restbestand« werde »entsprechend sonderbehandelt«.

Die sprachliche Tarnung tat ihre Wirkung nicht nur seinerzeit, als sie nur wenige durchschauten, viele nicht durchschauen wollten und viele auch nicht durchschauen konnten. Nein, auch nach dem Zusammenbruch, als schnell alle erforderlichen Informationen bereitstanden, wirkte das Gift des uneigentlichen Sprechens weiter, denn es erleichterte Menschen, die das Geschehen nicht wahrhaben wollten oder diese Wahrheit nicht ertragen konnten *(Auschwitz [1])*, die Flucht vor der Realität nach dem Motto: »Da steht ja nichts von ›Mord‹!« Um so erstaunlicher war es, daß nach Jahrzehnten der Verwendung des inzwischen völlig enttarnten und in seiner furchtbaren Bedeutung erfaßten NS-Begriffs »Endlösung« für den Genozid eine neue Vokabel auftauchte und binnen kurzer, man muß schon sagen: verdächtig kurzer Frist Allgemeingut wurde.

Der Titel des aus den USA importierten Fernsehvierteilers »Holocaust« wurde zum Etikett für den NS-Völkermord. Er leistete damit fast besser als seinerzeit der Begriff »Endlösung« das, was der Wiener Künstler Alfred Hrdlicka 1998 in diesem Zusammenhang als den bedenklichen Versuch bezeichnete, »die Dinge nicht beim Namen zu nennen«. Die, nach Art des NS-Jargons gesagt, Blitzübernahme verblüfft auch insofern, als der englische Begriff in den USA nur einer von mehreren für die Vernichtung der Juden durch die Nazis ist. Gewöhnlich spricht man von »genocide« oder von »annihilation« und setzt dazu, welche Opfer gemeint sind. Beim Wort »Holocaust« schwingt immer noch die ursprüngliche griechische Wortbedeutung mit: »Brandopfer« oder noch genauer: »Ganzopfer«. Es handelte sich nämlich um eine griechische Übersetzung des hebräischen Begriffs aus der Bibel (1. Mose 22) »ola kalil« für »was ganz in Rauch aufsteigt«.

Opfer aber heißt »Gott etwas darbringen«, was die Nazis nun höchstens in einem nicht mehr zu überbietenden zynischen Sinn vorhatten. Für den heutigen Sprachgebrauch, der zudem durch mittelalterlich-christlichen Einsatz als sakrale Vokabel aufgeladen ist, eignet sich das Wort zur Bezeichnung der Judenvernichtung in keiner Weise. Hinzu kommt, daß ein so sperriges und so seltsam geschriebenes Wort (warum nicht mit k?), daß ein solcher Sprachklotz ohne sogleich verständlichen Wortsinn, der von den meisten Menschen obendrein gleich wieder vergessen wird (zwei Drittel der Jugendlichen können laut EMNID-Umfrage nichts damit anfangen) –, hinzu also kommt, daß der Begriff »Holocaust« den Zusammenhang zwischen Tat und Opfer aufhebt. Er erlaubt durch fremdsprachliche Verrätselung bequeme Distanz zum Bezeichneten und ist mithin didaktisch höchst problematisch. Das gilt auch für den hebräischen Begriff »Shoa«, der seit 1985 durch den gleichnamigen Vielstundenfilm von Claude Lanzmann in Konkurrenz zur Bezeichnung »Holocaust« getreten ist. Er aber hat den Vorteil, daß er wenigstens in der ursprünglichen Bedeutung nach Jesaja 10,3 den Sachverhalt trifft: »(Total-)Vernichtung«.

Das alles war auch den Herausgebern der »Enzyklopädie des Holocaust« (s. Lit.) bewußt, als sie 1993 vor der Frage standen, den englischen Titel für die deutsche Ausgabe zu adaptieren. Nur mit knapper Mehrheit entschieden sie sich laut Vorwort für den griechisch-lateinisch-englischen Begriff, weil er griffig ist und weil auch andere Wörter »gleichfalls höchst unsinnigen Ursprungs« wie »Antisemitismus« allgemein verwendet werden. Im Land der Täter könne man zudem den Begriff »Shoa« nicht verwenden, »weil er ganz aus der Sichtweise der Opfer kommt«. Die Logik wird sich nicht jedem erschließen, doch selbst wenn, dann bleibt die Frage, warum nicht die Nazivokabel »Endlösung« gewählt wurde, die unzählige Bücher im Titel tragen und auf die dasselbe zutrifft wie auf den »unsinnigen« Begriff »Antisemitismus« oder auf die weiter im Gebrauch (natürlich auch in dem der Enzyklopädie-Herausgeber) befindliche vernebelnde Eigenbezeichnung des Hitlerismus als »*Nationalsozialismus*«: Jeder weiß, was damit gemeint ist.

Lit.: Israel Gutman (Hrsg.): Enzyklopädie des Holocaust. Die Verfolgung und Ermordung der europäischen Juden, 3 Bände, Berlin 1993 ▪ Yehuda Radday: Zum Begriff »Holocaust«, in: Das Parlament 24.1.1997 ▪ Dolf Sternberger u. a. (Hrsg.): Aus dem Wörterbuch des Unmenschen, Zürich 1992 (zuerst 1957)

Allein der typisch deutsche Antisemitismus machte den Massenmord möglich

Antisemitismus ist der Sache nach so alt wie das Judentum oder doch wie seine Zerstreuung (Diaspora) in alle Welt. Überall in der Minderheit, zogen die Juden Verdächtigungen auf sich, wurden Opfer von Fremdenfeindlichkeit, machten sich verhaßt durch den Anspruch, das »auserwählte Volk« zu sein, und eigneten sich schon von daher vorzüglich als Sündenböcke, wenn Not und Elend anders keine Erklärung fanden oder die Suche der Schuld bei sich selbst zu schmerzhaft zu werden drohte. Neu ist nur der Begriff, neu und völlig unsinnig, denn »Semiten« (Angehörige vorderasiatischer Steppenvölker) waren die europäischen Juden ganz offensichtlich nicht, wenn man den untauglichen sprachwissenschaftlichen Begriff überhaupt ethnologisch benutzen will. 1879 erfand der Journalist Wilhelm Marr (1818–1904) das Fremdwort »Antisemitismus« für das deutsche Wort »Judenfeindschaft«, die gerade eine neue Dimension dadurch bekommen hatte, daß sie nicht mehr nur religiös, sozial oder schlicht ungastlich gemeint war, sondern »rassisch«.
Der haarsträubende wissenschaftliche Unsinn *(Antisemitismus [1])* tut hier nichts zur Sache. Bemerkenswert ist nur, wie schnell er sich festsetzte, wohinter offenbar die Freude der Judenfeinde stand, damit das letzte Schlupfloch für Juden geschlossen zu haben: die Taufe. Durch Übertritt zum Christentum ließ sich bisher alles Jüdische buchstäblich abwaschen, aus der Rasse aber gab es kein Entkommen. Antisemitismus im rassischen Sinne verbreitete sich nicht nur in Deutschland: Einer seiner Begründer war Arthur Graf Gobineau (1816–1882), ein renommierter französischer Publizist, einer seiner eifrigsten Missionare war Houston Stewart Chamberlain (1855–1927), ein Kulturphilosoph aus feiner britischer Familie. Beides wichtige Ideengeber Hitlers. Wenn

Rasseantisemitismus so grenzüberschreitend Anklang fand, warum nur in Deutschland mit den verheerenden nationalsozialistischen Folgen?
Darauf gab der amerikanische Historiker Daniel Jonah Goldhagen 1996 in einem 700-Seiten-Buch (s. Lit.) eine viel Wirbel auslösende Antwort: Der deutsche Antisemitismus hätte etwas, was den Antisemitismus nirgendwo sonst auszeichne. Das Judenbild der Deutschen, so in Kürze die Kernbehauptung, sei schon immer von der gänzlichen Andersartigkeit der Juden geprägt und daher der deutsche Antisemitismus »eliminatorisch« gewesen. Das heißt zunächst einmal nur »ausgrenzend« und grenzt damit an eine Tautologie, denn wer gegen etwas ist, möchte es sich natürlich möglichst vom Leibe halten. Goldhagen aber meint mit der Vokabel die direkte Vorstufe zu »exterminatorisch« (austilgend), sieht also in der deutschen Disposition eine Art Schalter, der nur noch umzulegen war, um den Völkermord in Gang zu setzen.
Diese Disposition eben sei einzigartig, also seien Hitler und sein Millionenmord nur hier und nur mit deutschen Tätern möglich gewesen. Nur weil er die »Endlösung« als »nationales Projekt« verwirklichen konnte, habe die Todesmaschine so störungsarm laufen können. Das ergebe sich aus der Tatsache, daß die Täter »ganz gewöhnliche Deutsche« gewesen seien, repräsentativ für alle anderen, die nicht anders gehandelt hätten, wären sie in der gleichen Lage gewesen wie die tatsächlich mordenden Männer. Eine kühne, wissenschaftlich halsbrecherische Spekulation. Doch nicht nur diese Was-wäre-gewesen-wenn-Logik kann nicht überzeugen, die behauptete deutsche Sonderdisposition auch nicht. Es muß erlaubt sein, beides mit gleichen Mitteln ad absurdum zu führen:
Goldhagen behauptet keinen ewigen deutschen Volkscharakter; den Nachkriegsdeutschen beispielsweise attestiert er, daß sie durch die alliierte Reeducation gründlich und nachhaltig

gelernt haben. Auch die mittelalterlichen Deutschen hat er nicht im Blick. Es geht ihm vor allem um die Sozialisation des Tätervolks im 19. Jahrhundert, also um jene Deutschen, die zur gleichen Zeit in Massen nach Amerika ausgewandert sind. Nun wird nicht einmal Goldhagen behaupten wollen, daß sie aus Abscheu vor den Antisemiten daheim geflohen wären. Nein, es handelte sich ebenso um »ganz gewöhnliche Deutsche« wie die an den Erschießungsgruben. Von solchen Deutschen aber stammt ein großer Teil der amerikanischen Gesellschaft ab. Ein Hitler in den USA hätte mithin ähnliche Resonanz gefunden wie hierzulande. Daß aus jeder Kleinstadt der USA, ja vermutlich der ganzen Welt KZ-Sadisten zu rekrutieren wären, hat schon das Milgram-Experiment (s. Lit.) sehr wahrscheinlich gemacht. Der Schritt zum »exterminatorischen« Verhalten nimmt sich da nicht mehr sonderlich groß aus.

In der Kürze bleibt gegen die Goldhagen-Thesen nur diese halbsatirische Überdrehung. An ausführlichen, akribischen Erwiderungen mangelt es aber nicht (s. Lit.). Sie haben zahllose Defizite der Argumentation Goldhagens aufgedeckt, ihm aber auch für vieles großes Lob gespendet. Die hier aufgespießte Kernbehauptung teilt jedoch so gut wie niemand. Hier gilt, was Detlef Claussen in der Zeitschrift »Perspektiven« im Oktober 1996 schrieb: »Um die furchtbarsten Taten zu begehen, bedarf es keiner inhaltlichen Überzeugungen, sondern effektiv organisierter Gewalt. Sadismus, Grausamkeit oder gar Lust am Töten hindern eher am quantifizierenden Töten. Die menschlichen Fähigkeiten, die einen zum Massenmörder qualifizieren, entspringen nicht einer Nationalkultur, sondern einer bestimmten Vergesellschaftung der Menschen, die Indifferenz mit Erfolgskriterien verbindet.«

Bleibt nur ein scheinbar seltsamer Punkt: Bei den öffentlichen Auftritten Goldhagens in Deutschland zog er wissenschaftlich gegen die deutschen Experten meist den kürzeren, ging aber fast immer als Punktsieger von der Bühne. Das

Publikum nahm ihn und seine Darstellung sehr freundlich auf. Das war zu einem eine Ohrfeige für die Historiker, die sich den Nichthistorikern nicht mitzuteilen verstehen. Zum anderen bestätigt es eine häufige Beobachtung:
Das in Rede stehende Thema ist so über alle Maßen mit Entsetzen aufgeladen, daß jeder, der sachlich zur Sache redet, schlechtere Karten hat als einer, der zu emotionalisieren versteht, indem er griffige, ja schmerzhafte Thesen vertritt. Wer an denen rüttelt, setzt sich sogleich dem Verdacht aus, er wolle verharmlosen. Dabei müßte die Feststellung, daß eine Enthemmung zum Massenmord nicht nur deutschen-, sondern allgemein menschenmöglich ist, mehr erschrecken machen als die Eingrenzung auf das »Verbrechervolk im Herzen Europas«, als das die Deutschen in der britischen Kriegspropaganda fungierten.

Lit.: Daniel J. Goldhagen: Hitlers willige Vollstrecker. Ganz gewöhnliche Deutsche und der Holocaust, Berlin 1996 ▪ Stanley Milgram: Das Milgram-Experiment. Zur Aufdeckung der Gehorsamsbereitschaft gegenüber Autorität, Reinbek 1984 ▪ Dieter Pohl: Die Holocaust-Forschung und Goldhagens These, in: VfZ 1/1997 ▪ Julius H. Schoeps (Hrsg.): Ein Volk von Mördern? Die Dokumentation zur Goldhagen-Kontroverse um die Rolle der Deutschen im Holocaust, Hamburg 1996

Judenvernichtung [4]

Der Beschluß zur Ermordung aller Juden Europas fiel auf der Wannsee-Konferenz

Am 29.11.1941 erhielten hochrangige Behörden- und SS-Vertreter von SD-Chef Heydrich eine Einladung zu einer Besprechung am 9.12. über Details zur Durchführung der »Endlösung der Judenfrage«. Der »Reichsmarschall des Großdeutschen Reiches«, also Hermann Göring, habe ihn, Heydrich, am 31.7.1941 damit beauftragt, und es gehe nun darum, welche Maßnahmen dazu ergriffen werden müßten. Am 8.12. wurden die geladenen Staatssekretäre und SS-Leute offenbar telephonisch wieder ausgeladen, weil »aufgrund plötzlich bekannt gegebener Ereignisse und der damit verbundenen Inanspruchnahme eines Teils der geladenen Herren« eine Zusammenkunft nicht möglich sei. Ein neuer Termin wurde nicht ins Auge gefaßt. Die eben zitierte Begründung für die kurzfristige Absage stand erst im neuen Einladungsbrief vom 8.1.1942 für den 20.1.

Über die Gründe für die Verschiebung ist viel gerätselt worden, obwohl sie auf der Hand lagen: Der deutsche *Blitzkrieg* gegen die UdSSR war vor Moskau gescheitert, und am 7.12.1941 hatte die japanische Marine und Marineluftwaffe den Heimathafen der US-Pazifikflotte Pearl Harbor auf Hawaii angegriffen und ihr schwerste Verluste an Menschen und Material zugefügt. Der Krieg zwischen Japan und den USA konnte nicht ohne Folgen für den europäischen Kriegsschauplatz bleiben, denn zum einen waren Deutschland und Italien mit Japan verbündet, zum anderen herrschte zwischen Deutschland und den USA wegen deren massiver Unterstützung Großbritanniens (und damit auch der Sowjetunion) seit Monaten ein Zustand unerklärten Krieges. Die Bomben von Pearl Harbor fielen daher ganz im Sinn Hitlers, der denn auch am 11.12. den USA den Krieg erklärte. Damit war aus dem europäischen Krieg der Weltkrieg geworden, über den es in Hitlers Reichstagsrede vom 30.1.1939 geheißen hatte: »Wenn es dem internationalen Finanzjudentum in und außerhalb Europas gelingen sollte, die Völker noch einmal in einen Weltkrieg zu stürzen, dann wird das Ergebnis nicht die Bolschewisierung der Erde und damit der Sieg des Judentums sein, sondern die Vernichtung der jüdischen Rasse in Europa.«

So absurd diese vorauseilende Schuldumkehr war, sie griff jetzt und schuf eine neue Lage bei der »Endlösung der Judenfrage«, also der Vernichtung der Juden. Diese war zwar längst

im Gange und hatte bereits Hunderttausende von Menschenleben gefordert, doch nun mußte sie bei unsicheren Aussichten für die Entwicklung des Krieges beschleunigt werden, galt sie Hitler doch als »heilige Mission meines Lebens« und »Daseinszweck des Nationalsozialismus«. Schon vorher hatten er und andere immer wieder auf die »Prophezeiung« angespielt, doch nun sollte sie wie ein Schwur erfüllt werden. Auf einer Reichs- und Gauleitertagung am 12.12.1941 in Hitlers Privaträumen in der Neuen Reichskanzlei bekräftigte das der Staatschef, worüber Goebbels notierte: »Der Weltkrieg ist da, die Vernichtung des Judentums muß die notwendige Folge sein.«
Christian Gerlach (s. Lit.) hat daraus abgeleitet, auf den 12.12.1941 lasse sich der Führerbefehl zur umfassenden Ermordung aller Juden datieren. Das ist nach dem Gesagten zu punktuell gedacht und wegen der nur neun Zeilen darüber im Tagebuch des Wichtigtuers Goebbels allenfalls eine Bestätigung früherer Weisungen, denn sie überraschte keinen der Männer, die in diesem Zusammenhang am 12.12. oder wenig später von Hitler näher instruiert wurden: unter anderem Rosenberg, Himmler, Frank und auch Heydrich über seinen Vorgesetzten Himmler. Der Befehl zum Völkermord oder, wie man heute mit einem eher irreführenden Begriff sagt, zum Holocaust *(Judenvernichtung [2])* war nicht erst damit gefallen, sondern setzte sich aus einer Reihe von Äußerungen Hitlers zusammen, dessen Willen, ja dessen bloßer Wunsch nach Auffassung von Staatsrechtlern bereits Gesetzescharakter hatte.
Und keinesfalls fiel der Beschluß zur Vernichtung der Juden im deutschen Machtbereich auf der Wannsee-Konferenz, die dann tatsächlich am 20.1.1942 stattfand und die immer wieder als Ausgangspunkt der »Endlösung« hingestellt wird. Trotz ihrer hochrangigen Besetzung hatte sie jedoch keinerlei Befugnis zu derart weitreichenden Anordnungen, sondern konnte nur regeln, was im Grundsatz schon bei Beginn des

Rußlandfeldzugs von höchster Stelle beschlossen worden war. Das ergibt sich aus der Tatsache der frühen Beauftragung Heydrichs durch Göring, und das geht auch aus dem 15seitigen Protokoll der Konferenz selbst hervor. Die Besprechung in der ehemaligen Villa Minoux am Großen Wannsee Nr. 56/58 dauerte etwa von 12 bis 14 Uhr, Teilnehmer waren neben 13 NS-Größen, darunter fünf Staatssekretäre, Einlader und Konferenzleiter Heydrich sowie Adolf Eichmann und eine unbekannt gebliebene Stenotypistin, mit deren Hilfe Eichmann das Protokoll (sonst gewöhnlich »Niederschrift« genannt) fertigte.

Acht der Beteiligten konnten nach dem Krieg zur Konferenz, ihrem Sinn und ihren Beschlüssen befragt werden, wobei vor allem das Zeugnis Eichmanns während seines Prozesses in Jerusalem 1960/61 von Bedeutung ist. Er nämlich räumte nach anfänglichen Ausflüchten ein, daß es sehr wohl und ausdrücklich um den Völkermord gegangen sei. Das hatten die sieben anderen mit Hinweis auf sein Protokoll abgestritten, in dem ja tatsächlich nicht direkt von Töten oder gar Morden die Rede ist. Da zwei der Teilnehmer aber bereits aktiv an Massenexekutionen von Juden beteiligt gewesen waren, dürfte die Tarnsprache des Protokolls den meisten, wo nicht allen bei der Konferenz Anwesenden durchaus verständlich gewesen sein.

Zwar beschloß die Konferenz nicht den Völkermord selbst, doch stellte sie entscheidende Weichen. So legte sie den Opferkreis fest: elf Millionen im Reich, in den besetzten Gebieten und in den noch nicht besetzten Gebieten (z. B. England) lebende Juden. Mit deren Definition machte man sich hinsichtlich der ausländischen Gebiete wenig Mühe, hingegen kam es darüber zu keiner vollständigen Einigung, wer in Deutschland als Jude im Sinn der zu tötenden Personen zu gelten habe. Probleme nämlich bereitete die Frage, welche »Mischlinge« wie »Volljuden« zu behandeln seien, ob in unklaren Fällen eine Zwangssterilisierung zu erwägen sei und ob Juden, die mit deutschen Partnern in Mischehe lebten, entweder verschont oder nach Zwangsscheidung ebenfalls »entsprechend sonderbehandelt«, also ermordet werden sollten. Darüber wollte man auf weiteren Konferenzen befinden, zu deren nächster Heydrich bereits für den 6.3.1942 einlud.

Unmittelbare Folgen hatte die Konferenz für die deutschen Juden, die nach dem Willen der Teilnehmer als erste zu »evakuieren« waren. Damit hatten SD, SS und Sipo schon vorher begonnen. So waren im November/Dezember 1941 bereits Deportationszüge aus dem Reich nach Riga, Kaunas und Minsk gerollt, wo fast alle Insassen umgebracht worden waren. Jetzt kam es zu einer weiteren Welle von 40 000 deutschen Juden, meist ältere Männer und Frauen sowie Kinder unter 14 Jahren, ins »Altersgetto« von Theresienstadt, wo die Hälfte starb, während die anderen zum größten Teil in die Vernichtungslager im besetzten Polen weitergeleitet und dort getötet wurden.

Mit der Wannsee-Konferenz also begann die »Endlösung« nicht, aber sie erhielt eine neue Dynamik, da die bisher bevorzugte Tötungsart Erschießen durch die Einrichtung stationärer Todesfabriken mit Gaskammern abgelöst wurde. Schon vor der Konferenz hatte es etwa in *Auschwitz* »Probevergasungen« gegeben, doch nun wurde in großem Stil in Treblinka, Majdanek, Sobibór, Bełżec und Kulmhof (Chełmno) vergast. Auch im besetzten Rußland übernahmen Gaswagen einen Teil des Mordgeschäfts der Einsatzgruppen. Dabei handelte es sich um Lkw, in deren luftdichten Aufbauten zusammengetriebene Juden durch Einleitung der Auspuffgase erstickt wurden. Lebten zur Zeit der Konferenz noch etwa 80 Prozent der späteren Opfer, so waren es im Jahr darauf nur noch 20 Prozent, Zahlen, die von dem furchtbaren Schub zeugen, den der Vernichtungsprozeß durch die Beschlüsse vom 20.1.1942 erhalten hatte.

Lit.: Christopher Browning: Der Weg zur »Endlösung«. Entscheidung und Täter, Reinbek 2002 ▪ Christian Gerlach: Die Wannsee-Konferenz, das Schicksal der deutschen Juden und Hitlers politische Grundsatzentscheidung, alle Juden Europas zu ermorden, in: Werkstatt Geschichte 18/1997 ▪ Peter Longerich: Der ungeschriebene Befehl. Hitler und der Weg zur »Endlösung«, München 2001

Judenvernichtung [5]

Das deutsche Volk wußte nichts vom Völkermord

»Ohne Kenntnis über die schweren Verbrechen, die heute bekannt geworden sind«, sei das deutsche Volk gewesen, und damit »frei von Schuld«. Das erklärte Hitlers Paladin Hermann Göring den Richtern in Nürnberg in seinem Schlußwort am 31.8.1946. Diese Absolution aus dem Munde der Nummer 2 des Hitler-Reiches sollte weitreichende Folgen haben. Bis heute beharren immer noch viele darauf, daß die Zeitgenossen den Judenmord nicht mitbekommen hätten und auch nicht hätten mitbekommen können, weil er unter strikter Geheimhaltung stattfand.

Das ist nur zum Teil richtig. Zwar taten die Mörder alles, um ihre Taten zu verschleiern. Sie erfanden Sprachregelungen und Tarnnamen, sie beseitigten Spuren und töteten ihre Helfer. Ihnen war klar, daß sie die Verbrechen nicht beim Namen nennen konnten – nicht so sehr, weil sie moralische Bedenken hatten, sondern weil das Volk nach ihrer Annahme noch nicht so weit war, daß es die Notwendigkeit der Massentötungen hätte einsehen könne. Nur, geheimzuhalten waren die Verbrechen dann doch nicht, Nachrichten darüber sikkerten durch. In der Bevölkerung gingen Gerüchte um, und es gab für viele die Möglichkeit, sich genauere Kenntnisse zu verschaffen – wenn sie denn wollten.

Wie weit ein Wissen über bestimmte Dinge verbreitet ist, läßt sich heute mit den Methoden der Meinungsforschung exakt verfolgen. Vorläufer davon existierten bereits im

Dritten Reich. Auch dessen Machthaber wollten wissen, was der gemeine Mann oder die gemeine Frau dachte, und sie gaben etwas darauf. Unter den Bedingungen der Diktatur ist die Ermittlung von Meinungen natürlich nicht ganz so leicht, die Leute sind zugeknöpft oder lügen zum Selbstschutz. Dennoch brachten die beamteten Aushorcher einiges heim, was heute Aufschluß geben kann. Zwar sind, was die »Endlösung« und das Wissen davon betrifft, die sonst sehr informativen Stimmungsberichte des SD nicht zu gebrauchen, da sie ganz bewußt dieses Thema ausklammerten. Aber die Berichte der Partei und der örtlichen Juristen kannten weniger Skrupel. Und es liegen von privater Seite Aufzeichnungen vor, zum Beispiel Briefe von Soldaten, die unversehrt durch die Zensur gelangten, oder Briefe, die von Deutschen an Angehörige im Ausland geschrieben wurden und die der britische Geheimdienst abfing. Eine weitere Quelle sind Befragungen, die amerikanische Nachrichtendienste im besetzten Deutschland seit Herbst 1944 durchführten.

Aus all diesem läßt sich dann doch ableiten, daß »weite Kreise der deutschen Bevölkerung, darunter Juden ebenso wie Nichtjuden, entweder gewußt oder geahnt haben, was in Polen und Rußland vor sich ging«. So die These David Bankiers, der eine Studie zur öffentlichen Meinung im NS-Staat vorgelegt hat (s. Lit.). Woher kamen Wissen und Ahnungen?

Es hatten weit mehr Menschen mit dem Unternehmen zu tun als die wenigen hundert Personen, auf die es sich angeblich stützte. Allein die Zahl der Reichsbahnbediensteten, die die Todestransporte zu organisieren hatten, war höher. Viele wußten etwas. Die alliierten Rundfunksender verbreiteten Nachrichten über Massenmorde, und die Sendungen wurden in Deutschland durchaus verfolgt. Quer durch Europa wurden Arbeitskräfte transportiert. So kamen durch Zwangsarbeiter, die im Osten rekrutiert und dann nach Westen gebracht wurden, auch Nachrichten dorthin. Das gleiche geschah bei Truppenverschiebungen. Wenn eine Division von der Ost- an die Westfront verlegt wurde, wanderten auch Beobachtungen und Kenntnisse mit. Das meiste indes erfuhr man in der Heimat aus dem Mund von Fronturlaubern. So vermerkt ein Parteibericht vom 9.10.1942: »Im Zuge der Arbeiten an der Endlösung der Judenfrage werden neuerdings innerhalb der Bevölkerung in verschiedenen Teilen des Reichsgebietes Erörterungen über ›sehr scharfe Maßnahmen‹ gegen die Juden besonders in den Ostgebieten angestellt. Die Feststellungen ergaben, daß solche Ausführungen – meist in entstellter und übertriebener Form – von Urlaubern der verschiedenen im Osten eingesetzten Verbände weitergegeben werden, die selbst Gelegenheit hatten, solche Maßnahmen zu beobachten.«

Es war wohl hauptsächlich das Wüten der Einsatzgruppen, das diese Männer mitbekamen, weniger der fabrikmäßige Massenmord in den Vernichtungslagern. Die Einsatzgruppen, auf deren Konto etwa 900 000 Morde gingen, vollbrachten ihr Werk in räumlicher Nachbarschaft und zum Teil auch in Zusammenarbeit mit Einheiten der Wehrmacht; Ausrottungsaktionen wurden als Partisanenbekämpfung ausgegeben. Die Vernichtungslager dagegen befanden sich weit im Hinterland, fernab von jedem militärischen Betrieb und meist auch plaziert in menschenleeren Regionen. So blieben Treblinka, Bełżec, Sobibór, Chełmno, Majdanek den Krieg über relativ unbekannte Größen, dagegen war Auschwitz, an dem eine stark frequentierte Bahnlinie vorbeiführte und zu dem auch ein großer Industriekomplex gehörte, als Vernichtungsstätte durchaus geläufig. Man wußte auch von Vergasungen, wobei zumeist gemutmaßt wurde, daß sie in Eisenbahnwaggons vorgenommen würden. Das war nicht völlig aus der Luft gegriffen, kamen doch auch umgebaute Lastwagen als mobile Gaskammern (Gaswagen) zum Einsatz.

Es läßt sich keine eindeutige Identifikation der Bevölkerung mit der antisemitischen Politik der Nationalsozialisten feststellen. Zwar war Antisemitismus eine weit verbreitete Grundeinstellung, selbst unter Arbeitern. Aber Boykott und Gewalttätigkeiten lehnte man ab. Anders war es, wenn die Maßnahmen rechtsförmig blieben und alles »ordentlich« ablief. Entlassungen, »Säuberungen« in Behörden oder Berufsverbänden fanden dann kaum Widerspruch, gab es doch genug Volksgenossen, die davon profitierten, daß Stellen und Posten frei wurden. Das gleiche spielte sich bei den Judendeportationen aus dem Reich ab. Die Transporte wurden in aller Öffentlichkeit zusammengestellt, und zu den Versteigerungen der Habe, die die Deportierten hatten zurücklassen müssen, stellten sich Schnäppchenjäger in großer Zahl ein. Das Verschwinden der Juden machte den Leuten wenig Kopfzerbrechen, ja manchmal, etwa beim Abtransport der Hamburger Juden von der Moorweide nach Theresienstadt, wurde sogar geschimpft, die Juden kämen in luftkriegverschonte Gebiete, während man selbst weiter dem Bombenterror ausgesetzt blieb. Insgesamt wirkte hier ein psychologischer Mechanismus, den Bankier so beschreibt: »Sie wußten genug, um zu wissen, daß es besser ist, wenn man nicht noch mehr weiß.«

Interessant ist, welche Sorgen man sich bezüglich der Haltung des Auslands machte. Das Volk dachte hier weiter als seine Machthaber. Maßnahmen gegen die Juden schädigen das Ansehen Deutschlands in der Welt, sie haben Auswirkungen auf die Wirtschaft und den Tourismus – solche Überlegungen ziehen sich wie ein roter Faden durch die ermittelten Meinungsbilder. Und daß man sie für die Untaten des Regimes zur Rechenschaft ziehen könnte, daß irgendwer »das alles« zu bezahlen hätte, war den Leuten mit sinkendem Kriegsglück des Deutschen Reiches auch immer klarer. Da half es wenig, von Greueltaten der Sowjets wie dem im April 1943 entdeckten Massenmord von Katyn zu hören, glaubte

man doch zu wissen, daß die Deutschen nichts anderes gemacht hätten. Ähnlich die Reaktionen, als im Herbst 1944 die ersten Nachrichten von sowjetischen Gewalttaten in Ostpreußen kamen. Ein Informant der NS-Behörden schrieb: »Jeder denkende Mensch denkt, wenn er diese Blutopfer sieht, sofort an die Greueltaten, die wir in Feindesland, ja sogar in Deutschland begangen haben. Haben wir nicht die Juden zu Tausenden hingeschlachtet? Erzählen nicht immer wieder Soldaten, Juden hätten in Polen ihre eigenen Gräber schaufeln müssen?«
In dem Maße, wie sich die Rückschläge an den Fronten häuften, setzten Verdrängen und Vergessen ein. Antijüdische Propaganda kam nicht mehr an, die Leute umgaben die Judenfrage mit einem Tabu. Die Furcht vor den Konsequenzen hatte eine Unterdrückung des Gewußten zur Folge. Die Abwehrhaltung der Nachkriegszeit, das Nicht-gewußt-Haben, wurde bereits im Krieg eingeübt.

Lit.: David Bankier: Die öffentliche Meinung im Hitler-Staat. Die Endlösung und die Deutschen. Eine Berichtigung, Berlin 1995 ▪ Walter Laqueur: Was niemand wissen wollte. Die Unterdrückung der Nachrichten über Hitlers »Endlösung«, Frankfurt a.M. 1982 ▪ Marlies G. Steinert: Hitlers Krieg und die Deutschen, Düsseldorf/Wien 1970

Kernwaffen

→ *Atombombe [1] und [2]*

Kollektivschuld

Das deutsche Volk war in seiner Gesamtheit schuld an den NS-Verbrechen

Hier haben wir es mit einer doppelten Irreführung zu tun: Zum einen stellten diese These nicht diejenigen auf, denen sie gewöhnlich unterstellt wird, zum anderen trifft sie weder rechtlich noch tatsächlich zu. Zwar zeichnete die alliierte Propaganda kein sonderlich schmeichelhaftes Bild von »den« Deutschen, doch pauschal als Mörderbande wurden sie offiziell denn doch nicht hingestellt. Allenfalls indirekt, wie etwa in der US-Armee-Zeitschrift »Stars and Stripes«, die bei Kriegsende vor »Fraternisierung« warnte, denn: »In jedem deutschen Soldaten steckt ein Hitler.« Alliierte Kommandeure, die KZs befreit hatten, waren daher trotz dieser antideutschen Indoktrination, ja Hetze zutiefst erschüttert und ordneten nicht selten an, die umwohnende Bevölkerung habe die Leichenberge und die Quäleinrichtungen der Lager zu besichtigen.

Hinter diesen Befehlen stand schon so etwas wie ein kollektives Verantwortlichmachen »der« Deutschen für die Verbrechen des von ihnen lange mehrheitlich mitgetragenen Systems. Doch als es darum ging, die politischen und juristischen Konsequenzen daraus zu ziehen, lehnten die Nürnberger Ankläger eine Schuld aller Deutschen ebenso ab, wie dies schon Stalin mit seinem Diktum getan hatte: »Die Hitler kommen und gehen. Das deutsche Volk bleibt.« Auch die jüdische Gemeinschaft hütete sich vor pauschalen Vorwürfen und hielt es mit dem Propheten Hesekiel, der den alttestamentarischen Grundsatz von der Haftung auch noch der Kinder ablehnte und lehrte, daß nur die Seele, die sündigt, sterben müsse und daß »der Sohn nicht die Schuld des Vaters tragen« solle.

Dennoch sahen die Sieger in nahezu allen Deutschen unsichere Kantonisten, denen ähnliches erneut zuzutrauen war. Der New Yorker Journalist Walter Lippmann nannte sie am 5.5.1945 »eine schmachvolle, demoralisierte Horde«. Daher verordnete man ihnen ein Programm der Entnazifizierung, das von seiten der US-Besatzer noch durch eines zur Reeducation flankiert wurde, zu übersetzen mit »Wiedererziehung« oder genauer noch mit »Rückerziehung«. Denn niemand

stellte in Abrede, daß die Deutschen vor dem braunen Sündenfall zu den geachteten Kulturnationen gehört hatten.
Böswillige übersetzten den Begriff indes mit »Umerziehung«, womit er in die Kategorie »Gehirnwäsche« geriet und zugleich das suggerierte, was eben nicht drin steckte: Alle Deutschen seien schuld an den Verbrechen der Nazis. Das aber hatte niemand behauptet; es meldete sich in der Unterstellung vielmehr – nicht nur bei den Böswilligen – schlechtes Gewissen. So mutig etwa der Schritt der evangelischen Kirche war, im Stuttgarter Schuldbekenntnis vom 25.10.1945 Mitverantwortung wegen unterlassener Hilfe zu übernehmen, so seltsam klang darin die Bemühung durch, die Schuld zu universalisieren. Feigheit und Wegschauen gewannen auf diese Weise erbsündliche Qualität. Das traf die Deutschen, aber eben nicht bloß sie. Auch eine Methode, den nicht existenten Vorwurf kollektiver Schuld zurückzuweisen.
Da das moderne Rechtsdenken nur die Rechtsschuld des einzelnen kennt und kollektive Haftung als Rechtsbeugung ansieht, suchte sich das schlechte Gewissen andere Formeln. Der Philosoph Karl Jaspers fand 1946 den Begriff »Mitbetroffenheit« für die Verstrickung, »auch wenn wir moralisch und juristisch nicht haften«. Bundespräsident Theodor Heuss sprach von »Kollektivscham«, und Bundeskanzler Helmut Schmidt bezeichnete am 23.11.1977 in Auschwitz »die heutigen Deutschen« als persönlich nicht schuldig; er bejahte jedoch eine »Mitverantwortung« auch der nachwachsenden Generationen. Da diese zu immer größeren Teilen ausländischer Herkunft sind und sein werden, dürfte auch diese Form der Kollektiverung von Verantwortung problematisch sein oder doch in die gleiche universale Richtung weisen wie das kirchliche Schuldbekenntnis.
Die Kollektivierung von Schuld wurde jedoch von niemandem versucht, der ernstzunehmen wäre. Sie ist eine Erfindung derer, die durch Widerlegung eines nicht erhobenen Vorwurfs auch tatsächliche Schuld zu tilgen trachten. »Gäbe

es das Wort nicht, Ihr würdet es erfinden, um es zu bekämpfen«, schrieb der Philosoph Günther Anders (s. Lit.) den Neonazis ins Stammbuch, die sich von der Bekämpfung den Beweis der Wunschthese von der Kollektivunschuld erhoffen. Deswegen löste der junge amerikanische Historiker Daniel Jonah Goldhagen *(Judenvernichtung [3])*, der erste, der tatsächlich so etwas wie eine Kollektivschuld der Deutschen konstatierte (s. Lit.), ganz rechts klammheimliche Freude aus. Jetzt konnten sich die, die es schon immer gewußt hatten, an den Umkehrbeweis machen, und die Wissenschaft durfte ihnen noch dabei helfen. Denn Goldhagens Thesen lassen sich in der Zuspitzung nicht halten und können auch keine Kollektivschuld feststellen, da es diese aus den genannten Gründen nicht geben kann.

Dennoch leistete Goldhagen etwas, das den Reinwäschern und Revisionisten gar nicht gefallen haben dürfte: Das Aufsehen, das er erregte, beförderte eine intensive Beschäftigung mit dem Völkermord und machte einer breiten Öffentlichkeit deutlich, daß die Legende vom verschwindend kleinen, verschworenen Täterkreis und vom undurchdringlichen Schleier des Schweigens nicht zu halten ist. Hunderttausende waren involviert, selbst die tapferen Soldaten der *Wehrmacht* hatten ihren Teil beigesteuert, ja, so gut wie jeder hatte irgend etwas gewußt oder hätte etwas wissen können. Wenn selbst ein Victor Klemperer (s. Lit.), in einem Dresdener »Judenhaus« abgeschnitten von fast jeglicher Information, ziemlich genau und ziemlich früh die Dimensionen der sogenannten Endlösung kannte, dann darf mindestens Mitwisserschaft bei Millionen angenommen werden.

Bei unzähligen Deutschen aber auch Komplizenschaft etwa durch Denunziation, Bespitzelung, Bereicherung am Vermögen von Verfolgten, Ergatterung von Vorteilen bei Entlassung von Juden oder politisch Unzuverlässigen. Die Korrumpierung der Deutschen reichte vom Hitlergruß über die Mitgliedschaft in diversen gleichgeschalteten Organisationen bis hin zu direkter Beihilfe. Schuld aber muß in jedem Einzelfall nachgewiesen werden, so lange gilt die Unschuldsvermutung.

Lit.: Günther Anders: Wir Eichmannsöhne, 3. Auflage München 2001 ▪ Daniel J. Goldhagen: Hitlers willige Vollstrecker. Ganz gewöhnliche Deutsche und der Holocaust, Berlin 1996 ▪ Karl Jaspers: Die Schuldfrage, Heidelberg 1946 ▪ Victor Klemperer: Ich will Zeugnis ablegen bis zum letzten. Tagebücher 1933–1945, 2 Bände, hrsg. v. Walter Nowojski, Berlin 1995 ▪ Dieter Pohl: Die Holocaust-Forschung und Goldhagens Thesen, in: VfZ 1/1997 ▪ Bernhard Pörksen: Die Konstruktion von Feindbildern. Zum Sprachgebrauch in neonazistischen Medien, Opladen 2000

Konzentrationslager

Die KZs sind eine britische Erfindung aus dem Burenkrieg

Der traurige Ruhm, den Begriff »Konzentrationslager« erfunden zu haben, gebührt tatsächlich den Briten. Sie nannten die Lager, in denen sie Teile der burischen Bevölkerung während des Krieges in Südafrika 1899–1902 unterbrachten, »concentration camps«, Konzentrationslager. Nur war deren Zweckbestimmung eine andere als die der Großgefängnisse, in die die Nationalsozialisten ihre Gegner pferchten.
Die Konzentrationslager (offizielle Abkürzung KL, im allgemeinen Sprachgebrauch jedoch KZ) des Hitler-Reiches, zunächst als Umerziehungslager eingerichtet, aus denen man nach – im NS-Sinn – guter Führung auch entlassen werden konnte, wandelten sich bald zu Instrumenten einer aggressiven Rassen- und Bevölkerungspolitik und polizeistaatlichen Terrors. Neben vermeintlichen und tatsächlichen Regimegegnern wurden auch Homosexuelle, Mitglieder religiöser Gemeinschaften, sogenannte Arbeitsscheue, Zigeuner, Kriegsgefangene und Juden auf Dauer eingeliefert und zur Sklavenarbeit gezwungen, wobei die Lebensverhältnisse in

den Lagern so beschaffen waren, daß ein Großteil der Insassen an Seuchen, Hunger, Entkräftung, medizinischen Versuchen oder Mißhandlungen zugrunde ging.

Das Prinzip, Menschen vor ihrem Tod noch ein Maximum an Leistung abzupressen, nannten die Nationalsozialisten »Vernichtung durch Arbeit«. Höchste Perfektion erreichte es in den Lagern Auschwitz und Majdanek im besetzten Polen, wo die Lager mit Massentötungsanlagen kombiniert waren. Die Häftlinge wurden am Lagereingang sortiert (»selektiert«) in »arbeitsfähige« und »nicht arbeitsfähige«. Letztere verschwanden sofort in den Gaskammern, die übrigen folgten ihnen, sobald ihre Arbeitsleistungen nachließen. Insgesamt kamen in den KZs, die Vernichtungslager eingeschlossen, mehrere Millionen Menschen ums Leben. Doch auch in den nicht ausdrücklich zur Vernichtung von Menschen errichteten KZs auf dem Gebiet des Deutschen Reiches erreichte die Todesrate mehrere hunderttausend. Die Sterblichkeit lag bei bis zu 50 Prozent.

Die »concentration camps« des Burenkriegs dagegen dienten zur Internierung der Zivilbevölkerung, die den Kriegshandlungen im Wege war. Der Kampf der Buren gegen die britische Besatzung war ein Volkskrieg, die Siedler hatten »Kommandos« gebildet, die der britischen Armee mit Überfällen zusetzten und schwer zu fassen waren. Die auf den Farmen zurückgebliebenen Frauen und Kinder wurden von den britischen Militärs als Hilfstruppen der Kommandos angesehen, die diesen Unterkunft und Nahrung verschafften und für sie Spionagedienste leisteten. Daraus resultierte eine Verbrannte-Erde-Kriegführung, reihenweise wurden Farmen zerstört. Die vertriebenen Bewohner blieben in der Wildnis zum größten Teil sich selbst überlassen.

Andere trieb man in Richtung der vermuteten Feindstellungen, damit sie dort zur Demoralisierung beitrügen. Als sich das als erfolglos erwies, entschloß sich die britische Führung gegen Ende des Jahres 1900, die im Land umherirrenden

Frauen und Kinder in Lagern zu sammeln (zu »konzentrieren«). Von Stacheldraht und Wachtürmen umgeben, glichen diese Anlagen in der Tat den KZs der Nationalsozialisten, und die Todesrate war ähnlich hoch, kein Vergleich allerdings, was die Zahl der Opfer und was die Zielsetzung angeht. Von den insgesamt 116 000 Inhaftierten kam mehr als ein Drittel ums Leben. Das war aber so nicht beabsichtigt, sondern lag an den mangelhaften hygienischen Standards der Zeit, der Unwirtlichkeit des Landes und den eigenen Versorgungsproblemen. Der britischen Armee ging es damals kaum anders, sie hatte höhere Verluste durch Krankheiten und Seuchen als durch direkte Feindeinwirkung.
Die Errichtung von Konzentrationslagern in Südafrika rief in England eine heftige Kontroverse hervor, Parlamentarier forderten ein Ende der Internierungspolitik, und ein Jahr nach ihrem Beginn wurde diese dann auch im Dezember 1901 eingestellt. Der Krieg endete im Frieden von Pretoria (31.5.1902) mit der Anerkennung des britischen Königs als Landesherrn durch die Buren. Ob die Geiselnahme der Zivilbevölkerung durch das britische Militär das Ende der Kämpfe beschleunigt oder hinausgezögert hatte, blieb offen.

Lit.: Ulrich Herbert (Hrsg.): Die nationalsozialistischen Konzentrationslager. Struktur und Entwicklung, Göttingen 1998 (Tb.-Ausg. Frankfurt a.M. 2002) ▪ Bill Nasson: The South African War 1899–1902, London/Sydney/Auckland 1999 ▪ Karin Orth: Das System der nationalsozialistischen Konzentrationslager, Hamburg 1999

Korruption

Im Dritten Reich gab es keine Korruption

Die Propaganda hat ganze Arbeit geleistet: Bis heute grassiert das Bild vom aus ärmlichsten Verhältnissen aufgestiegenen, vegetarisch lebenden, ehelosen Nichtraucher und -trinker Hitler, der sich im Dienst an seinem Volk verzehrte. Die

Wirklichkeit sah anders aus: So darbte der junge Hitler nur vorübergehend, und weder mußte der aufsteigende Politiker auf die Annehmlichkeiten des Lebens verzichten, noch hat es dem Diktator je an etwas gefehlt. Daß er persönlich mit wenigem auskam, gilt wohl für seinen privaten Lebensstil, was Nahrungs- und Genußmittel angeht. Doch schon beim architektonischen Rahmen, den er sich in München, Berlin und auf dem Obersalzberg schaffen ließ, war Sparsamkeit ein Fremdwort. Allein der Ausbau des Kehlsteinhauses im »Führergelände« des Berghofs kostete 27 Millionen Mark, nach heutiger Kaufkraft das Zehnfache.
Nun muß man darin nicht unbedingt Korruption sehen, sondern eher den typischen Hang allmächtiger Potentaten zu Prunk und Repräsentation. Wie das aber zum volkstümlichen Image vom anspruchslosen Staatschef passen konnte, läßt sich nur durch propagandistische Tricks erklären. So verkündete schon am 7.2.1933 der »Völkische Beobachter«, der neue Reichskanzler verzichte auf seine jährlichen Amtseinkünfte von knapp 50 000 RM, denn er verfüge über ein ausreichendes Einkommen aus den Rechten an »Mein Kampf«. Nicht bekannt dagegen wurde, daß wenig später seine Steuerschulden von mehr als 400 000 RM kurzerhand niedergeschlagen wurden. Und ebensowenig öffentlich gemacht wurde, daß er sich seine wesentlich höheren Amtseinkünfte nach Übernahme auch der Reichspräsidentschaft seit August 1934 wieder ausbezahlen ließ.
Auch über die 1937 erschlossene Haupteinnahmequelle des »Führers« erfuhr die Öffentlichkeit nichts: Auf Veranlassung von Bormann ließ Postminister Ohnesorge von jeder verkauften Briefmarke mit dem Konterfei Hitlers ein Honorar an diesen überweisen für das »Recht am eigenen Bild«. In einem Jahr soll sich der Betrag laut Zeugnis von Speer auf 50 Millionen RM belaufen haben. Eine Rolle spielte das für Hitler persönlich aber tatsächlich nicht. Er brauchte große Summen vor allem für andere. Und hier beginnt der Korrup-

tionssumpf, der den vor 1933 von den Nazis angeprangerten während der Republikzeit um ein Vielfaches an Umfang und Tiefe übertraf.

Wie dem Reichspräsidenten stand dem Kanzler ein Fonds »zu allgemeinen Zwecken« zur freien Verfügung. Nach 1934 gebot Hitler über beide Töpfe und hatte die Machtfülle, die eigentlich vorgesehene Prüfung der Entnahmen sowie die Gegenzeichnung durch den Finanzminister abzuschaffen. Immer hemmungsloser, im Krieg dann in geradezu unvorstellbarem Ausmaß bediente sich Hitler daraus zur Verteilung von – wohlgemerkt steuerfreien – »Beihilfen«, »Ehrenbesoldungen«, »Pensionszuschüssen«, »Zuwendungen« oder anderen Dotationen, die bis hin zur Überlassung ganzer Rittergüter reichen konnten. Die Beschenkten verpflichtete er sich damit in einer Weise, die sie fast noch mehr an ihn band als der Eid, den sie als Beamte oder Soldaten auf ihn persönlich geleistet hatten.

Eine ohnedies immer unvollständige Aufzählung der natürlich geheimen Dotationen ist hier nicht möglich; da sei auf die Untersuchung der Historiker Gerd Ueberschär und Winfried Vogel verwiesen (s. Lit.). Dort findet man allerdings nichts über eine ganz andere Art der auf allen Parteiebenen praktizierten alltäglichen Korruption: Das Führerprinzip, nach dem der jeweils Höhere über alles, insbesondere über Posten und Pfründe im ihm unterstellten »Hoheitsgebiet«, zu verfügen hatte, schuf Kleindiktatoren vom Reichsleiter bis hinunter zum Blockwart. Sie ließen sich von den Abhängigen in der unterschiedlichsten Weise schmieren und sich ihr Wohlwollen erkaufen durch geldwerte Zuwendungen, Dienstleistungen oder sonstige Gefälligkeiten. Das »Bonzentum« der »Goldfasane«, wie man die gockelhaft uniformierten »Amtswalter« abfällig nannte, feierte fröhliche Urständ.

Besonders widerliche Formen nahm die Selbstbedienung bei der »Arisierung« von jüdischem Besitz und der Ausplünderung von politischen Gegnern an. Da wurden Machtpositionen ebenso schamlos ausgenutzt wie bei der illegalen Beschaffung von bewirtschafteten Waren und Luxusgütern im Krieg. Bekannt geworden ist da der Fall des Feinkosthändlers Nöthling aus Berlin-Steglitz, der die allerhöchsten Kreise belieferte, und das in erstaunlichem Umfang marken- und bezugsscheinfrei. Das war zwar verglichen etwa mit den skrupellosen Bereicherungen von »Frankenführer« Streicher nicht der Rede wert. Doch anders als Streicher, der deswegen sein Amt (nicht aber den Titel) als Gauleiter verlor, wurden die Schuldigen nicht zur Verantwortung gezogen, was ausweislich von SD-Berichten in der Bevölkerung zu erbitterten Reaktionen führte.

Involviert waren zahlreiche NS-Prominente von OKW-Chef Keitel bis Wirtschaftsminister Funk, von Reichsarbeitsführer Hierl bis zu Großadmiral Raeder. Goebbels als Gauleiter von Berlin erfuhr im März 1943 von den staatsanwaltlichen Ermittlungen, die zwar zur Festnahme von Nöthling führten, jedoch die Kunden, auf deren Drängen hin der Händler gehandelt hatte, unbehelligt ließen. Das wollte Goebbels nicht auf sich beruhen lassen, und auch Justizminister Thierack fürchtete um die Glaubwürdigkeit der Führung, wenn deren Mitglieder nicht die gleichen Opfer zu bringen bereit waren, die sie den »anständigen Volksgenossen« abverlangte.

Hitler wurde eingeschaltet, verbot aber ein Strafverfahren, weil dies die Sache nur schlimmer machen könnte. »Ohne Ansehen der Person« durchgegriffen, wie zunächst von Goebbels vollmundig gefordert, wurde jedenfalls nicht. Mehr als Ermahnungen und eine weitere »Anordnung des Führers über die vorbildliche Haltung der Angehörigen an hervorragender Stelle stehender Persönlichkeiten bei dem umfassenden Kriegseinsatz« ergingen nicht. Da Nöthling in der Zelle Selbstmord verübte, fiel auch der wichtigste Zeuge aus, so daß die Sache im Sande verlief.

Oberbonzen wie Göring hinderte die Affäre nicht, sich weiter ungerührt an Staatsvermögen zu bereichern, von den Plünderungen von Kunst- und anderen Schätzen in den besetzten Ländern ganz zu schweigen. Auch bei der Dotationspraxis gab es keine Änderung, im Gegenteil: Die »Führer«-Geschenke fielen immer üppiger aus und sicherten dem Regime die Loyalität, genauer: Komplizenschaft wichtiger Amtsträger bei den verbrecherischen Maßnahmen und bei der Verfolgung von Gegnern, die nach dem Attentat vom 20. Juli 1944 zu einer regelrechten Blutmühle wurde.

Lit.: Frank Bajohr: Parvenüs und Profiteure. Korruption in der NS-Zeit, Frankfurt a. M. 2001 ▪ Lothar Gruchmann: Korruption im Dritten Reich. Zur »Lebensmittelversorgung« der NS-Führerschaft, in: VfZ 4/1994 ▪ Gerd R. Ueberschär / Winfried Vogel: Dienen und Verdienen. Hitlers Geschenke an seine Eliten, Frankfurt a. M. 1999

Kriegsgefangenschaft

In US-Lagern kam eine Million deutscher Soldaten ums Leben

Zu Beginn des Jahres 1945 rechneten die Alliierten noch mit einem langen Kampf um das Reichsgebiet. Nach dem Scheitern der deutschen Ardennenoffensive beschleunigte sich jedoch der Zusammenbruch der Wehrmacht rapide. Bereits bis Ende März gerieten bei der Eroberung des Rheinlands 250 000 deutsche Soldaten in westalliierte Gefangenschaft, bei der Kapitulation des Ruhrkessels kamen noch einmal 325 000 dazu. Als Deutschland im Mai 1945 kapitulierte, stieg die Zahl der Soldaten, die sich den Westalliierten ergaben, um mehrere Millionen an. Angesichts dessen nämlich, was Hitlers Soldaten im Osten angerichtet hatten und wie es Sowjetsoldaten in deutscher Gefangenschaft ergangen war, mußten die deutschen Truppen in sowjetischer Gefangenschaft mit dem Schlimmsten rechnen. Wenn schon kapituliert werden mußte, dann lieber gegenüber den Armeen des Westens, am liebsten gegenüber den Amerikanern, die als besonders human galten. So kam es, daß die amerikanischen Truppen in Europa Mitte 1945 etwa 3,4 Millionen deutsche Kriegsgefangene in ihrem Gewahrsam zählten. Sie unterzubringen und zu versorgen ging dann selbst über ihre Kräfte.

In aller Eile wurden Prisoner of War Transient Enclosures (PWTE) an Nahe, Lahn und Rhein unter anderem in Remagen, Sinzig, Rheinberg, Wickrathberg, Andernach, Siershahn, Bretzenheim, Dietersheim, Koblenz und Diez errichtet, Gefangenenlager mit einer Aufnahmekapazität von bis zu 150 000 Mann, die umgangssprachlich Rheinwiesenlager hießen. Die Amerikaner begingen dabei den Fehler, Einheiten, die sich geschlossen in Gefangenschaft begeben hatten, aufzulösen, wodurch sich Disziplin und Zusammenhalt lockerten und jeder für sich den Kampf ums Überleben aufnahm – immer auf Kosten der anderen. Unterkünfte fehlten in den Arealen, den einrückenden Kompanien wurde »mit einer Armbewegung« ein Stück freies Gelände zugewiesen, das mit Stacheldraht umzäunt war oder wurde.

Die Gefangenen gruben sich Erdlöcher, die bei anhaltendem Regen oft einstürzten. Verpflegung gab es in den ersten Tagen nicht, erst nach einiger Zeit wurden karge Brotrationen verteilt. Durch Korruption der deutschen Lagerverwaltung und des amerikanischen Aufsichtspersonals verschwanden nicht selten ganze Wagenladungen mit Lebensmitteln. Die Amerikaner versuchten ohne Erfolg, das Ernährungsproblem in den Rheinwiesenlagern durch Entlassung von Kranken, Verwundeten und Jugendlichen zu lösen. Erst nach Wochen besserten sich die Lebensverhältnisse, Zelte wurden als Unterkünfte zur Verfügung gestellt, und die Verpflegungssätze stiegen. Am 12.6.1945 wurden zwei der Lager den Briten und am 10.7.1945 sieben weitere den Franzosen zur Verwaltung übergeben.

Nach Ermittlungen einer von der Bundesregierung 1957 eingesetzten Kommission soll die Zahl der Todesopfer in den Rheinwiesenlagern etwa 5300 Mann betragen haben. Da dieses Ergebnis offensichtlich nicht stimmte und möglicherweise deswegen zu niedrig angesetzt war, weil man den westlichen Bündnispartner schonen wollte, konnten Spekulationen blühen, in den Rheinwiesenlagern seien weit mehr Menschen, womöglich Hunderttausende, ums Leben gekommen. Der kanadische Journalist James Bacque verstieg sich 1989 zu der Behauptung, es habe sich um fast eine Million Gefangene gehandelt, und ihr Tod sei geplant gewesen, angeblich vom alliierten Oberkommandierenden Eisenhower höchstpersönlich.

Das ist natürlich völlig aus der Luft gegriffen, sowohl was die Zahl als auch was die unterstellte Absicht betrifft. Eisenhower forderte bereits im Februar 1945 die Heranführung von Lebensmitteltransporten, da er die Zusammenballung von Gefangenenmassen selbst bei noch länger anhaltenden Kämpfen voraussah. Die weltweite Nahrungsmittelknappheit im Jahr 1945 jedoch und die Transportprobleme im zerstörten Europa ließen eine rechtzeitige geordnete Versorgung scheitern.

Und was die Todesfälle angeht: Für das Lager Siershahn am Westerwald liegen Zahlen der örtlichen Gemeindeverwaltung vor, die eine etwas realistischere Hochrechnung erlaubten. Danach starben in dem Lager, das 25 000 bis 30 000 Mann beherbergt hatte, insgesamt 92 Mann. Das ergibt eine Todesrate von etwa drei Prozent. Bei den mehr als drei Millionen deutscher Kriegsgefangener in amerikanischen Lagern wäre dann von einer Gesamtzahl von höchstens 10 000 Toten auszugehen. Höhere Zahlen werden offenbar bewußt zur Verminderung der eigenen Schuld aus antiamerikanischen Affekten heraus erfunden.

Lit.: Wolfgang Benz / Angelika Schardt (Hrsg.): Kriegsgefangenschaft. Berichte über das Leben in Gefangenenlagen der Alliierten, München 1991 ▪ Erich Maschke (Hrsg.): Zur Geschichte der deutschen Kriegsgefangenen des Zweiten Weltkrieges, 22 Bände,

München 1962–74 ▪ Rüdiger Overmanns: Soldaten hinter Stacheldraht. Deutsche Kriegsgefangene des Zweiten Weltkriegs, Berlin 2000

Kriminalität

Nach der Machtergreifung sank die Verbrechensrate

Subjektiv mußte nach 1933 der Eindruck entstehen, daß mit der Übernahme der Macht durch die NSDAP und zunächst auch noch durch die Konservativen Recht und Ordnung wieder einen deutlich höheren Stellenwert gewannen und im Wortsinn mit aller Gewalt durchgesetzt wurden. Daß damit bereits der springende Punkt genannt war, blieb den meisten verborgen. Doch dazu gleich. Hier interessiert erst einmal: Wie kam dieser Eindruck zustande, und war er durch die Statistik gedeckt?

Die von Goebbels gelenkte Presse wurde immer schärfer darauf eingeschworen, über Kapitalverbrechen nur sehr dosiert zu berichten, zum Beispiel dann, wenn damit »Asoziale« oder »Arbeitsscheue« an den Pranger gestellt werden konnten oder wenn es spektakuläre Fahndungserfolge zu feiern gab oder wenn sie propagandistische Wirkung dahin gehend erwarten ließen, daß Hitlers Staat Schluß gemacht habe mit der liberalen, sprich: laxen Handhabung des Strafrechts in der »Systemzeit«. Auch die Brandmarkung von mißliebigen Gruppen, etwa Juden oder katholische Geistliche, war erwünscht. Die vor allem seit der Enzyklika »Mit brennender Sorge« 1937 einsetzenden Priesterprozesse wegen Devisenvergehen und angeblicher und tatsächlicher Sittlichkeitsdelikte, über die breit und mit allen unappetitlichen Details berichtet wurde, sind ein typisches Beispiel für diese Strategie.

Ansonsten aber sollte möglichst wenig den Eindruck stören, daß das neue Regime die öffentliche Ordnung wiederhergestellt habe und nachhaltig sichere. Wie aber sahen die Zahlen aus? Sie ergeben zwar ein uneinheitliches Bild, weil die jährlichen Schwankungen beträchtlich waren, zeigen aber insgesamt wirklich einen rückläufigen Trend. Er betrifft vor allem die anfangs siebenmal höhere männliche Kriminalität, die von 1933 rund 430 000 Verurteilten auf 1938 etwa 280 000 sank, während die Zahl der verurteilten weiblichen Straftäter bei knapp 60 000 stagnierte. Auch am Anteil der Jugendlichen, den vom Regime besonders umworbenen »Garanten der Zukunft«, änderte sich wenig, er stieg allenfalls leicht. Möglicherweise stand hinter diesen Veränderungen die Tatsache, daß vornehmlich Männer mit vermuteten kriminellen Neigungen auch ohne Verfahren in Konzentrationslager (KZs) gesperrt wurden.

Schon leichter zu deuten sind die Veränderungen bei den diversen Delikten: Während Diebstahl, Mord und Totschlag stark zurückgingen, nahmen Vergewaltigungen, »widernatürliche Unzucht« und Sexualverbrechen an Kindern zum Teil drastisch zu. Das spiegelt gewandelte Strafverfolgungsinteressen, die vermehrt Homosexualität und »Rassenschande« galten, also den seit 1935 (Nürnberger Gesetze) verbotenen intimen Beziehungen zwischen »deutschblütigen« und Personen »artfremden Blutes«. Der Rückgang der sonstigen Schwerkriminalität hatte hingegen zwei wesentliche Gründe: Zum einen wurden Mordverdächtige oder angeblich notorische Straftäter von der Gestapo direkt in KZs eingewiesen und tauchten daher nicht mehr in der Statistik auf, zum anderen boten die Gliederungen der Partei bisher Notkriminellen Betätigung und Einkommen; ähnlich wirkte sich der rasch sinkende Pegel der *Arbeitslosigkeit* aus. Außerdem konnten beispielsweise Sadisten ihre Neigungen als Mitglieder der KZ-Wachmannschaften mit höchster Billigung ausleben. Und das war der bereits angedeutete springende Punkt: Eine Gesellschaft, die ganze Verbrechenssparten verstaatlicht, saugt kriminelle Energie auf und schönt so die Statistik.

Das galt insbesondere für die Jahre nach 1939, als durch das mehrfach radikal verschärfte Kriegssonderstrafrecht mit einer deutlichen Erhöhung der Verurteilungen zu rechnen gewesen wäre. Sie trat auch ein, schlug sich aber nicht voll in den Zahlen des Statistischen Reichsamts nieder, weil die Urteile der Sonder- und Militärgerichte nicht erfaßt wurden. Allein die über 30 000 Todesurteile wegen Fahnenflucht, Wehrkraftzersetzung, Defätismus oder Sabotage hätten das Bild drastisch getrübt. Es sah ohnedies nach Kriegsausbruch immer düsterer aus, denn etwa durch das Gesetz gegen »Volksschädlinge« (5.9.1939) und die Verzehnfachung der todeswürdigen Straftatbestände (zum Beispiel intime Kontakte zu Fremdarbeitern, Verdunklungsverbrechen, Feindhören) lieferten auch die zivilen Gerichte immer unfreundlichere Zahlen. Sie wurden von der Propaganda, wenn sie denn überhaupt einmal zur Sprache kamen, gern den Menschen in den »neugewonnenen Gebieten« angelastet.
Ganz falsch mag wenigstens für die Friedensjahre der Eindruck also nicht sein, der von Unbelehrbaren gern in die Formel gegossen wird: »Unter Hitler konnten Frauen wenigstens noch ohne Angst im Dunkeln allein auf die Straße gehen.« Der Preis dafür war die Kriminalisierung des Staates. Im Krieg ließ sich die Formel dann so abwandeln: »Unter Hitler konnten Frauen nur noch im Dunkeln und nur noch allein auf die Straße gehen.« Tagsüber nämlich mußten sie die eingezogenen Männer an der Werkbank und in den Rüstungsschmieden ersetzen. Nachts herrschte wegen der Bombengefahr meist ägyptische Finsternis. Und in männlicher Begleitung machte sich jede Frau sofort verdächtig, denn der Begleiter konnte ihr Ehemann gewöhnlich nicht sein. Der war im Feld oder gefallen.

Lit.: Ulrike Jureit: Erziehen, Strafen, Vernichten. Jugendkriminalität und Jugendstrafrecht im Nationalsozialismus, Münster 1995 ▪ Christian Müller: Das Gewohnheitsverbrechergesetz vom 24. November 1933. Kriminalpolitik als Rassenpolitik, Baden-Baden 1997 ▪ Gerhard Paul u.a. (Hrsg.): Die Gestapo. Mythos und Wirklichkeit, Darmstadt 1995

Lebensborn

Die SS unterhielt eine Zuchtanstalt zur Zeugung wertvoller Kinder

Es ist die Nacht der Sonnenwende. Im Schloßhof prasselt ein hohes Feuer. Auf der einen Seite drückt sich eine Mädelschar in BDM-Kleidung zusammen, schüchterne Blicke gehen hinüber zur anderen Seite, wo eine gleich große Gruppe schneidiger Jungs in SS-Uniform steht. Der Heimleiter, auf einem Podest, redet von der Verpflichtung den Ahnen gegenüber und davon, daß dem Führer Kinder geschenkt werden sollen. Die Jugendlichen hören nicht hin, sie warten nur darauf, daß endlich Schluß mit den salbungsvollen Worten ist. Denn dann werden die Paare eingeteilt, die alsbald in den Zimmern verschwinden und sich in die Betten werfen.

Solche Szenen konnte man im Film »Lebensborn« sehen, der Anfang 1961 mit dem Versprechen, »eines der dunkelsten Kapitel des Tausendjährigen Reiches« zu beleuchten, in die deutschen Kinos kam. Die Gerüchte, auf die sich die Filmhandlung stützte, waren alt, es hatte sie vor 1945 auch schon gegeben. Himmlers SS-Werk »Lebensborn« war geheim, niemand sollte erfahren, was in seinen Heimen vor sich ging. Also wurde gemunkelt: »Die SS unterhält Bordelle.« Von »Beschälanstalten« war unter den Volksgenossen die Rede und von »SS-Zuchtbullen«, die dort am Werk seien. Das führte zu schriftlichen Anfragen wie dieser, die eine Lisamaria Kräntzer im Juli 1944 an den Höheren SS- und Polizeiführer Elbe richtete: »Durch eine Bekannte erfuhr ich, daß von der SS aus sog. ›Begattungsheime‹ eingerichtet sind. Gibt es solche tatsächlich und würden Sie mir bitte eine Adresse nennen?«

Die Briefschreiberin bekam keine Antwort, vielmehr wurde erwogen, mit polizeilichen Mitteln gegen sie oder andere, die ähnliche Fragen haben mochten, vorzugehen. Es blieb aber dann doch beim Stillschweigen. Bis Kriegsende wurde die Geheimhaltung aufrechterhalten; erst als 1947/48 bei den Nürnberger Nachfolgeprozessen Fall VIII, die Tätigkeit des Rasse- und Siedlungshauptamts der SS, verhandelt wurde, erfuhr die Öffentlichkeit von der Existenz eines »Lebensborn e.V.«, der dem RuSHA sachlich unterstanden hatte. Die Angeklagten mühten sich allerdings nach Kräften, dem Ganzen einen möglichst harmlosen Anstrich zu geben.

Was hatte es denn nun auf sich mit dem »Lebensborn«? War er ein Nazi-Bordellkonzern? Nein, das war er nicht. Aber etwas Monströses hatte er nach dem Willen seines Gründers Heinrich Himmler schon werden sollen.

Bei seiner Schaffung im Dezember 1935 stellte sich der Lebensborn noch als eine biedere, nützliche Einrichtung dar, gegen die man eigentlich gar nichts hätte einwenden können. In den gut ausgestatteten Heimen dieses Vereins konnten die Frauen der SS-Männer ihre Kinder zur Welt bringen. Und wenn der SS-Mann nicht verheiratet war und irgendein Mädchen schwängerte, das »guten Blutes« war, dann durfte das Mädchen auch ins Heim einziehen. Lebensborn schirmte die junge Mutter von der Umwelt ab, besorgte Geburtsurkunden, regelte den Unterhalt und warb Adoptiveltern, falls die leiblichen Eltern auch später nicht heiraten wollten. Das alles lief als eingetragener Verein, jedes hauptamtliche Mitglied der SS mußte Beiträge bezahlen. Zwischen 1936 und 1944 wuchs die Zahl der Lebensborn-Heime auf 13 an. Ungefähr 11000 Kinder kamen hier zur Welt. Die Heimleiter führten ein strenges Regiment, Männerbesuch war verboten, besondere Anlässe ausgenommen. Dann durfte den Herren aber auch nur eine Tasse Kaffee gereicht werden, und eine

Schwester paßte auf. Wichtig waren Gymnastik, Kinderpflege, Haushaltsführung und gesundes Leben, insbesondere richtige Ernährung. Himmler ließ es sich nicht nehmen, persönlich mit den Heimleitern lange Korrespondenzen darüber zu führen.

Nun war aber die Fürsorge für die Schwangeren nicht das zentrale Interesse Himmlers, und genausowenig ging es ihm darum, die Stellung der ledigen Mütter in der Gesellschaft zu verbessern. Er wollte ihre Kinder. Lebensborn war keine Wohlfahrtseinrichtung, sondern ein Projekt der nationalsozialistischen Rassenpolitik. Umgetrieben von der Sorge, das deutsche Volk könne aussterben, wollte der Reichsführer SS die Geburtenrate anheben, egal wie. In den Abtreibungen, nach seiner Schätzung 700 000 jährlich, sah Himmler die größte Gefahr für das Überleben des Volkes. Nach seiner Auffassung war es schade um jedes Kind, das nicht zur Welt kam, und schade um jede Frau, die bei einem verbotenen Eingriff Schäden davontrug. Vorausgesetzt natürlich, es handelte sich bei Kind und Mutter um »gutes Blut«. Nicht etwa die Linderung des Leids und der Not der jungen Frauen war das Ziel des Himmlerschen Kampfes gegen die Abtreibung, sondern nur die Erhaltung der Gebärfähigkeit bestimmter rassisch als hochwertig angesehener Personen.

Den Trend zur Kleinfamilie fand Himmler zu seinem Schrekken auch in der SS ausgeprägt. Er förderte Frühehen und trug den verheirateten Männern auf, mindestens vier Kinder zu zeugen. Später wurde der Satz erhöht: mindestens vier Söhne. Mit dem militärischen Ausgreifen des Deutschen Reiches über große Teile Europas ergab sich die Möglichkeit, Deutschlands Bevölkerungszahl durch Zufuhr »guten Blutes« von außen zu erhöhen. Lebensborn eröffnete Filialen in Belgien und den Niederlanden, in Dänemark und Norwegen, um die Kinder, die die deutschen Besatzungssoldaten dort mit einheimischen Frauen zeugten, für das Reich zu sichern. Am weitesten kam man dabei in Norwegen, wo in den Hei-

men des Lebensborns 6000 Kinder geboren wurden und wo konkrete Anstrengungen gemacht wurden, mit den Kindern auch noch deren Mütter nach Deutschland zu bringen, versprach man sich doch von diesen Vertreterinnen eines besonders edlen Menschentums (»nordisch« galt bei den Rassenideologen als noch ein Stück feiner als »germanisch«) eine Aufbesserung der rassischen Verhältnisse daheim.
Lebensborn war auch eine Rolle in dem gigantischen Unternehmen zugedacht, bei dem in Osteuropa und auf dem Balkan 30 Millionen »eindeutschungsfähige« Kinder eingesammelt werden sollten, Nachkömmlinge jener Germanen, die dort irgendwann gesiedelt hatten oder durchgezogen waren. »Einige rassisch gute Typen« glaubte Himmler dort herausfischen zu können, »wenn notwendig durch Raub«, um sie zu Deutschen zu machen. Das kam zum Glück für die Betroffenen über Anfänge nicht hinaus, der Kinderraub geriet wegen organisatorischer Schwierigkeiten ins Stocken und hörte dann bei Näherrücken der Fronten ganz auf.
Ohne Zweifel wäre er aber nach einem Sieg des Deutschen Reiches in Angriff genommen worden – wie dann wohl auch die Zuchtanstalten der SS, von denen man damals flüsterte, Wirklichkeit geworden wären. Nicht nur Himmlers Gedanken, sondern auch die Hitlers und anderer Größen des Nationalsozialismus wie Heß oder Bormann liefen bereits in diese Richtung. Der Reichsführer SS brachte sie nur am prägnantesten zum Ausdruck. Zwar erlebte er, als er sich das erste Mal aus der Deckung wagte, einen herben Rückschlag: Sein den SS-Männern am 28.10.1939 erteilter Befehl, bevor sie ins Feld gingen, »auch außerhalb der Ehe« mit irgendeiner Frau oder einem Mädel »guten Blutes« ein Kind zu zeugen, für das der Lebensborn dann sorgen werde, stieß auf Widerstand, konservative Militärs erregten sich über die »Schweinerei«, und Himmler mußte zulassen, daß der Oberbefehlshaber des Heeres, Brauchitsch, eine Stellungnahme zum »Zeugungsbefehl« herausgab, in der versichert

wurde, die Ehe sei nach wie vor die unantastbare Grundlage des Staates.
Aber das war nur ein taktischer Rückzug. Gedanklich war Himmler längst weiter. Die *Ehe* sah er nur als Hindernis, vor allem dann, wenn ein Teil unfruchtbar war. Verdienten Kämpfern wollte er den »Besitz« mehrerer Frauen gestatten, und für alle Frauen gedachte er eine »Ehrenpflicht« zum Kinderkriegen einzuführen. Unter der Hand ließ er schon mal durchsickern, so berichtete es sein Masseur Kersten, »daß sich jede unverheiratete Frau, die sich nach einem Kind sehne, vertrauensvoll an den Lebensborn wenden könne«, der dann einen rassisch wertvollen »Zeugungshelfer« vermitteln werde. Und »unter dem Gesichtswinkel der rund 400 000 heute wohl schon vorhandenen Frauen, die durch den Krieg und seine Gefallenen keine Männer bekommen können«, gab er Auftrag, eine Zentrale für den Lebensborn zu planen, die »entsprechend dem edlen Gedanken und der Ehre der nicht verheirateten Mutter anständig und repräsentativ« gestaltet sein solle.
Die Zentrale wurde nie errichtet. Sie wäre wohl die »Begegnungsstätte zeugungswilliger Menschen« geworden, von der man sich im Dritten Reich zuraunte. So aber konnten die Angeklagten im RuSHA-Prozeß in Nürnberg auf die Frage »Hatte der Lebensborn Heime oder Institutionen, die dazu dienten, Frauen und Männern Gelegenheit zum Geschlechtsverkehr zu geben?« treuherzig versichern: »Wir haben uns nicht mit geschäftsmäßiger Kuppelei befaßt, und das wäre es ja letzten Endes gewesen. So etwas hat es im Lebensborn nicht gegeben.«

Lit.: Josef Ackermann: Heinrich Himmler als Ideologe, Göttingen 1970 ▪ Georg Lilienthal: Der »Lebensborn e.V.«. Ein Instrument nationalsozialistischer Rassenpolitik, Stuttgart/New York 1985 ▪ Stefan Maiwald / Gerhard Mischler (Hrsg.): Sexualität unter dem Hakenkreuz. Manipulation und Vernichtung der Intimsphäre im NS-Staat, Hamburg/Wien 1999

Leuchter-Report

→ *Auschwitz [2]*

Ludendorff, Erich

Schon Anfang 1933 hat Exgeneral Ludendorff das Hitler-Verhängnis kommen sehen

»Sie haben durch die Ernennung Hitlers zum Reichskanzler unser heiliges deutsches Vaterland einem der größten Demagogen aller Zeiten ausgeliefert. Ich prophezeie Ihnen feierlich, daß dieser unselige Mann unser Reich in den Abgrund stürzen und unsere Nation in unfaßbares Elend bringen wird. Kommende Geschlechter werden Sie wegen dieser Handlung in Ihrem Grabe verfluchen.«

Diese Worte des Weltkriegs-»Helden« Erich Ludendorff (1865–1937) gehören zu den am meisten zitierten im Zusammenhang mit Hitlers Machtergreifung. Sie sollen am 30.1., 31.1. oder 1.2.1933 Reichspräsident Hindenburg übermittelt worden sein und erfreuen sich solcher Beliebtheit, weil sie so genau das kommende Unheil treffen, als seien sie nach 1945 rückschauend formuliert worden. Noch 1999 finden sie sich im zweibändigen Riesenwerk von Ian Kershaw, der ausführlichsten und wohl genauesten aller Hitler-Biographien.

Allerdings sind sich die Zitierer nicht einig, ob Ludendorff seine Vision dem Reichspräsidenten telegraphisch oder brieflich hat zukommen lassen. Das liegt daran, daß sich das Originaldokument nicht hat auffinden lassen, ja, daß es bis 1953 gänzlich unbekannt gewesen ist. Mag man bis 1945 noch von NS-Vertuschung ausgehen, so nimmt recht wunder, daß es die Generalswitwe Mathilde 1949 bei der Entnazifizierung in ihrem Spruchkammerverfahren zu ihrer Entlastung nicht verwendet hat. Es hätte doch schlagend belegt, daß man im Hause Ludendorff von den Braunen nichts hatte wissen wollen. Als Komplize Hitlers beim Putsch von 1923 war Ludendorff ja in besonderer Weise belastet.

Der Verzicht von Mathilde Ludendorff findet freilich eine einfache Erklärung: Ludendorff hat die fraglichen Worte nie so und schon gar nicht genau zur Ernennung Hitlers formuliert. Weder in seinem Nachlaß noch in den Akten des Präsidialamts haben sich Spuren eines entsprechenden Schreibens gefunden. Es taucht erst in den Erinnerungen von Hans Frank auf (»Im Angesicht des Galgens«), die 1953, sieben Jahre nach dessen Hinrichtung, veröffentlicht wurden. Zeitgleich erschien eine Studie von Wilhelm Breucker über Ludendorff, in der sich die »Prophezeiung« ohne Quellenangabe im eben zitierten Wortlaut findet; Frank hatte sie ein klein wenig anders erinnert.

Daß er sie an den Tag der Machtergreifung knüpfte, macht ihre Beliebtheit aus, scheint sie doch zu belegen, daß einigermaßen wache Zeitgenossen hätten wissen können, was Hitler anrichten würde. Insofern erhält das angebliche Schreiben auch eine Spitze gegen Theodor Heuss, den späteren Bundespräsidenten. Der seinerzeitige Dozent an der Berliner Hochschule für Politik hatte 1931 in seinem Buch »Hitlers Weg« völlig blind gemeint, daß die radikalen Thesen Hitlers in »Mein Kampf« jugendliche Übertreibungen gewesen seien. Und von den antisemitischen Tiraden des »Führers« hieß es gar: »Er selber spielt heute diese Melodie nicht mehr; sie war der Rhythmus seines Münchener Aufstiegs.«

Aber Ludendorff, der angebliche Kommißkopf, der wußte offenbar sofort, was die Hitler-Stunde geschlagen hatte. Wenn dem so wäre, welche Blamage für die Gelehrten. Dem ist aber nicht so: Warner gab es wirklich, aber Ludendorff gehörte nicht dazu. Er war seit dem 1923er-Putsch mit Hitler zerfallen, der ihm vor Gericht die Schau gestohlen und ihn als pures Aushängeschild der »Bewegung« abqualifiziert hatte. Und er war auch dem Reichspräsidenten gram, weil der es geschafft hatte, sich den Löwenanteil am Sieg von Tannenberg 1914 zu sichern. Dabei hatte doch er, Ludendorff, die Kastanien aus dem russischen Feuer geholt und Deutschlands Osten gerettet!

Persönliche Gründe also hätte Ludendorff für düsteres Unken schon gehabt, doch die politische Weitsicht, die aus dem nicht existenten Schreiben spricht, die ging ihm völlig ab. Und auch das ist ein Grund für die vielfältige Nutzung des Zitats: Eben weil man es einem solchen verbohrten Militär nicht zutraut, scheint es so glaubwürdig nach dem Schema »credo, quia absurdum« (ich glaube es wegen der Widersinnigkeit).

Nein, erst als es ihm im Verlauf des Jahres 1933 ans persönliche Eingemachte ging, schwang sich Ludendorff zu bösen Briefen an den Reichspräsidenten auf. SA drangsalierte seine Anhänger, und die politische Polizei Bayerns unter Himmler schikanierte und verbot schließlich im September 1933 seinen »Tannenbergbund«. Das mochte der Feldherr natürlich nicht hinnehmen und gab seinem einstigen Waffenbruder Hindenburg die Schuld. Am 18.11.1933 schrieb er erbittert:

»Wenn dereinst die Geschichte des deutschen Volkes geschrieben wird, dann wird das Ende Ihrer Reichspräsidentschaft als die schwärzeste Zeit der deutschen Geschichte geschrieben werden.« In dieser holprigen, von persönlicher Wut gespeisten Diktion erkennt man den früheren Militärdiktator schon eher wieder. Als Prophet taugte er nicht. Und er rückte in den Rang letztlich nur auf, weil sein angeblicher Ausspruch 1956 in einem 1958 veröffentlichten Gutachten des Instituts für Zeitgeschichte zitiert wurde, das einem ganz anderen Thema galt. Damit erhielt die angebliche »Vision« bedauerlicherweise scheinbar wissenschaftliche Weihen.

Lit.: Fritz Tobias: Ludendorff, Hindenburg, Hitler. Das Phantasieprodukt des Ludendorff-Briefes vom 30. Januar 1933, in: Die Schatten der Vergangenheit, hrsg. v. U. Backes u. a., Frankfurt/Berlin 1990 ▪ Lothar Gruchmann: Ludendorffs »prophetischer« Brief vom Januar/Februar 1933, in: VfZ 4/1999

Hitler kam illegal ans Ruder

Vor der Ernennung Hitlers zum Reichskanzler am 30.1.1933 hat es das übliche Parteiengekungel um Posten und Inhalte gegeben und auch allerlei Strippenzieherei. Angefangen mit einem Treffen des Anfang Dezember 1932 entlassenen Reichskanzlers Papen mit Hitler am 4.1.1933 im Haus des Kölner Bankiers Schröder bis hin zur intensiven »Bearbeitung« des »in der Verfassung nicht vorgesehenen Sohns« des Reichspräsidenten, Oskar von Hindenburg. Auch der direkte Weg wurde gesucht, und zwar vor allem dadurch, daß Papen den Reichspräsidenten selbst damit lockte, daß eine Koalition unter Einschluß der NSDAP und bei in Aussicht gestellter Tolerierung durch das Zentrum endlich wieder eine Mehrheit im Reichstag haben würde, die der amtierende Kanzler Schleicher nicht vorzuweisen hatte. Papen wußte nur zu gut, daß der Präsident es leid war, seit Jahren nur mit dem »Diktaturparagraphen« regieren zu lassen, wie der Artikel 48 der Reichsverfassung genannt wurde.

Seine dazu eingesetzten Notverordnungen wären mithin künftig wirklich nur noch in Notfällen erforderlich. Das machte Hindenburg in seiner bisher festen Entschlossenheit, den »böhmischen Gefreiten« nicht zum Regierungschef zu ernennen, schließlich wankend. Als dann noch Schleicher mit dem Vorschlag kam, das Parlament aufzulösen und eine Weile ohne dieses zu regieren, gegebenenfalls mit Hilfe der Reichswehr, da sah Hindenburg endgültig in Hitler das geringere Übel, denn dessen Heer der SA hätte der Reichswehr einen furchtbaren Bürgerkrieg liefern können, ein Szenario, bei dem es den Patrioten im Reichspräsidentenpalais grauste.

Die Ernennung war also völlig verfassungskonform, ja dank der Mehrheit der Koalition im Reichstag geradezu geboten. Bedenklich wurde die Sache erst danach, aber eben wieder nur für den Präsidenten und keineswegs verfassungsrechtlich: Hitlers erster Coup nämlich war noch vor der Vereidigung das Verlangen nach Neuwahlen, denn bei der letzten Wahl im November 1932 war der Aufwärtstrend der NSDAP erstmals empfindlich gebremst worden, eine Schlappe, die er nun im Besitz der politischen Macht auszuwetzen trachtete.

Wieder gab Hindenburg schweren Herzens nach, und auch das entsprach durchaus der Verfassung, obschon in so kurzen Abständen kein erfreulicher Vorgang. Am 5.3. sollte es den nächsten Urnengang geben, und an dem machten und machen manche Kritiker ihr Urteil fest, Hitler habe die Macht wohl legal übertragen bekommen, sie aber undemokratisch behauptet. Dreh- und Angelpunkt des Arguments war eine neue Notverordnung, die der Reichspräsident auf Betreiben der Regierung Hitler am 28.2. »zum Schutz von Volk und Staat« herausgab, nachdem in der Nacht zuvor das Berliner Reichstagsgebäude durch Brandstiftung zerstört worden war. Diese Reichstagsbrandverordnung setzte entscheidende Grundrechte der Verfassung außer Kraft und ermöglichte der Regierung die brutale Verfolgung der politischen Gegner und ihre weitgehende Mundtotmachung durch Presse- und Versammlungsverbote, Verhaftungen und Aberkennung von Mandaten nach der Wahl.

Das alles richtete sich gegen die Sozialdemokraten und vor allem gegen die Kommunisten, die von der Regierung als Anstifter des Brandes angesehen und vorverurteilt wurden. Dennoch reichte es für Hitler nicht zu einer eigenen Mehrheit, aber immerhin zu 43,9 Prozent, was die Verluste vom November mehr als wettmachte, ja sogar das höchste Ergebnis vom Juli 1932 mit 37,3 Prozent noch um 3,5 Millionen Stimmen übertraf. Das war vor allem durch einen Einbruch in bisher ziemlich immune ländlich-katholische Wählerpotentiale gelungen. Die Katholiken fühlten sich zunehmend von den antimarxistischen Parolen der Braunen angezogen,

in denen sie ein Bollwerk gegen die bolschewistische Gottlosigkeit sahen. Es läßt sich nur spekulieren, wie das Ergebnis bei unbehindertem Wahlkampf der Gegner ausgesehen hätte, sicher aber hätte die Abweichung allenfalls hinter dem Komma gelegen. Die katholische »Augsburger Postzeitung«, gewiß kein NSDAP-nahes Blatt, kommentierte am 7.3.: »Der Sieg der Hitlerbewegung ist überraschend und erstaunlich groß. Ein imposanter Erfolg.«
Wichtiger wurde, daß Hitler sich nun weiter von seinen konservativen Aufpassern abgesetzt hatte und mit ihrer Billigung die von der KPD errungenen Sitze im Reichstag kassieren lassen konnte. Das reichte aber immer noch nur zusammen mit der DNVP zur Mehrheit und selbst mit diesen Steigbügelhaltern nicht zur Zweidrittelmehrheit, die für das Ermächtigungsgesetz erforderlich war. Dazu mußten am 23.3. auch noch das Zentrum, die Bayerische Volkspartei und die kleine Deutsche Staatspartei einknicken. Das Gesetz »zur Behebung der Not von Volk und Reich«, mit dem sich das Parlament selbst entmachtete und das der Regierung die volle legislative (gesetzgeberische) Gewalt übertrug, wurde dann nur gegen die Stimmen der von Verhaftungen dezimierten SPD-Fraktion angenommen.
Bis hierher hatte sich die NSDAP zwar manche Übergriffe zuschulden kommen lassen, doch illegal im Sinn von verfassungswidrig war das Verfahren bis dato nicht, nicht einmal undemokratisch. Erst mit dem Ermächtigungsgesetz erlosch die Demokratie, denn Hitler nutzte den Freibrief zur rasanten Vernichtung der Republik und zur Etablierung seiner persönlichen Diktatur. Diese Entwicklung war mit der Übernahme auch des Reichspräsidentenamts nach Hindenburgs Tod 1934 abgeschlossen *(Staatsoberhaupt)*. Deswegen trifft der Begriff »Machtergreifung« eher auf diesen Prozeß zu als auf die Kanzlerernennung Hitlers, für die das Wort von der NS-Propaganda geprägt wurde. Sie wollte damit das Ungewöhnliche und Aktive an der »deutschen Revolution« her-

ausstellen, doch handelte es sich am 30.1.1933 nur um einen von vielen Kanzlerwechseln oder um eine übliche Machtübernahme, so der treffendere Begriff. Daß es die letzte war, ahnte niemand.

Lit.: Martin Broszat u.a. (Hrsg.): Deutschlands Weg in die Diktatur, Berlin 1983 ■ Peter Fritzsche: Wie aus Deutschen Nazis wurden, Zürich 1999 ■ Wolfgang Michalka (Hrsg.): Die nationalsozialistische Machtergreifung, Paderborn 1984 ■ Henry A. Turner: Hitlers Weg zur Macht. Der Januar 1933, München 1996

Menschenversuche

→ *»Ahnenerbe«*

Mussolini, Benito

Der »Duce« wurde von Otto Skorzeny befreit

Vor zwei Wochen waren die Alliierten auf Sizilien gelandet und Italien damit Kriegsschauplatz geworden. Dem bis dahin fast allmächtigen Mussolini, »Duce« des Faschismus, blieb nichts anderes übrig, als für den 24.7.1943 den seit 1939 nicht mehr bemühten Faschistischen Großrat einzuberufen. Die Getreuen aber verweigerten in der Sitzung die Gefolgschaft, beschlossen die Übertragung des Oberbefehls auf König Viktor Emanuel III., und dieser schritt bereits am Tag darauf zur Verhaftung des Diktators. Mussolini wurde danach an wechselnden Orten festgehalten, weil man seine Befreiung fürchtete.

Deutscherseits dagegen fürchtete man vielmehr, daß Italien aus dem Krieg ausscheiden und Mussolini an die Alliierten ausgeliefert werden könnte. Ein unerträglicher Prestigeverlust. Am 1.8. befahl Hitler daher das Unternehmen »Eiche« zur Befreiung des »Waffenbruders« und übertrug die Durchführung Generaloberst Student, Oberbefehlshaber des XI. Fliegerkorps und der Fallschirmtruppe. Als besonders schwierig dabei erwies sich zunächst das Aufspüren von Mussolinis Aufenthaltsort. Der »Duce« war anfangs auf Inseln in Haft gehalten, dann aber in einem Sporthotel auf dem Gran Sasso, einem bis zu 2900 Meter hohen Gebirgsstock in den Abruzzen, interniert worden.

Es gelang Männern aus dem Stab von Student, Mussolini dort zu orten, so daß sich der Generaloberst entschloß, den Coup zur Befreiung am Nachmittag des 12.9. zu starten. Himmler hatte ihm zwar ein SS-Kommando unter Hauptsturmführer Otto Skorzeny für polizeiliche Zwecke zur Verfügung gestellt, doch erhielt Major Mors den Auftrag, mit seinem I. Bataillon des Fallschirmjäger-Regiments 7 die Aktion durchzuführen, und zwar so, daß eine Kompanie mit Lastenseglern vor dem Berghotel landen, während eine andere die Talstation der dorthin führenden Seilbahn sichern sollte. Skorzeny wurde erlaubt, die für die Landung vorgesehenen Fallschirmjäger zu begleiten. Kommandobefugnisse hatte er nicht.

Immerhin steuerte Skorzeny einen guten Vorschlag bei, indem er die Mitnahme eines italienischen Generals empfahl, der die Bewacher des »Duce« gegebenenfalls durch Befehl von unbedachten Handlungen abhalten könne. Das aber wurde nicht nötig, denn nach der planmäßigen Landung der Lastensegler vor dem Hotel kurz nach 14 Uhr ergaben sich die Bewacher sofort. Kein Schuß und kein Mann fiel auf dem Gran Sasso, anders, als später zur Veredelung des Bravourstücks im deutschen Rundfunk gemeldet. Nur Skorzenys Fieseler Storch fiel durch Beschädigung am Fahrwerk aus, und das hätte das ganze Unternehmen um ein Haar scheitern lassen.

Zunächst drängte sich der SS-Mann nur für die mitgebrachten Bildberichter der Presse in den Vordergrund, obwohl er persönlich nichts zur Befreiung des verstört wirkenden Mussolini beigetragen hatte. Der »Duce« schien einmal dadurch bedrückt, daß es deutsche Soldaten waren und nicht seine treuen Schwarzhemden, die ihn holten, dann aber auch gerade wegen der SS-Präsenz. Sie machte ihm unmißverständlich klar, daß hier keine Befreiung stattfand, sondern eine Aktion zur Wahrung des Gesichts der Achsenmächte. Seine kommende Rolle würde immer nur die einer deutschen Marionette sein können.

Vielleicht hoffte er daher einen kurzen Moment lang darauf, daß die nun folgende Eigenmächtigkeit Skorzenys doch noch zum buchstäblichen Absturz führen würde: Da seine Maschine nicht wieder starten konnte, drängte sich der zwei Zentner schwere Hauptsturmführer hinter Mussolini und dem Flugzeugführer in den nur für zwei Personen eingerichteten Fieseler Storch. Allein dem hohen fliegerischen Können des Piloten war es zu verdanken, daß die dadurch völlig überladene Maschine am Ende des als Ablaufbahn dienenden Abhangs nicht in die angrenzende Schlucht stürzte, sondern doch noch abgefangen werden konnte.

Nach anderthalb Stunden landete der Storch sicher auf dem Flugfeld von Pratica di Mare. Der hohe Fluggast stieg um in eine Maschine, die ihn über Wien und München in Hitlers Hauptquartier »Wolfsschanze« beim ostpreußischen Rastenburg brachte. Zum Befehlsempfang. Wieder war Skorzeny dabei, um sich die Beförderung zum SS-Sturmbannführer und das EK I abzuholen. Aus dem militärischen Unternehmen der Fallschirmtruppe nämlich machte die Propaganda nun das Heldenstück des SS-Offiziers Skorzeny.

Diese Verdrehung der Tatsachen hat sich auch nach dem Krieg nicht völlig korrigieren lassen. Zum einen trugen die Memoiren des nach Spanien entkommenen SS-Mannes zur Zementierung seiner Version bei. Zum anderen bedient sie den Heldenbedarf, und offenbar war auch alliierten Kreisen an einer Legende gelegen, die aus der SS einen unheimlichen und schier übermächtigen Gegner machte, den man gleichwohl bezwungen habe. Gegenseitige Beweihräucherung adelt.

Lit.: Rudolf Lill (Hrsg.): Deutschland–Italien 1943–1945. Aspekte einer Entzweiung, Tübingen 1992 ▪ Josef Schröder: Italiens Kriegsaustritt 1943, Göttingen 1969 ▪ Hans Woller: Die Abrechnung mit dem Faschismus in Italien 1943 bis 1948, München 1996

Mutterkreuz

→ *Frauen [2]*

Nationalsozialismus

Weltanschauung und Herrschaft Hitlers sind nur eine Form des Faschismus

Annecy, 2.3.1943: Französische Miliz verhaftet auf Weisung der von Deutschland abhängigen Regierung des Marschalls Pétain in Vichy wahllos jüdische Bürger. Berlin hat einen »Straftransport« von 2000 Juden aus Frankreich gefordert, nachdem zwei deutsche Offiziere in Paris von Résistance-Kämpfern überfallen worden waren. Annecy liegt in der italienischen Zone des besetzten Frankreichs, und die deutschen Judenjäger klagen schon lange über mangelhafte Kooperationsbereitschaft des faschistischen Verbündeten. Das aber hätten selbst sie nicht erwartet: In den Abendstunden umstellen italienische Soldaten die französische Gendarmerie, in der die Juden festgehalten werden, und verlangen die Freilassung der Inhaftierten. Der Polizeichef kapituliert. Die Juden werden ausgeliefert und über Italien dem deutschen Zugriff entzogen.

Ein Fall von vielen, der die Reichsregierung zu immer neuen Demarchen in Rom veranlaßte. Mussolini, »Duce« des Faschismus, schob die »Pannen« auf die »Denkweise« seiner Militärs, die die Tragweite der »jüdischen Gefahr« nicht erfaßt hätten. Doch auch er selbst hatte wohl nicht das rechte Verständnis für die radikale deutsche Haltung und mokierte sich gern über die »reinrassigen deutschen Germanen«. Zwar waren ihm antisemitische Affekte nicht fremd, zwar hatte er sich beeilt, Rassengesetze nach deutschem Vorbild zu erlassen, doch unternahm er nichts gegen deren laxe Handhabung. Die »Endlösung der Judenfrage« kam in Italien erst nach dem Sturz Mussolinis (25.7.1943) und der Übernahme der Macht durch Wehrmacht, SS und deutsche Polizei in Gang. Von den 37000 italienischen Juden, die danach unter deutsche Herrschaft gerieten, starben 8000 in Auschwitz den Zyklon-B-Tod. Die anderen konnten sich retten.

Etwa um die Zeit der deutschen Machtübernahme in Restitalien blühte in den russischen Lagern die Antifa-Bewegung, die Umerziehung der deutschen Kriegsgefangenen zu Kämpfern gegen den Nationalsozialismus, und das Schlagwort hätte daher eigentlich »Antina« heißen müssen. Doch die Schulung der Umerzieher reichte in eine Zeit zurück, als man den fundamentalen Unterschied zwischen der ersten antibolschewistischen Nationaldiktatur in Italien und der Vernichtungsdespotie eines Hitler noch nicht ahnte.

Tief saß nach dem Ersten Weltkrieg in Europa der Schock der Oktoberrevolution von 1917 und anderer kommunistischer Umsturzversuche. Die Reaktion in beiderlei Wortsinn zeigte sich im Aufstieg nationalistisch-völkischer Bewegungen, die in vielen Ländern zur Ausbildung autoritärer Systeme führte, allen voran in Italien. Dort kamen 1922 die Faschisten an die Macht und schlugen einen scharf antimarxistischen Kurs ein, wiewohl oder vielmehr weil ihr »Duce« Mussolini aus dem Marxismus kam. Dieses Renegatentum gab der Niederlage der Linken einen besonderen Stachel und löste eine Welle von kommunistischer Gegenpropaganda aus. Antifaschismus war also zunächst durchaus wörtlich Gegnerschaft gegen den Mussolinismus, wurde dann übertragen auf den Kampf gegen andere nationaldiktatorische Regime und in Verkennung der viel weiterreichenden Ziele des Nationalsozialismus eben auch auf die Bekämpfung Hitlers.

Hier zeigten sich die ersten Folgen der kommunistischen Doktrinbildung, die im Faschismus – und im Nationalsozialismus als einer seiner Spielarten – nur ein Symptom der finalen Krise des Kapitalismus zu sehen vermochte. Die Sozialdemokratie wurde in dieser Sicht als linke Seite derselben Medaille zum »Sozialfaschismus« und Antifaschismus damit der Kampf gegen alle Formen bürgerlicher Herrschaft, womit die Chance einer gemeinsamen Abwehr des Nationalsozialismus verspielt war. Die illusionäre Haltung der Kommunisten übertraf alle anderen Formen des Widerstands gegen den Rechtsextremismus an Griffigkeit. Und selbst als Hitlers Sieg die ideologische Fehlkalkulation aufgedeckt hatte, blieb die kommunistische Propaganda bei der kurzschlüssigen Gleichsetzung von Faschismus und Nationalsozialismus. Dabei zeigten sich schon in den ersten Jahren des *»Dritten Reiches«* deutliche Unterschiede selbst in der Herrschaftstechnik.

Hitler nämlich entledigte sich in kürzester Frist der Stützen, die Mussolini unangetastet gelassen hatte: Die Gleichschaltung machte auch vor den alten Eliten in Bürokratie und Wehrmacht nicht halt, die vom Faschismus bevorzugte ständische Gliederung der Gesellschaft wurde als »konservative Verfallserscheinung« verworfen, ein König als *Staatsoberhaupt* war für Hitler nicht einmal ein Denkmodell. Und selbst die imperialistischen Konzepte der beiden Diktatoren hatten höchst unterschiedlichen Zuschnitt: Mussolini träumte vom »mare nostro«, dem italienisch beherrschten Mittelmeerraum, während Hitlers Reißbrett die ganze Welt war – »Deutschland wird Weltmacht oder überhaupt nicht sein«, wie er in »Mein Kampf« geschrieben hatte. Außerdem blieb die »Raumfrage« für Hitler immer ein bloßes Mittel zur Beantwortung der »Rassenfrage«, die er als »Daseinszweck des Nationalsozialismus« bezeichnete. Diese Besessenheit teilte Mussolini nicht nur nicht, sie machte ihm angst, und es sind viele Äußerungen belegt, daß er den »Freund« für »verrückt« hielt.

Aller Antifaschismus bei der Bekämpfung Hitlers griff mithin zwangsläufig zu kurz, weil er den rassistischen Charakter des Nationalsozialismus schon aus dem Begriff tilgte. Daß auch nach der »Endlösung« *(Judenvernichtung [2])* der Terminus stabil blieb, lag an der Meinungsführerschaft Moskaus und an russischen Rücksichten auf latenten Antisemitismus im eigenen Land. Mit abenteuerlichsten Verrenkungen wurde Hitler zum »Agenten« und »Handlanger des Monopolkapitals« stilisiert. Der Völkermord an den Juden kam in den sozialistischen Analysen des »Hitlerfaschismus« lange gar nicht oder nur am Rande als monströse Absurdität vor. Noch 1984 nannte ein DDR-Lexikon als ein Motiv für die Judenverfolgung »Ablenkung des Volkes von seinem wirklichen Gegner«.

Das Faschismus-Etikett für den Nationalsozialismus bot dabei im entbrennenden kalten Krieg mehrere Vorteile: Verlängerung des ruhmreichen Kampfes in die Gegenwart, Übertragbarkeit des Begriffs auf alle ideologischen Gegner – als nationalsozialistisch hätte sich nicht einmal Franco-Spanien, geschweige denn die Bundesrepublik glaubhaft verteufeln lassen –, Vermeidung Israel aufwertender und damit Araber verärgernder Erinnerungen an den Völkermord, Einordnung des Unverstehbaren in eine scheinrationale Kategorie. Und hier liegt der Grund für den erstaunlichen Exporterfolg des verharmlosenden Sammelbegriffs. Im Westen herrschte ja nicht geringere Rat- und Fassungslosigkeit nach *Auschwitz.* Dankbar wurde jede Erklärungshilfe fast um jeden Preis angenommen. Niemand wird methodische Ähnlichkeiten zwischen Faschismus und NS-Herrschaft und ähnliche Bedingungen des Aufstiegs bestreiten, doch da finden sich sogar zu Roosevelts Amerika verblüffende Parallelen. Was aber trennte, waren die Blutphantasien, der Biologismus, der halbreligiöse Rassenkult.

Wer deren Auswüchse bis hin zu den Tötungsfabriken nur mit Hitler erklärt und eine Front nur gegen seine »faschistische« Ermöglichung aufrichtet, gerät schnell in Erklärungsnöte. Antisemitismus, völkische Mythen, Herrenmenschendünkel wurzeln tiefer, als es der sozioökonomisch verdünnte Faschismus-Begriff zu fassen vermag. Und auch die Neonazis hier wie in der einstigen DDR, wo sie sich bezeichnenderweise »Faschos« nennen, belegen das. Das Faschismus-Label machte trotz und bei vielen wohl auch wegen der marxistischen Prägung bald im Westen Karriere. In den 68ern gehörten »faschistisch«, »faschistoid« und »Faschisierung« zu den beliebtesten Killerphrasen.

Wenn aber nicht »Faschismus«, welcher Begriff paßt dann auf Hitlers Herrschaft? Es bleibt nur die Eigenbezeichnung »Nationalsozialismus«. Daß sie von Hitler bewußt vernebelnd gewählt wurde, macht sie im wissenden Rückblick nicht unbrauchbar. In ihrer Sperrigkeit eignet sie sich zudem weniger zum Totschlagwort als die inflationär heruntergekommene Vokabel »Faschismus« und kann damit zur Versachlichung der zeitgeschichtlichen Debatte beitragen.

Lit.: Jerzy Borejsza: Schulen des Hasses. Faschistische Systeme in Europa, Frankfurt a.M. 1999 ■ Norbert Frei: Der Führerstaat. Nationalsozialistische Herrschaft 1933 bis 1945, 6., erweiterte und aktualisierte Auflage München 2001 ■ Eberhard Jäckel: Hitlers Herrschaft. Vollzug einer Weltanschauung, Stuttgart 1999

Novemberpogrom

»Reichskristallnacht« ist eine Nazi-Vokabel

»Verharmlosend«, »beschönigend« oder gar »zynisch« sind die »schmückenden« Beiwörter in Nachschlagewerken, Schul- und Geschichtsbüchern, wenn es den Begriff »Kristallnacht« oder »Reichskristallnacht« zu klassifizieren gilt. Oft wird unterstellt, die Vokabel sei Ausgeburt der Nazi-Propagandahäme. Das erstaunt denn doch: Zum einen benutzen wir auch sonst ohne Bedenken unverdünnten Propagandajargon, wenn wir etwa die Eigenbezeichnung »Nationalsozialismus« verwenden oder von »Rassengesetzen« sprechen. Wir wissen ja, was wir meinen. Andererseits ist überhaupt nicht ausgemacht, wer Urheber des inkriminierten Begriffs war.

Einig sind sich Lexika und Fachpublikationen, daß die Benennung zurückgeht auf das Meer von Scherben in der Nacht vom 9./10.11.1938, als der von der Partei angeleitete braune Mob Schaufenster jüdischer Geschäfte zerschlug, Wohnungen von Juden demolierte, Synagogen brandschatzte und ein Blutbad anrichtete. Da die meisten Scheiben aber kaum aus Kristall gewesen sein dürften, führt etwa das »Lexikon der deutschen Geschichte« (Stuttgart 1977) die Bezeichnung auf einen zerstörten Kronleuchter in einem Berliner Kaufhaus zurück. Das scheint denn doch allzu weit hergeholt zu sein. Richtiger liegt die »Enzyklopädie des Nationalsozialismus« (München 1997), die einräumt, die Herkunft des Wortes sei nicht geklärt.

Und sie wird auch kaum je definitiv zu klären sein, weil der Urheber anonym ist: Hier war mit an Sicherheit grenzender Wahrscheinlichkeit der Volksmund wortschöpferisch tätig, der auch den feuchtfröhlichen Chef der Deutschen Arbeitsfront Robert Ley zum »Reichstrunkenbold« oder die totenblasse Schauspielerin Kristina Söderbaum zur »Reichswasserleiche« ernannte. Ihm erschien das Glitzerglas der teuren Auslagen am Ku'damm oder auf der Kö als »Kristall«, und das Scheppern der Scheiben war in jener Nacht halt das dominierende Geräusch.

Der Zusatz »Reichs-« weist ebenfalls in diese Richtung, denn allen war schnell klar, daß die von der Propaganda als »spontane Volkswut« über die Ermordung des Pariser Legationssekretärs Ernst vom Rath durch Herschel Grynszpan ausgegebene Aktion ohne massive Hilfe von oben nie so flächendeckend hätte wüten können. Daß Hitler zu den Vorgängen schwieg und Göring sogar Empörung äußerte, konnte niemanden täuschen.

Im Stil der NS-Vorliebe für Großsprecherei (Reichsjägermeister, Reichsberufswettkampf u.a.) ortete man mit dem Begriff der »Reichskristallnacht« die Verantwortung bei den tatsächlich Verantwortlichen. Insofern ist die Bezeichnung eher Ausdruck des Abscheus, von dem die SD-Spitzel aus allen Gauen und sogar der Chefantisemit Streicher berichteten. Der britische Botschafter meldete am 16.11. nach London, er habe »nicht einen Deutschen getroffen, der nicht zumindest mißbilligt, was geschehen ist«.

In den Protokollen von NS-Besprechungen findet sich der Begriff denn auch nirgends, und noch beim Nürnberger Prozeß benutzte ihn keiner der Angeklagten. Da heißt es immer »Demonstrationen«, »Tumulte«, »Vorgänge«, »Übergriffe« oder »Judenaktion«. Nur Reichswirtschaftsminister Funk, ein erklärter Gegner des Vandalismus, sprach auf Vorhalt des Anklägers von »Glaswoche« (Vernehmung 6.5.1946), also eben nicht von »Kristall«, weil er natürlich aus anderer Perspektive urteilte als die einfachen Leute.

Nach dem Krieg setzten sich die Bezeichnungen »Kristallnacht« und »Reichskristallnacht« allgemein durch, und erst in den 1980er Jahren kam Mißbehagen daran auf. Natürlich verharmlosen die Begriffe. Wie denn auch nicht? Schon »Reichskristallnacht« war kühn. Heute kommt uns der Widerstand im Flüsterwitz oder wie hier in der Vokabel mit der Anti-NS-Spitze fast läppisch vor, weil wir die Angstglocke nicht mehr kennen, unter der sie entstand. Es sind Menschen schon wegen der Verballhornung des Grußes »Heil Hitler!« zu »Drei Liter!« ins KZ eingeliefert worden. Wenn also der Begriff »Reichskristallnacht« wenigstens ein bißchen von der Wahrheit und davon bewahrt, daß sie schon damals bekannt war, warum dann das Unbehagen?

Und warum der gänzlich ungeeignete Ersatz? Seit etwa 1988

sprechen auf politische Korrektheit bedachte Gedenker von »Pogromnacht« oder »Novemberpogrom«. Das russische Wort aber enthält gerade Elemente der Spontaneität, suggeriert, daß hinter dem Terror die kochende Volksseele steckte, wie es Drahtzieher Joseph Goebbels ja behauptete. »Pogrom«, wörtlich übersetzt »Unwetter« (zu »po« = auf, bei; »grom« = Gewitter), hat etwas von Naturereignis und anonymisiert die Verbrecher. So schlägt die gute Absicht der Umbenenner in Verschlimmbesserung um.

Lit.: Hans-Jürgen Döscher: »Reichskristallnacht«. Die Novemberpogrome 1938, 3. Auflage München 2000 ■ Wolf Gruner: Die NS-Judenverfolgung und die Kommunen, in: VfZ 1/2000 ■ Hermann Graml: Reichskristallnacht. Antisemitismus und Judenverfolgung im Dritten Reich, München 1988 ■ Dieter Obst: »Reichskristallnacht«, Frankfurt a. M. 1991

NSDAP [1]

Hitler war Parteigenosse Nr. 7

Anciennität spielte in einer Partei, die einen ausgeprägten Kult um die »Alten Kämpfer« entwickelte, eine besondere Rolle. Zu diesen gehörte jeder Parteigenosse (Pg) mit einer Mitgliedsnummer von unter 300 000, denn so viele Menschen waren schon vor der Machtergreifung (30. 1. 1933) der NSDAP beigetreten. Noch höhere Wertschätzung genossen die Pgs mit Nummern unter 100 000, die das Goldene Parteiabzeichen trugen, und fast schon zum nationalsozialistischen Olymp gehörten die Träger des Blutordens, den Hitler an die etwa 1500 Teilnehmer des Putsches von 1923 und an Pgs verliehen hatte, die während der »Kampfzeit« im Einsatz für die Partei verwundet oder inhaftiert worden waren. Hinter dieser Verklärung der Frühzeit stand die Bemühung der jungen Partei, eine Traditionspflege aufzubauen und ihren kometenhaften Aufstieg noch glänzender erscheinen zu lassen.

Es verstand sich von selbst, daß der »Führer« dieser Partei zu den Männern der allerersten Stunde gehören mußte, wenn er auch nicht der erste zu sein beanspruchte. Auch daran lag ihm, weil dann seine Rolle als Magier besser zur Geltung kam, der aus einem winzigen Münchener Debattierklub eine Millionenpartei gemacht hatte. Dieser Elefant sollte daher auch aus einer möglichst winzigen Mücke entstanden sein, weswegen Hitler in seinem Buch »Mein Kampf« ein wenig mit Zahlen jonglierte, die ihn sozusagen in den Gründerkreis einbezogen und andererseits das von ihm beim Eintritt als Partei Vorgefundene noch ein Stück minimierten. Der damalige Reichswehr-V-Mann, der die Deutsche Arbeiterpartei (DAP) beobachten sollte, nahm am 12.9.1919 an einer ihrer Versammlungen im »Leiberzimmer« des »Sterneckerbräus« teil, wo er insgesamt 46 Leute antraf. Provoziert von separatistischen Thesen eines Professors Baumann, ergriff Hitler das Wort und redete den Gegner in Grund und Boden.

Das beeindruckte den DAP-Mitbegründer Anton Drexler so, daß er dem schon im Weggehen begriffenen Hitler seine Broschüre »Mein politisches Erwachen« in die Hand drückte und ihn wenige Tage später zur Teilnahme an einer Ausschußsitzung der Partei schriftlich einlud. Dabei teilte er Hitler mit, er sei bereits in die DAP aufgenommen worden. Das sah der Umworbene zwar noch nicht, aber neugierig genug war er doch, um an der Sitzung teilzunehmen. Und hier setzte seine Legendenbildung durch möglichst drastische Schilderung des erbärmlichen Zustands der Partei ein:

»Der Gasthof, in dem die bewußte Sitzung stattfinden sollte, war ein sehr ärmliches Lokal, in das sich nur alle heiligen Zeiten jemand zu verirren schien ... Ich ging durch das schlecht beleuchtete Gastzimmer, in dem kein Mensch saß, suchte die Türe zum Nebenraum und hatte dann die ›Tagung‹ vor mir. Im Zwielicht einer demolierten Gaslampe saßen an einem Tisch vier junge Menschen, darunter auch der Verfasser der kleinen Broschüre, der mich sofort auf das freudigste begrüßte und als neues Mitglied der Deutschen Arbeiterpartei willkommen hieß.«

Weiter berichtet Hitler in »Mein Kampf«, daß die Kasse einen Bestand von 7 Mark und 50 Pfennig aufwies und daß drei Briefe eingegangen waren. Kurz: »Fürchterlich, fürchterlich. Das war ja eine Vereinsmeierei allerärgster Art und Weise. In diesen Klub also sollte ich eintreten?« Nach dem Gesagten wäre ein Nein die logische Antwort gewesen, doch nur vordergründig, denn es war zum einen absehbar, daß die Reichswehr bald keine Verwendung mehr für den einstigen Gefreiten haben würde, und zum anderen reizte Hitler gerade der verschnarchte Zirkel, weil er seinem Tatendrang Spielräume eröffnete. Dennoch stellte Hitler sein »Ringen« in den beiden folgenden Tagen dramatisch dar, ehe er der aufgenötigten Mitgliedschaft zustimmte und angeblich die Mitglieds-Nr. 7 erhielt.

Das gehörte zu seiner Legendenbildung, denn er war nur das siebente Mitglied des Arbeitsausschusses, in dem er die Rolle des Werbeobmanns übernahm. Sein Mitgliedsausweis für die Partei wies die Zahl 555 auf, was aber ebenfalls nicht stimmte. Weil man sich der eigenen Kleinheit schämte, hatte man mit der Zählung der Mitglieder einfach bei 501 begonnen. Hitler also war das 55. Mitglied. Der zweistellige Bereich aber genügte nicht für den obersten Nationalsozialisten, und 7 galt vielen als heilige Zahl. Mit Blick auf das angestrebte Dritte Reich eine erwünschte Konnotation.

Lit.: Ian Kershaw: Hitler, Band 1: 1889–1936, Stuttgart 1998 ▪ Werner Maser: Frühgeschichte der NSDAP. Hitlers Weg bis 1924, Frankfurt/Bonn 1965

Die deutsche Großindustrie finanzierte Hitlers Aufstieg

Hitler sei nichts als ein Agent des Großkapitals, Industrielle hätten ihm die Taschen voller Geld gesteckt und ihn losgeschickt, damit er für sie die Arbeiterbewegung zerschlage und sie in ihren Fabriken ein für allemal Ruhe hätten. So erklärten sich und ihren Zuhörern in der Weimarer Zeit Volksredner der Sozialdemokraten und Kommunisten den Aufstieg Hitlers und seiner NSDAP, und ähnliche Begründungen waren auch in der Nachkriegszeit noch lange zu hören.

Natürlich ging ohne Geld nichts, auch damals konnte man keine Parteiorganisation aufbauen und keine Wahlkämpfe führen, wenn nicht irgendwer das alles finanzierte. Aber es war nicht die »Industrie« allein, die Hitler Geld gab, schon gar nicht in der Frühzeit, als es darum ging, die Partei überhaupt bekannt zu machen. Und bis zuletzt entsprach das, was die Fabrikherren für Hitler locker machten, in seiner Höhe bei weitem nicht dem, was sie den etablierten bürgerlichen Parteien zukommen ließen.

In ihren Münchener Anfängen lebte die NSDAP von dem, was ihre Mitglieder selbst aufbrachten, und von heimlichen Zuwendungen aus schwarzen Kassen der Reichswehr, die – jedenfalls was ihre bayerischen Vertreter betraf – gerne rechtsradikalen Verbänden unter die Arme griff. Dazu kamen gelegentliche Spenden aus bayerischen und sächsischen Akademiker-, Kaufmanns- und Fabrikantenkreisen. 1921 fand Hitler Zutritt zu den Salons der besseren Münchener Gesellschaft. Damen wie Helene Bechstein, Elsa Bruckmann oder Gertrud von Seidlitz wetteiferten darin, ihm ihren Schmuck zu verpfänden oder die Konten ihrer Gatten für ihn zu plündern. Mit dem Geld der »in ihn verschossenen Weiber« (so die sozialdemokratische Presse) sowie mit Mitteln, die aus dem Kunsthandelshaus Hanfstaengl kamen, mit einiger Hilfe aus der Schweiz und schließlich mit einer 100 000-Mark-Spende des Industriellen Thyssen konnte Hitler den Putsch vom November 1923 finanzieren. Nach dessen Scheitern war erst einmal Schluß mit dem üppigen Leben. Die alten Spender, die etwas für die »nationale Sache« hatten tun wollen, wandten sich ab. Wieder mußte auf Selbstfinanzierung zurückgegriffen werden. Die SA verlegte sich auf die Herstellung eigener Erbswurstkonserven und Zigaretten, um ihre Mitglieder zu verpflegen und zu betreuen.

Hitler versuchte, an die Großindustrie heranzukommen, doch da gab es erhebliche Vorbehalte. Es war das Wort »sozialistisch« im Parteinamen, das sie abstieß. Immerhin gelang es dem Agitator, 1927 die Bekanntschaft Emil Kirdorfs von der Gelsenkirchener Bergwerks-AG zu machen. Der spendete zwar selbst so gut wie nichts, aber er verstand es, andere zum Spenden zu veranlassen, und, was nicht zu unterschätzen war, er beriet Hitler in Fragen des – modern gesagt – »fund-raising« und der Präsentation der Partei in der Wirtschaftswelt. Aber noch 1928 diskutierte man in der »Ruhrlade«, einem von Gustav Krupp von Bohlen und Halbach gegründeten Ausspracheforum, über Unterstützung für alle möglichen Parteien von den Deutschnationalen bis hin zur Sozialdemokratie, allenfalls am Rande aber über die NSDAP. Allein der ebenfalls zum Kreis gehörende Stahlmagnat August Thyssen gab sich als Förderer der Nationalsozialisten zu erkennen.

Erst der Wahlerfolg der NSDAP bei den Reichstagswahlen 1930 machte die Partei wirklich spendenfähig. Nicht nur ihre Basis verbreiterte sich, sie hatte viele Bauern und manchen Arbeiter dazugewonnen, auch die Industrie stieg nun ein. Doch es waren immer noch nur einzelne Firmen oder Personen, die Hitler unterstützten: Friedrich Flick, die I. G. Farben und die im Kreis um den Ingenieur Wilhelm Keppler zusammengeschlossenen Wirtschaftssachverständigen. Bedeutender wahrscheinlich, wenn auch in der Höhe nicht zu belegen, dürften die Gelder gewesen sein, die aus dem gewerblichen

Mittelstand, von Hoteliers, Fabrikanten, von Verbänden und von nord- und westdeutschen Grundbesitzern flossen, allerdings immer noch längst nicht in ausreichendem Maße. Um die Jahreswende 1932/33 war die Partei abermals finanziell in der Klemme. Da öffnete sich auf einer Geheimkonferenz im Hause des Bankiers Schröder in Berlin (4.1.1933) endlich die Tür zum ganz großen Geld.

Und nach der »Machtergreifung« konnte Hitlers Paladin Göring dann die Spitzen von Industrie- und Bankwelt für den 20.2.1933 »ergebenst« zu einer Besprechung im Reichstagspräsidentenpalais einladen. Die Angesprochenen wußten, was sie sich schuldig waren: Als erster gab Krupp von Bohlen und Halbach eine Spendenzusage über eine Million Mark ab. Die übrigen Herren legten zwei weitere Millionen drauf. Mit der »Adolf-Hitler-Spende«, einer im Frühjahr 1933 von den Spitzenverbänden der deutschen Wirtschaft »als Ausdruck des Danks an den Führer« beschlossenen »freiwilligen« Zuwendung an die NSDAP, bekam dann die Förderung System.

Initiator und Verwalter dieses Fonds war »Stabsleiter« Martin Bormann, der sein organisatorisches Geschick auch schon früher bei der Schaffung einer Zwangsversicherung für alle Parteigenossen (»für Unfälle in der Parteiarbeit«) unter Beweis gestellt hatte. Bormann war es auch, der bald nach der Vereinigung der Ämter des Regierungschefs und des Reichspräsidenten in Hitlers Hand (August 1934) unter Berufung auf das »Recht am eigenen Bild« dem Führer eine nie mehr versiegende Geldquelle erschloß. Dessen Konterfei hing ja nicht nur in allen Amtsstuben, sondern es prangte auch millionenfach auf den Briefmarken des Deutschen Reiches. Die mit diesem Trick erzielten Einnahmen sollen nach einer Aussage von Albert Speer in einem Jahr 50 Millionen RM überschritten haben.

Fazit: Nicht den Aufstieg Hitlers und seiner NSDAP finanzierte die Wirtschaft, sie diente sich vielmehr erst den Aufgestiegenen eilfertig an. Vorher hielt sie sich vornehm zurück, selbst die »Sozis« erhielten mehr Spenden als die »vulgären Nazis«. Die lebten vornehmlich von der Basis, weswegen Thyssens Memoiren bereits vom Titel her irreführend sind: »I paid Hitler« (1940).

Lit.: Werner Maser: Frühgeschichte der NSDAP. Hitlers Weg bis 1924, Frankfurt/Bonn 1965 ■ Thomas Trumpp: Zur Finanzierung der NSDAP durch die deutsche Großindustrie. Versuch einer Bilanz, in: Karl Dietrich Bracher u. a. (Hrsg.): Nationalsozialistische Diktatur 1933–1945, Bonn 1986

Nürnberger Prozesse

Die Aburteilung der NS-Größen war Siegerjustiz und mithin selbst Unrecht

Der britische Premier Churchill wünschte sich ursprünglich eine Ächtung der deutschen Kriegsverbrecher und Schreibtischtäter, deren Namen aufgelistet und an die vorrückenden alliierten Truppen gegeben werden sollten. Das wäre auf Lynchjustiz hinausgelaufen. Stalin verlangte noch 1943 auf der Konferenz mit seinen beiden großen Alliierten in Teheran die verfahrenslose oder allenfalls standrechtliche summarische Erschießung von 50 000 deutschen Offizieren als Sühne. So verständlich derartige Rachephantasien waren, so bedenklich wäre die Beantwortung von Unrecht durch Unrecht gewesen. Erstaunlicherweise aber wären solche wahllosen Blutbäder nach dem lateinischen Motto »vae victis! – Wehe den Besiegten!« in der Öffentlichkeit wohl eher auf Verständnis gestoßen als die dann gewählte juristische Aburteilung. Der Sieger, so die brutale Logik, darf alles, nur nicht in die Robe des angeblich gerechten Richters schlüpfen und schon gar nicht dann, wenn er sich nicht mit denselben Maßstäben messen läßt.

Die Nürnberger Prozesse, benannt nach dem Sitz des von den vier Alliierten paritätisch besetzten Internationalen Militärgerichtshofs, gelten vielen bis heute als »Siegerjustiz« und damit als rechtsförmiges Unrecht. Argumentiert wird dabei meistens mit dem Prozeß gegen die Hauptkriegsverbrecher 1945/46, dem in Nürnberg noch zwölf weitere Verfahren gegen Repräsentanten der deutschen Wirtschaft, gegen Ärzte, Diplomaten, Juristen, Generäle und andere Tätergruppen oder Einzeltäter folgten. Das zentrale Verfahren wurde gegen Göring und 23 weitere politische und militärische Führer sowie sechs Organisationen geführt; Anklagepunkte: Verbrechen gegen den Frieden (Planung und Führung eines Angriffskriegs), Kriegsverbrechen, Verbrechen gegen die Menschlichkeit und Mitgliedschaft in verbrecherischen Organisationen.

Am 6.10.1945 wurde Anklage erhoben, am 20.11.1945 begann der Prozeß, und am 1.10.1946 ergingen die Urteile: Zwölfmal Todesstrafe, dreimal lebenslänglich und vier zeitige Haftstrafen, drei Freisprüche. Außer Göring (Giftselbstmord) und Bormann (verschollen) wurden alle zum Tod verurteilten Täter am 16.10.1946 hingerichtet. In den übrigen Nürnberger Prozessen wurde gegen 185 Personen Anklage erhoben und gegen 177 seit 9.12.1946 verhandelt, letztes Urteil am 11.4.1949: Insgesamt wurden 24 Todesurteile, 20 lebenslängliche und 98 zeitige Haftstrafen verhängt; es ergingen 35 Freisprüche. Zahlreiche Strafen wurden durch Gnadenerlaß des US-Hochkommissars am 31.1.1951 herabgesetzt, bis 1958 waren bis auf sieben alle Inhaftierten amnestiert.

Im wesentlichen stützt sich die Kritik an den Verfahren vor den alliierten Richtern auf die folgenden Punkte:

- Selbsternannte Zuständigkeit des Gerichts und Teilnahme von Richtern, die an der Aufstellung der Gerichtsstatuten mitgewirkt hatten.
- Nichtzulassung deutscher Juristen zum Richterkollegium, sondern nur zur Verteidigung.
- Einführung rückwirkender Straftatbestände, was das Prinzip verletze: »nulla poena sine lege – keine Strafe ohne

Gesetz« , also keine Ahndung von Taten, die zur Tatzeit noch nicht als Straftaten galten; wichtigstes Beispiel: Verbrechen gegen den Frieden.

• Ausklammerung alliierter Kriegsverbrechen wie der Mord an den polnischen Offizieren in Katyn oder Massentötungen Unschuldiger im Luftkrieg (Stichwörter: Dresden, Hiroshima u.a.)

• Mangelnde »Waffengleichheit« zwischen der hastig zusammengestellten Verteidigung und der bestens ausgestatteten und vorbereiteten Anklage.

Der Reihenfolge nach: Wer außer den Siegern hätte zu Gericht sitzen sollen? Und: Kann irgend jemand daraus einen Nachteil für die Angeklagten konstruieren, die allesamt von jeder Justiz der Welt für ihre Verbrechen verurteilt worden, ja, von denen viele in vielen Ländern erheblich schlechter weggekommen wären? Womit man gleich beim zweiten Punkt ist, nämlich der Unmöglichkeit, unbelastete deutsche Richter für die Prozesse zu finden. Die Juristen, die zur Verfügung standen, hatten im Hitler-Staat zur Genüge bewiesen, daß sie zu jeder Rechtsbeugung fähig waren und in ihrer Gnadenlosigkeit eher auf die Anklage- als auf die Richterbank gehört hätten. Nach dem Unrechtsregime und dem Zusammenbruch des gesamten deutschen Staats- und Justizapparats stellte eine Aburteilung durch deutsche Instanzen auf mittlere Sicht keine Alternative dar. Und selbst wenn man unbelastete deutsche Richter gefunden hätte, wären sie doch nie den Ruch willfähriger Marionetten der Sieger losgeworden. Ein Abwarten als letzte Möglichkeit aber konnte schon wegen der Ungeheuerlichkeit der Straftaten nicht in Frage kommen.

Damit gerät der dritte Punkt in den Blick, der gewöhnlich am heißesten diskutiert wird: Im nationalen Recht gab es natürlich zu keiner Zeit einen Straftatbestand »Verbrechen gegen den Frieden«, völkerrechtlich sieht die Sache allerdings erheblich anders aus. Und darum ging es den Siegern bei der besonderen Betonung dieses Anklagepunkts, da der Krieg ja gerade das Klima und den Boden für die Verbrechen geschaffen hatte, die eben nicht bloße Morde, sondern Menschheitsverbrechen und Völkermord waren. Zwar war Deutschland nach Hitlers Machtübernahme aus dem Völkerbund ausgetreten und fühlte sich an dessen Satzung nicht gebunden, doch gab es noch andere internationale Verträge, nach denen die Entfesselung des Krieges 1939 genau das war, was der Anklagepunkt formulierte, ein Verbrechen gegen den Frieden. Auch Deutschland hatte sich durch Beitritt zum Briand-Kellogg-Pakt vom 27.8.1928 der Kriegsächtung verschrieben, und sogar Hitler selbst hatte das feierlich bestätigt, als er im Nichtangriffspakt mit Polen vom 26.1.1934 auch den Satz unterschrieb: »Beide Regierungen ... sind ... entschlossen, ihre gegenseitigen Beziehungen auf die im Pakt von Paris vom 27. August 1928 enthaltenen Grundsätze zu stützen ...«

Er hatte freilich mangels Präzedenzfall nicht damit rechnen können, daß es einmal jemanden geben könnte, der ihn und seine Komplizen dafür zur Verantwortung ziehen würde. Wer aber sagt, daß nur nationales Recht und nicht auch das Völkerrecht fortentwickelt wird? Genau das nämlich geschah durch die buchstäbliche Auslegung des genannten Vertrags, den außer Deutschland bis 1939 immerhin weitere 62 Staaten, also fast alle damals bestehenden, ratifiziert hatten. Von rückwirkender Strafbarkeit kann daher auch beim Punkt »Verbrechen gegen die Menschlichkeit« nicht die Rede sein, denn es war gängige Praxis, entsprechende Untaten in den Ländern zu bestrafen, wo sie begangen worden waren. Da die Nürnberger Angeklagten für Straftaten in zahlreichen Ländern zu belangen waren, kam nur ein internationales Tribunal in Betracht. In ihrem Fall war die Wiederherstellung des Rechtsfriedens, Sinn jeder Strafe, zudem Voraussetzung für die Wiederherstellung des Friedens zwischen den Völkern überhaupt.

Zur Ausklammerung der alliierten Kriegsverbrechen ist alles nötige unter dem Stichwort *Alliierte* zu finden. Bleibt der Vorwurf der Benachteiligung der Verteidigung. Das mag, da nach angelsächsischem Recht verhandelt wurde und wegen der geringeren Ressourcen, bis zu einem gewissen Grad zutreffen. Die Lektüre der 22bändigen Vernehmungsprotokolle, in einem Reprint sowie in allen größeren Bibliotheken zugänglich, lehrt jedoch, daß die Angeklagten und ihre Verteidiger in den 218 Verhandlungstagen unbegrenzte Möglichkeiten hatten, Einwände geltend zu machen, ihre Version in aller Deutlichkeit darzulegen und Zeugen der Anklage zu verunsichern. Von Unfairneß keine Spur.

Zum Abschluß nochmals die Frage, die sich auch Sir Hartley Shawcross, dem britischen Hauptankläger, nach zwei Jahrzehnten stellte: »War Nürnberg Siegerjustiz?« Ohne zu zögern kam die Antwort: »Zweifellos, das war es.« Aber darum Unrecht? Dazu stellte der weise Jurist unmißverständlich fest: »Das Nürnberger Urteil hat Bestand als eine klare Entscheidung des Völkerrechts, die sich die Vereinten Nationen voll zu eigen gemacht haben. Wenn die Menschheit überleben soll, müssen die Prinzipien von Nürnberg am Ende den Sieg davontragen.« Gut ein halbes Jahrhundert nach Nürnberg scheint sich die Erkenntnis allmählich durchzusetzen.

Lit.: Joe Heydecker / Johannes Leeb: Der Nürnberger Prozeß. Bilanz der tausend Jahre, 5. Auflage München 1995 ▪ Peter Steinbach: Nationalsozialistische Gewaltverbrechen. Die Diskussion in der deutschen Öffentlichkeit nach 1945, Berlin 1981 ▪ Gerd H. Ueberschär (Hrsg.): Der Nationalsozialismus vor Gericht. Die alliierten Prozesse gegen Kriegsverbrecher und Soldaten 1943–1952, Frankfurt a. M. 1999

Die Juden streben die Weltherrschaft an

Ein für die These von der »jüdischen Weltverschwörung« zentrales Dokument entlarvte die britische »Times« im August 1921 als Fälschung. Die Zeitung wies nach, daß die unter dem Titel »Protokolle der Weisen von Zion« verbreiteten angeblichen jüdischen Pläne zur Eroberung der Weltherrschaft unter einem »König von Zion« in großen Teilen aus einer zu völlig anderen Zwecken gefertigten Streitschrift abgeschrieben sind. Hitler ließ sich davon nicht beirren, ja, er sah gerade in der Entlarvung den entscheidenden Beleg für die Echtheit; der Mechanismus der Realitätsverleugnung funktionierte bei ihm wie bei allen vorurteilshaften Menschen, die um so hartnäckiger an ihren Irrtümern festhalten, je erdrückender die Beweise für das Gegenteil werden. So sah es Hitler als besondere Perfidie »des Juden« an, daß er nicht auf den ersten Blick (übrigens auch nicht auf den zweiten, ja nicht einmal unter dem Mikroskop) als solcher zu erkennen sei, sondern sich seinem »Wirtsvolk« derart angepaßt habe, daß er seiner »Blutsabotage« nahezu unbemerkt nachgehen könne.

Was die »Times« als Merkmale der Fälschung ausgemacht hatte, war für die Antisemiten daher nur der Beweis dafür, wie geschickt sich die Juden zu maskieren verstehen. Und es kümmerte sie auch nicht, daß die Geschichte, wie die Fälschung zustande gekommen war, allen Echtheitsvermutungen den Boden entzog: Der französische Anwalt und Publizist Maurice Joly (1829–1878) veröffentlichte 1864 in Brüssel ein Pamphlet mit dem Titel »Dialog zwischen Montesquieu und Machiavelli in der Hölle«. Darin tritt der französische Philosoph als Verteidiger der Errungenschaften der Französischen Revolution auf, also von »Freiheit, Gleichheit, Brüderlichkeit« oder von Liberalismus und Humanismus, während sein italienischer Gegenspieler als Anwalt der

Staatsräson argumentiert, die weder auf Recht noch Moral Rücksicht nehmen dürfe, wenn es um politische Interessen gehe. Diese zynische Position sollte das hemmungslose Machtstreben des französischen Kaisers Napoleon III. geißeln, der den Bonapartismus zur Rechtfertigung von Aggressionen und Rechtsbrüchen aller Art mißbrauche. Machiavelli hält bei Joly dem Gegner vor: »Ihr Fehler ist, daß Sie das Volk achten. Sie haben keine Ahnung, wie dumm es ist.«

Wir wissen nicht, ob Joly ein anderthalb Jahrzehnte zuvor in Berlin erschienenes Buch mit nur einem Akteur mehr kannte: »Machiavelli, Montesquieu, Rousseau« von einem gewissen Jacob Venedy. Doch hier könnte es eine Brücke zu der in Rede stehenden Fälschung geben, denn Venedy war Jude. Wie dem auch sei, der Weg von Joly zu den »Protokollen« führte über Deutschland. Dort ließ Hermann Goedsche, ein Verehrer Bismarcks wie Napoleons, 1868 seinen Roman »Biarritz« erscheinen, der im Kapitel »Auf dem jüdischen Friedhof in Prag« Thesen bietet, wie sie bei Joly Machiavelli vertritt, nur noch stärker überzeichnet. Und: Goedsche, späteres Pseudonym Sir John Retcliffe, legt sie Vertretern der zwölf jüdischen Stämme in den Mund, die über den Stand ihres Planes beraten, die Herrschaft über die Welt zu erlangen. Goedsches Phantastereien griff die Pariser Filiale der russischen Geheimpolizei Ochrana 1894 auf zwecks Fundierung der antisemitischen Kampagne in der Affäre um den angeblichen jüdischen Spion Dreyfus und der antisemitischen Politik des Zaren.

In rascher Folge erschienen danach in Rußland weitere Versionen, und es entwickelte sich allmählich ein geraffter Standardtext. Ihn brachten russische Flüchtlinge nach der Oktoberrevolution in den Westen, wo er in alle Kultursprachen übersetzt wurde, ins Deutsche 1919 durch Gottfried zur Beek (alias Ludwig Müller). Dazu schrieb der spätere NS-Ideologe Alfred Rosenberg mehrere Kommentare, Hitler zitierte Passagen daraus in »Mein Kampf«, und im antisemitischen

Hetzblatt »Der Stürmer« von Julius Streicher gehörte der warnende Hinweis auf die »Protokolle« zum Standardrepertoire. Bis zum Zusammenbruch des NS-Regimes erlebten die »Protokolle« zahlreiche Auflagen und dienten als Rechtfertigung für Ächtung, Entrechtung und schließlich Ermordung der Juden im deutschen Machtbereich. Nach dem Krieg blieben sie weiterhin bei Antisemiten, nun vor allem arabischer und neonazistischer Provenienz, in Gebrauch.
Daß der Fälschungscharakter mehrmals gerichtlich festgestellt worden ist und daß ein Richter in Bern in seinem Urteil 1935 von einem »lächerlichen Unsinn« sprach, konnte dem Vorurteil bei den Judenfeinden nichts anhaben. Doch auch diejenigen, die sich über die Fälschung im klaren waren, inspirierten die grotesken Unterstellungen nicht selten zu anders gewendeten Legendenbildungen. So nannte Rudolf Steiner, der Begründer der Anthroposophie, die »Protokolle« einmal »jesuitische Falsifikate« und setzte damit auf eine Verschwörungstheorie anderthalbe.

Lit.: Claus-Ekkehard Bärsch: Die politische Religion des Nationalsozialismus. Die religiöse Dimension der NS-Ideologie in den Schriften von Dietrich Eckart, Joseph Goebbels, Alfred Rosenberg und Adolf Hitler, München 1998 ▪ Norman Cohn: »Die Protokolle der Weisen von Zion«. Der Mythos der jüdischen Weltverschwörung, Zürich 1998 ▪ Jeffrey L. Sammons (Hrsg.): Die Protokolle der Weisen von Zion. Die Grundlage des modernen Antisemitismus: eine Fälschung, Göttingen 1998

Rasse

→ *Antisemitismus [1]*, → *Judenvernichtung [3]*

Ohne Hitler keine Autobahnen

Bis Kriegsbeginn 1939 entstanden in Deutschland gut 3000 Kilometer Autobahnen, im Krieg (bis 1941) wuchsen sie noch einmal um 832. Eine bemerkenswerte Leistung, aber keineswegs eine, die auf Hitler allein zurückzuführen ist, wie die NS-Propaganda nicht müde wurde zu behaupten. »Granit und Herz. Die Straßen Adolf Hitlers – ein Dombau unserer Zeit« hieß zum Beispiel eine einschlägige Veröffentlichung aus dem Jahr 1940. Es spricht aber vieles dafür, daß die Autobahnen wohl auch bei anderer politischer Entwicklung vielleicht nicht so rasch, dafür aber ohne Krieg um so umfassender gekommen wären. Ein Anhaltspunkt dafür ist, daß die Planungen weit vor die Machtübernahme durch die NSDAP zurückreichen.

Erste »Nurautostraße« oder »Kraftfahrtbahn« – so zunächst die Bezeichnung für die kreuzungsfrei konzipierten Straßen – war die 1921 fertiggestellte 8,9 Kilometer lange AVUS bei Berlin, benannt nach den Anfangsbuchstaben der seit 1912 tätigen Firma Automobil-Verkehrs- und Uebungs-Straßen GmbH; 1932 wurde dann die 20 Kilometer lange »Kraftwagenstraße« von Köln nach Bonn freigegeben. Die in den 1920er Jahren wachsende Motorisierung schuf Bedarf an Fernverkehrswegen, die »große Geschwindigkeit bei erhöhter Sicherheit« bieten sollten. Zunächst kümmerten sich darum halbprivate Initiativen wie die 1924 gegründete Studiengesellschaft für Automobilstraßenbau (STUFA) oder der 1926 ins Leben gerufene Verein zur Vorbereitung der Autostraße Hamburg–Frankfurt–Basel (HAFRABA), der mit dem Abschnitt Frankfurt–Mannheim–Heidelberg beginnen wollte.

Hitler verstaatlichte die gesamte Planung, die schon relativ weit gediehen war, mit Gesetz vom 27.6.1933 über die Errichtung eines Unternehmens Reichsautobahn (RAB) unter dem Reichsbahnchef und späteren Verkehrsminister Julius

Dorpmüller und berief den Ingenieur Fritz Todt zum »Generalinspektor für das deutsche Straßenwesen«; die HAFRABA firmierte künftig als Gesellschaft zur Vorbereitung der Reichsautobahnen (GEZUVOR), die ein Gesamtnetz von 6900 Kilometern in Planung nahm. Schon am 23.9.1933 tat Hitler in Frankfurt den ersten Spatenstich für das Teilstück nach Darmstadt, das am 19.5.1935 freigegeben wurde. Die Maße betrugen in der Regel 24 Meter Kronenbreite, aufgeteilt in je zwei Fahrspuren von 7,50 Meter, die durch einen 5 Meter breiten Mittelstreifen getrennt waren und an beiden Seiten 2 Meter breite Randstreifen aufwiesen. Die Straßendecke bestand aus 20 Zentimeter starkem Stampfbeton.

Wenn bis zu einem gewissen Grad doch von »Straßen des Führers« zu sprechen war, dann wegen der Möglichkeiten des totalitären Staates, ohne »kleinliche Rücksichten« auf Kontrollen oder private Besitzrechte zu planen, und vor allem wegen der ästhetischen Vorgaben, die ganz dem NS-Monumentalismus entsprachen. Die RAB sollten sich »harmonisch schwingend« oder in »kühnen Kurven« in die Landschaft einpassen und so ein gigantisches Gesamtkunstwerk ergeben. Todt sprach ganz im Sinn Hitlers, als er 1934 erklärte: »Die Erfüllung des reinen Verkehrszweckes ist nicht der Sinn des deutschen Straßenbaus. Die deutsche Straße muß Ausdruck ihrer Landschaft und deutschen Wesens sein.« Besonders Brücken sollten als massige Kunstwerke zu »Sinnbildern der Ewigkeit« werden, weswegen meist behauener Naturstein Verwendung fand.

Militärische Erwägungen mögen bei den Planungen eine Rolle gespielt haben, offiziell aber hatte die Wehrmacht keinen Einfluß darauf, auch wenn sie die Betonstraßen später gern für ihre motorisierten Verbände bei Verlegungen innerhalb des Reichsgebiets nutzte. Fast aber bereute Hitler später den Umfang des Projekts, weil es doch allerhand Mittel aufsog, die dann für direkte Rüstungsmaßnahmen fehlten. Der Prestigegewinn im In- und Ausland aber bewog ihn zur

Fortführung. Das bescherte ihm über den Zusammenbruch seines Reiches hinaus einen gewissen Nimbus, da die zwar teilweise zerstörten, im Gros aber sogleich weiter nutzbaren Verkehrsbänder weltweit einmalig waren. NS-Nostalgiker seufzten daher später noch lange: »Aber die Autobahnen hat er gebaut …«

Lit.: Erhard Schulz / Eckart Gruber: Mythos Reichsautobahn. Bau und Inszenierung der »Straßen des Führers« 1933–1941, Berlin 1996 ▪ Rainer Stommer (Hrsg.): Reichsautobahn. Pyramiden des Dritten Reiches. Analysen zur Ästhetik eines unbewältigten Mythos, Marburg 1995

Reichskristallnacht

→ *Novemberpogrom*

Reichstagsbrand [1]

Die Kommunisten haben das Parlamentsgebäude angezündet

Am 27.2.1933 abends gegen 21.20 Uhr schlugen Flammen aus dem Berliner Reichstagsgebäude, das kurze Zeit später nur noch eine rauchende Ruine war. Im Hohen Haus wurde schon um 21.27 Uhr ein verwirrt wirkender holländischer Anarchist gestellt, der 24jährige Maurergeselle Marinus van der Lubbe, der angab, er habe mit diesem Feuer ein Zeichen für die deutschen Genossen setzen wollen, sich zum Kampf gegen die Herrschaft Hitlers aufzuraffen. Drei Versuche in den Tagen zuvor (Rathaus, Berliner Schloß, Neuköllner Wohlfahrtsamt) seien zu früh entdeckt und gelöscht worden. Als Brandbeschleuniger habe er Kohleanzünder verwendet. Durch Entzünden der riesigen Vorhänge im Plenarsaal war es dann offenbar zum Bersten der Glaskuppel darüber gekommen, was einen ungeheuren Schloteffekt auslöste.

Der erst seit vier Wochen amtierende Reichskanzler Hitler traf wenige Minuten nach Bekanntwerden der Brandnachricht am Tatort ein. Er erfaßte nach einer Schrecksekunde rasch, welche Chance ihm sich hier bot, und gab, noch ohne Kenntnis des Lubbe-Geständnisses, mit der Parole »Das war die Kommune!« die fortan gültige offizielle Marschroute an. Nach bereits von den Vorgängerregierungen vorbereiteten Listen ließ der preußische Ministerpräsident Göring noch in derselben Nacht 4000 Kommunisten verhaften. Und am nächsten Tag erwirkte Hitler beim Reichspräsidenten die Notverordnung »zum Schutz von Volk und Staat«, die wesentliche Grundrechte außer Kraft setzte.

In der Hakenkreuz-Ära nie wieder aufgehoben, wurde die Verordnung zur schärfsten Waffe Hitlers bei der Ausschaltung von Gegnern zunächst bei der für den 5.3.1933 angesetzten Reichstagswahl, dann am 23.3.1933 zum Durchdrücken des Ermächtigungsgesetzes und damit zur Liquidierung der Republik und zur Vollendung seiner persönlichen Diktatur im Verlauf des Jahres 1933/34. Gestützt auf diese rasch wachsende Macht, bereitete die Regierung Hitler einen Schauprozeß gegen van der Lubbe und angebliche kommunistische Drahtzieher des Anschlags auf den Reichstag vor. KPD-Fraktionschef Torgler, der als letzter vor Ausbruch des Feuers das Parlament verlassen hatte, wurde ebenso verhaftet wie drei bulgarische Komintern-Leute, darunter deren Chef Dimitrow, die sich zur Zeit der Tat in Deutschland aufhielten. Die Justiz in Gestalt des Leipziger Reichsgerichts unter Senatspräsident Wilhelm Bünger stand im Vorfeld des Prozesses und während der vom 21.9. bis zum 23.12.1933 andauernden Verhandlungen unter erheblichem politischen Druck.

Vor allem der Zeuge Göring, als Reichstagspräsident die Zentralfigur, unternahm massive Einschüchterungsversuche. Dabei ging es ihm weniger um die ohnedies sichere Verurteilung des geständigen van der Lubbe als vielmehr um den Beweis einer kommunistischen Verschwörung. Trotz seiner

Machtfülle und seines polternden Auftretens geriet er jedoch durch geschickte Fragen des Mitangeklagten Dimitrow ein um das andere Mal in schwere Verlegenheit und schließlich so in die Defensive, daß dem Gericht nur der Freispruch mangels Beweises für die drei angeblichen kommunistischen Mittäter blieb. Die Alleintäterschaft, auf der van der Lubbe trotz allen Drucks und vermutlich auch vieler Mißhandlungen unbeirrt bestanden hatte, war nicht zu erschüttern. Das Gericht äußerte in seinem Spruch allerdings weiterhin Zweifel daran wegen des Riesenbrands, den ein einzelner nach Meinung der Richter kaum zu entfachen vermocht hätte, und wegen der Persönlichkeit des Angeklagten, der auch im Prozeß einen retardierten Eindruck machte.
Van der Lubbe wurde dennoch nach einem am 29.3.1933 rückwirkend, also rechtswidrig erlassenen Gesetz (»Lex van der Lubbe«) zum Tod verurteilt und am 10.1.1934 geköpft. Das konnte die Wut der NS-Führung über das »Fehlurteil« und die damit verbundene Blamage nicht dämpfen: Dem Reichsgericht wurde die Zuständigkeit in Hoch- und Landesverratssachen entzogen und dem neugeschaffenen Volksgerichtshof übertragen, der zum reinen Terrorinstrument und unter seinem späteren Präsidenten Freisler zum Inbegriff der NS-Blutjustiz werden sollte. Hitlers Empörung über den Freispruch für die Kommunisten steigerte noch die Tatsache, daß das Urteil den schon gleich nach der Tat ins Kraut schießenden Gerüchten Nahrung gab, ein SA-Brandkommando habe van der Lubbe direkt oder durch Präparierung des Gebäudes geholfen *(Reichstagsbrand [2])*. Einen Hinweis darauf, daß Hitler subjektiv von einer freilich nie bewiesenen kommunistischen Täterschaft überzeugt war oder sie doch bis zuletzt als hochwahrscheinlich annahm, liefert das 1987 herausgegebene Tagebuch seines Chefpropagandisten Goebbels. Dort heißt es unter dem 9.4.1941:
»Wir erzählen über Attentat Bürgerbräu. Hintermänner immer noch nicht gefunden. Attentäter schweigt unentwegt.

Führer meint, Otto Strasser. Bei Reichstagsbrand tippt er auf Torgler als Urheber. Halte das für ausgeschlossen. Dazu ist er viel zu bürgerlich. Für unsere Polizei und Justiz hat der Führer keine freundliche Anerkennung.«

Lit.: Uwe Backes u.a. (Hrsg.): Reichstagsbrand. Aufklärung einer historischen Legende, München/Zürich 1986 ▪ Alexander Bahar / Wilfried Kugel: Der Reichstagsbrand. Wie Geschichte gemacht wird, Berlin 2000 ▪ Ulrich von Hehl: Die Kontroverse um den Reichstagsbrand, in: VfZ 2/1988

Reichstagsbrand [2]

Die Nazis haben das Parlamentsgebäude angezündet

Wem etwas so massiv nützt wie der Reichstagsbrand vom 27.2.1933 der Regierung Hitler und damit der NSDAP, der gerät nach dem Motto »cui bono?« (wem zum Vorteil?) schnell in Verdacht, Urheber oder doch Drahtzieher der Brandstiftung zu sein. So wie Hitler sofort »die Kommune« für das »Fanal« zu einem angeblich geplanten Aufstand verantwortlich machte, so stand für die Gegner des neuen Regierungschefs im In- und Ausland ohne viele Recherchen sogleich fest, daß nur dessen Leute die »Quasselbude« abgefackelt hatten, ein gängiges Schimpfwort der Rechten für das Parlament. Die umgehende Aushebelung der Weimarer Verfassung, das Mundtotmachen der politischen Gegner, die Zerschlagung von Gewerkschaften und Parteien, die Gleichschaltung der Länder und Verbände, die Errichtung der ersten Konzentrationslager, die Ausschreitungen gegen jüdische Bürger und, und, und – all das war erst möglich geworden durch die »Verordnung des Reichspräsidenten zum Schutz von Volk und Staat«, die als Reaktion auf den Brand tags darauf erlassen worden war.
Noch vor Beginn des Prozesses gegen »Van der Lubbe und Genossen« erschien daher im August 1933 ein »Braunbuch«.

Darin versuchte ein »Welthilfskomitee für die Opfer des deutschen Faschismus« unter Federführung des kommunistischen Verlegers Willi Münzenberg zu beweisen, daß die Nazis die Lunte an das Reichstagsgebäude und damit an den demokratischen Rechtsstaat gelegt hatten. Obschon bald offenkundig war, daß die Verfasser nicht vor der Fälschung von Dokumenten zurückgeschreckt waren, fand die These angesichts der immer bedrückenderen Zustände in Deutschland breite Zustimmung und wurde sogar während des vom 21.9. bis zum 23.12.1933 andauernden Reichstagsbrandprozesses vor dem Leipziger Reichsgericht vorgetragen. Obwohl dieses die von seiten der NS-Führung gewünschte Mitschuld der angeklagten Kommunisten an der Tat des holländischen Anarchisten Marinus van der Lubbe nicht zu belegen vermochte, wies es auch die Gegenthese von der braunen Täter- oder doch Mittäterschaft zurück. Die Nationalsozialisten, so die Richter, seien »einer solchen verbrecherischen Gesinnung« nicht fähig.

Nur wenig später und schon gar nach 1945 häuften sich die grauenhaftesten Beweise dafür, daß diese angeblichen Ehrenmänner zu Verbrechen fähig waren, gegen die sich die Brandstiftung wie ein Kavaliersdelikt ausnimmt. Weil aber ebendiese Verbrechen nur möglich geworden waren durch die Etablierung der Diktatur auf der Basis der Reichstagsbrandverordnung, erhielt der brennende Reichstag rückblikkend die Bedeutung einer Flammenschrift, die Völkermord und Weltkrieg angekündigt habe. Auf die Idee, die Behauptung von der NS-Täterschaft kritisch zu prüfen, kam lange niemand; sie war Allgemeingut. Wie eine Bombe schlug daher eine Serie im Magazin »Der Spiegel« im Jahr 1960 ein, in der der niedersächsische Verfassungsschutzbeamte Fritz Tobias mit beachtlichem Rechercheaufwand belegte, daß »des Vorurteils geheimer Seelendieb« (ein Wort aus der Novelle »Die Judenbuche« von Annette von Droste-Hülshoff) Kommunisten wie Nazis betriebsblind gemacht habe.

Haßzerfressen hätten sie nicht verstehen wollen, daß van der Lubbe die reine Wahrheit gesagt hatte: »Mir hat niemand geholfen.«
»Spiegel«-Herausgeber Rudolf Augstein wagte die Prophezeiung, daß mit Tobias' Belegen die Diskussion um die Täterschaft am Reichstagsbrand nunmehr beendet sei. So gründlich hat sich kaum einmal jemand getäuscht. Denn wenn auch die stark erweiterten Darlegungen von Tobias 1962 in Buchform erschienen (s. Lit.) und weithin positiv aufgenommen wurden, so lassen sich ideologische Gräben so leicht dann doch nicht zuschütten, schon gar nicht im Klima des kalten Krieges. Ein Blick ins Internet genügt, und der Interessierte erkennt, daß die Vertreter der Nazitäterschaft bis heute höchst aktiv sind und es schon kurz nach der Tobias-Publikation geworden waren. Da nicht sein konnte, was nicht sein durfte, bezichtigten sie die Tobias-Anhänger als Nazi-Reinwäscher, wo nicht gar als Krypto-Nazis. Ein höchst renommierter Historiker wie Golo Mann vertrat sogar die Ansicht, die These von der Alleintäterschaft van der Lubbes sei »volkspädagogisch« unerwünscht, so als dürfe Geschichtsschreibung nur Bekömmliches zutage fördern. Das grenzt an Bestrafung von Überbringern schlechter Nachrichten.
Es ist hier nicht möglich, das verzweigte Geflecht des neuen »Beweis«-Materials der Tobias-Gegner auszubreiten. Nur so viel: Eine große Rolle spielt für sie der unterirdische Heizungsgang, der vom Palais des Reichstagspräsidenten Göring ins Parlamentsgebäude führte und durch den ein SA-Kommando ungesehen zum Tatort hätte vordringen können. Und: Sie versuchen immer aufs neue zu beweisen, daß ein einzelner ein so großes Feuer in der Kürze der Zeit gar nicht habe erzeugen können. Beide Indizien hat Tobias aber schon von vornherein als nicht aussagekräftig entlarvt: keine Spuren im staubigen Gang, Schloteffekt nach Bersten der Kuppel aufgrund der lichterloh brennenden Vorhänge

des Plenarsaals. Und was sonst angeführt wurde wie angebliche Mitschriften von Gesprächen Hitlers mit dem Leipziger Journalisten Richard Breiting, erwies sich entweder als irrelevant oder ließ sich nicht zweifelsfrei belegen. Es kam zu zahlreichen Prozessen und 1979 zu einer regelrechten publizistischen Schlacht, als die Wochenzeitschrift »Die Zeit« ausführlich die Argumente der Vertreter der NS-Täterschaft zerpflückte. Als gesichert kann heute gelten:

- Marinus van der Lubbe hat den Brand gelegt.
- Daß ihm jemand geholfen hat, läßt sich nicht beweisen und wird sich auch nicht mehr beweisen lassen; die Alleintäterschaft hat alle Plausibilität für sich, während die Gegenmeinung nicht viel mehr als Vermutungen und Hypothesen ins Feld zu führen vermag.
- Die denkbare, aber, wie gesagt, nie beweisbare Tatbeteiligung von NS-Komplizen wird von ihren Vertretern viel zu hoch gewichtet.

Ihnen geht es um den Beleg, daß Hitler von vornherein und mit verbrecherischem Vorsatz die Macht an sich habe reißen wollen. Das bestreitet niemand, und niemand stellt in Abrede, daß der Reichstagsbrand ihm eine unvergleichliche Handhabe dazu bot. Seiner Mittäterschaft aber dazu bedurfte es nicht, denn bei der sich bald entladenden ungeheuren kriminellen Energie Hitlers und seiner »Bewegung« hätten sich andere Mittel und – vielleicht etwas längere – Wege gefunden, alle Widerstände gegen seine Diktatur wegzuräumen. Obendrein wäre derart spektakuläre Brandstiftung ein hochriskantes Mittel gewesen, da eine Mittäter- oder auch nur Mitwisserschaft leicht hätte durchsickern können. Selbst jetzt, da alles dafür spricht, daß auch die NS-Führung vom Feuer völlig überrascht wurde, werden ja die Ankläger nicht weniger, die ohne zureichende Beweise dem übervollen NS-Schuldkonto auch noch diese Untat zuschlagen möchten, sozusagen als »Mutter aller Untaten«.

Lit.: Walther Hofer u.a. (Hrsg.): Der Reichstagsbrand. Eine wissenschaftliche Dokumentation, 2 Bände, Berlin 1972–78 ■ Ulrich von Hehl: Die Kontroverse um den Reichstagsbrand, in: VfZ 2/1988 ■ Fritz Tobias: Der Reichstagsbrand. Legende und Wirklichkeit, Rastatt 1962

Riefenstahl, Leni

Die Filmerin und ihr Verhältnis zu Hitler

Der Weg einer Frau nach oben führt durch die Betten einflußreicher Männer – so will es ein uraltes Vorurteil. Und so wurde dann auch im Fall der Filmemacherin Leni Riefenstahl geargwöhnt, eine Liaison mit Hitler sei es gewesen, die ihrer Karriere den entscheidenden Schub gegeben habe. Das stimmt nur insoweit, als eine Begegnung mit Hitler tatsächlich für die junge Frau zum einschneidenden Erlebnis wurde, aber es war der öffentliche Hitler, der Mann der Biersäle und Veranstaltungshallen, der ihr da begegnete und sie in den Bann schlug.

Leni Riefenstahl (* 22.8.1902), bereits erfahren im Filmgeschäft sowohl als Darstellerin (»Der heilige Berg«, 1926; »Die weiße Hölle vom Piz Palü«, 1929) wie als Regisseurin (»Das blaue Licht« 1932), besuchte 1932 eine Versammlung der NSDAP im Berliner Sportpalast und war vom Auftritt Hitlers fasziniert. Es ging ihr wie manch anderen ihrer Generation, der Sog der Begeisterung um sie herum riß sie mit. In ihren Memoiren spricht sie davon, daß sie, während Hitler redete, eine »apokalyptische Vision« gehabt habe. Sie wandte sich brieflich an den Führer der NSDAP und wurde von ihm zu einem Gespräch gebeten. Es entwickelte sich daraus ein Arbeitsverhältnis, Leni Riefenstahl drehte Dokumentarfilme über die Parteitage von 1933 und 1934, über die Wiedereinführung der allgemeinen Wehrpflicht und über die Olympischen Spiele 1936 und verhalf mit ihrer technisch perfekten

Arbeit, mit den grandiosen Bildkompositionen, die sie schuf, dem Regime zu beträchtlicher optischer Aufwertung. Hitler konnte mit seiner Filmerin weiß Gott zufrieden sein.
Privat allerdings machte er ihr nicht den Eindruck, den sie nach dem Erlebnis im Sportpalast erwartet haben mochte. In den Memoiren überliefert sie Auftritte, die das Lächerliche streifen: Lange Schwärmereien über Richard Wagner, denen eine ungeschickte körperliche Annäherung und, als sie diese zurückweist, der klagende Ausruf folgt: »Ich darf keine Frau lieben, bis ich mein Werk vollendet habe.« Ein andermal erschreckt Hitler sie mit der Ankündigung eines Selbstmords. Oder sie muß sich, allein mit ihm in der Wohnung, lange Geschichten von seiner Liebe zu Geli Raubal anhören, deren früher Tod die Ursache sei, daß er nun niemand mehr heiraten könne. Aus ihren früheren Beziehungen zu Malern, Filmemachern und Skikanonen anderes, Handfesteres gewohnt, wird Leni Riefenstahl nicht auf die Idee gekommen sein, mit Hitler ein Verhältnis anzufangen, und es ist auch nicht bezeugt, daß dieser mehr unternommen habe, als es die Filmerin in ihren Memoiren angibt.
Weiter brachte es da schon sein Kampfgenosse Joseph Goebbels. Der »kleine Doktor«, im Dritten Reich Herr über den Film, mußte natürlich auch Leni Riefenstahls Wege kreuzen. In ihren Erinnerungen berichtet sie, wie der umtriebige Mann, stets hinter Filmschauspielerinnen her, es auch bei ihr probierte: Angemeldet und unangemeldet sucht er sie heim, rezitiert Verse von Nietzsche und wirft sich vor ihr auf den Boden, um seine Liebe zu gestehen. »Heller Wahnsinn. Fassungslos schaute ich auf den knienden Goebbels«, schreibt sie. Die Szene endet im Eklat. Als er versucht, ihre Füße zu umfassen, macht sie ihn darauf aufmerksam, daß er verheiratet sei und Kinder habe, und wirft ihn hinaus.

Lit.: Leni Riefenstahl: Memoiren. München/Hamburg 1987 ▪ Erich Schaake: Hitlers Frauen, 2. Auflage München 2000 ▪ Jürgen Trimborn: Riefenstahl. Eine deutsche Karriere, Berlin 2002

Röhm-Putsch

→*Hitler [6]*

Rußlandfeldzug

Der »Fall Barbarossa« war ein Präventivkrieg

Nach Hitlers Vorstellungen mußte Außenpolitik letztlich immer »Bodenpolitik« sein, und schon 1919 hatte er notiert, »daß auf den Kopf eines Russen 18mal mehr Grund trifft als auf einen Deutschen«. Daraus leitete er in seinem Bekenntnisbuch »Mein Kampf« (1925/26) das »moralische Recht zur Erwerbung fremden Grund und Bodens« her, was seiner Ansicht nach realistischerweise nur mit Gewalt möglich war: »Der Pflug ist dann das Schwert.« Gegen wen er es zu zücken gedachte, war schon nach der eingangs zitierten Notiz klar, wurde in seinem Buch nochmals ausdrücklich bestätigt und vier Tage nach der Übernahme der Kanzlerschaft der Reichswehrgeneralität eröffnet (3.2.1933): Ziel seiner Politik sei die »Eroberung von Lebensraum im Osten und dessen rücksichtslose Germanisierung«. Zur Raumfrage trat damit die »Rassenfrage«, Motor allen Hitlerschen Handelns. Und auch hier war an der antirussischen Stoßrichtung kein Zweifel, denn die bolschewistische Revolution von 1917 war für Hitler nichts anderes als eine »jüdische Machtergreifung«. Da aber, nochmals »Mein Kampf«, Juden niemals Staaten bilden könnten, sei das »Riesenreich im Osten reif zum Zusammenbruch«.
Daß der Pakt mit Stalin vom 23.8.1939 mithin nur taktischer Natur sein konnte, war selbst dem Vertragspartner und künftigen Gegner völlig klar, der ja seinerseits aus rein taktischen Erwägungen den Bund mit dem Todfeind geschlossen hatte. Und wie für Hitler der Kollaps der UdSSR schon aus Gründen der Rassenlogik feststand, so war für Stalin der Untergang des »Faschismus« als finaler Zuckung des Kapitalismus ebenso

logisch aus Klassenkampfgründen. Der Unterschied bestand darin, daß die marxistische Sicht eine Art Automatik für die Entwicklung unterstellte, während der Nationalsozialismus auf dem »Recht des Stärkeren« basierte nach dem Motto: »Das Schwache muß man stoßen.« Daher würde Rußland irgendwann ins militärische Visier Hitlers geraten, und Stalin sah im Pakt mit ihm ein probates Mittel zum Zeitgewinn. Daran änderte sich auch nichts, als Frankreich 1940 unerwartet schnell zusammenbrach, denn England hielt weiter durch, und solange das der Fall war, schien Stalin ein Angriff der Wehrmacht ausgeschlossen. Nur der Flug von Hitler-Stellvertreter *Heß* nach England am 10.5.1941 machte einen Moment lang stutzig. Doch als nichts geschah, beruhigte sich Stalin wieder mit dem deutschen Trauma vom Zweifrontenkrieg und übersah dabei, daß er es mit einem Gegner zu tun hatte, der sich von solchen Erwägungen nicht irritieren ließ. Im Gegenteil:

Da die russische Karte irgendwann ohnedies gespielt werden mußte, warum nicht gerade jetzt, da Großbritannien die Kapitulation verweigerte, aber zu einem eigenen Angriff gegen das kontinentbeherrschende Deutschland auf sehr lange Sicht nicht fähig sein würde? Ein Sieg im Osten würde London, so das Kalkül Hitlers, die Aussichtslosigkeit einer Fortsetzung des Krieges endgültig klarmachen; mit seinen Worten: »Englands Hoffnung ist Rußland und Amerika. Wenn Hoffnung auf Rußland wegfällt, fällt auch Amerika weg…, ist aber Rußland zerschlagen, dann ist Englands letzte Hoffnung getilgt. Der Herr Europas und des Balkans ist dann Deutschland.« Von der seltsamen geographischen Sicht einmal abgesehen eine auch für die deutschen Militärs bestechende Logik. Nach dem von ihnen ebensowenig wie von Hitler erwarteten Blitzsieg im Westen über die stärkste Militärmacht Europas und dem dann ebenso erfolgreichen Blitzkrieg auf dem Balkan schien die um ein Haar von den Finnen im Winterkrieg 1939/40 geschlagene Rote Armee kein besonders ernst zu nehmender Gegner zu sein. Anzeichen dafür, daß sie womöglich selbst eine Offensive gegen die Wehrmacht plante, sah deutscherseits niemand, nicht weil die deutsche Aufklärung so blind gewesen wäre, sondern weil es da tatsächlich nichts zu sehen gab.

Nach dem finnischen Desaster und dem deutschen Triumph im Westen konzentrierte Stalin zwar alle Kräfte auf Rüstung und Stärkung der Roten Armee, doch die vorher von ihm der Truppe geschlagenen Wunden ließen sich in der verbleibenden kurzen Zeit nicht heilen. 1937/38 war das Offizierkorps in den Strudel der Blutorgie der »Großen Säuberung« (Tschistka) geraten und hatte den größten Teil seiner Generalität und ein Drittel der rangniedrigeren Kommandeure verloren. Die 1940 einsetzende hastige Aufstockung des Personals glich das nicht nur nicht aus, sondern schuf Reibungsverluste und beschädigte die Professionalität. Ein Defensivkonzept ließ sich mit diesen Kräften zur Not umsetzen, an eine Offensive hingegen war nicht im Traum zu denken, jedenfalls nicht zu diesem Zeitpunkt. Ein dahin gehender Plan des russischen Generalstabs vom 15.5.1941 verschwand denn auch unautorisiert in der Schublade. Und die neue patriotische Propaganda, mit der Stalin die Moral der Streitkräfte stärken wollte, blieb weiter ohne konkreten Gegner. Um keinen Preis wollte Stalin einen Vorwand für ein deutsches Losschlagen liefern.

Daß es ohnedies unmittelbar bevorstehen könnte, hielt er trotz dringlicher englischer Warnung und trotz des nicht verborgen gebliebenen deutschen Riesenaufmarschs an der russischen Westgrenze für unwahrscheinlich, wo nicht gar für undenkbar. In der deutschen Truppenmassierung sah er lange nur eine Drohung, die russisches Wohlverhalten sichern sollte, und weigerte sich daher auch, Meldungen seines Spions Richard Sorge aus Tokio ernstzunehmen. Erst in letzter Minute reagierte er mit dann freilich nur noch halbherzigen Lösungen, indem er unkoordinierte offensive und defensive Maßnahmen traf, so daß ganze Armeen in die Falle gerieten, als die schnellen deutschen Panzerverbände in die Tiefe des Raumes vorstießen. Die zahlenmäßig weit überlegene sowjetische Luftwaffe blieb zudem viel zu lange am Boden, wo das Gros schon in den ersten Tagen vernichtet wurde.

Daß sich trotz dieser Situation die Legende vom deutschen Präventivkrieg bilden und halten konnte, hat mehrere Gründe. Zum einen setzte die deutsche Propaganda alles daran, Hitler als klugen Feldherrn zu stilisieren, der einem sowjetischen Überfall zuvorgekommen sei, zum anderen zementierte der nach 1945 ausbrechende kalte Krieg das Trugbild. Anfangs begnügte man sich mit Hinweisen, daß Stalin bei weiterem für Deutschland ungünstigen Verlauf des Krieges im Westen irgendwann, womöglich schon 1942, zugeschlagen hätte. Als dann die sowjetischen Archive seit 1990 zugänglicher wurden, verschärften Historiker wie Werner Maser (s. Lit.) die These vom Präventivkrieg bis hin zu einer Notwehrsituation, in der Hitler gar nicht anders hätte handeln können. Ein sowjetischer Schlag wäre »nur wenige Stunden« später so gut wie sicher erfolgt. Zum einen sind die sowjetischen Quellen bis heute noch immer nur zu einem sehr kleinen Teil einsehbar, zum anderen geht es weniger um neue Dokumente als um neue, revisionistische Deutungen.

Es steht nicht zu erwarten, daß Dokumente auftauchen, die sie wirklich zu stützen geeignet wären. Denn so viel ist sicher: Hitlers Angriff war unvermeidlich. Stalins Rüstungen mögen ihn beschleunigt haben, ausgelöst haben sie ihn nicht. Und anders als Hitlers Überfall wäre eine sowjetische Offensive daher tatsächlich Notwehr gewesen. Das gilt auch in einem höheren Sinn, vor dem Masers Aufrechnungen von Rüstungen und Terminen sich beschämend ausnehmen: Der Kriegsverursacher Hitler bedrohte ja nicht nur Rußland mit der Wehrmacht, sondern die ganze Welt mit einer Vernichtungsdespotie, wie sie die Geschichte noch nicht gekannt hatte.

Lit.: Gabriel Gorodetsky: Stalin und Hitlers Angriff auf die Sowjetunion. Eine Auseinandersetzung mit der Legende vom deutschen Präventivschlag, in: VfZ 4/1989 ▪ Werner Maser: Der Wortbruch. Hitler, Stalin und der Zweite Weltkrieg, München 1994 ▪ Bianka Pietrow-Ennker (Hrsg.): Präventivkrieg? Der deutsche Angriff auf die Sowjetunion, Frankfurt a. M. 2000 ▪ Gerd R. Ueberschär / Lew A. Besymenski: Der deutsche Angriff auf die Sowjetunion 1941. Die Kontroverse um die Präventivkriegsthese, Darmstadt 1998

Sozialpolitik

Im Dritten Reich gab es keine Streiks

»Überwindung des Klassenkampfes« gehörte zu den zentralen Programmpunkten der NSDAP als Reflex nicht zuletzt auf die *Dolchstoßlegende*. Arbeitskämpfe waren in NS-Sicht »die wirtschaftliche Waffe, die der internationale Weltjude anwendet zur Zertrümmerung der wirtschaftlichen Basis der freien, unabhängigen Nationalstaaten« (»Mein Kampf«). Man hätte also annehmen sollen, daß ein Streikverbot zu den ersten Maßnahmen der »Regierung der nationalen Konzentration« gehören würde, nachdem sie mit dem Coup vom 2.5.1933 die Gewerkschaften zerschlagen und an ihre Stelle die Deutsche Arbeitsfront (DAF) als umfassende Organisation für die Wirtschaft und ihre Arbeitnehmer gesetzt hatte. Das aber war nicht der Fall. Und doch haben viele noch immer das Propagandabild von der »Klassenharmonie« im Kopf, die im Staat Hitlers geherrscht habe.

Diese schiefe Erinnerung teilen seltsamerweise braune Nostalgiker wie erbitterte »Antifaschisten«, die immer noch nicht begriffen haben, daß der *Nationalsozialismus* etwas radikal Furchtbareres als der Faschismus gewesen ist. Die NS-Romantiker nehmen die seinerzeitigen Verlautbarungen zum Nennwert, die Gegner erklären sich das Phänomen der Streiklosigkeit als Ergebnis eines gnadenlosen und flächendeckenden Terrors, dem jede Widerstandsregung zum Opfer gefallen sei. Manche gehen in ihrer Verzweiflung sogar so weit, im angeblichen sozialen Frieden der Jahre unter dem Hakenkreuz ein schmähliches Versagen der deutschen Arbeiterbewegung zu sehen. Alle aber verkennen, daß Streiks in Deutschland nie populär waren, selbst nicht bei revolutionärer Hochkonjunktur wie 1918 oder bei gewaltigem Nachholbedarf wie nach der Währungsreform 1948. Und alle urteilen ohne genaue Kenntnis der sozialen Wirklichkeit in der Hitler-Zeit.

Was darüber im kollektiven Gedächtnis verankert ist, folgt weitgehend der Propaganda, in der Arbeitsniederlegungen natürlich nicht vorkamen; das Berichten darüber war verboten. Mit einem Verbot von Streiks selbst aber tat sich der Nazi-Staat schwer. Zunächst nämlich hatten in der Nationalsozialistischen Betriebzellenorganisation (NSBO) und auch in der DAF Leute vom sozialrevolutionären Flügel der Partei das Sagen, Leute, die mit Stolz etwa auf die Kooperation mit der KPD beim Berliner Verkehrsarbeiterstreik im November 1932 zurückblickten. Sie inszenierten nun selbst Streiks und prangerten in der NS-Presse Unternehmer wegen unsozialen Verhaltens an. Und auch nach Ausschaltung der führenden Vertreter dieser Richtung bei der Mordaktion gegen die SA und gegen die Rädelsführer einer »zweiten Revolution« Ende Juni 1934 konnte sich Hitler nicht sicher sein, ob alle mitzögen bei einer Aufhebung der Streikrechts.

Ernsthaft erwogen hat er ohnedies kaum, hier dem Beispiel des faschistischen Italiens zu folgen. Seine Taktik der flexiblen Antwort auf soziale Unruhen, sprich: die Reaktion mit unkalkulierbarem Terror, schien ihm effektiver sowohl hinsichtlich der Abschreckung als auch propagandistisch. Ein Streikverbot hätte den vom Ausland her und im Untergrund agierenden »Hetzern« nur unnötig Munition geliefert.

Ja, die Unterstützung von berechtigten Streiks etwa gegen tatsächliche Mißstände konnte der »Arbeiterpartei« von erheblichem Nutzen sein und bemänteln, daß sozialer Friede für sie nur als Basis von wirtschaftlicher Effektivität von Interesse war. An der grundsätzlichen Streikfeindschaft änderte das nichts, doch rechtsförmige Lösungen widerstrebten Hitler. Von ihm selbst erlassene Verfügungen hätten ihn ja viel fester gebunden als die überkommenen, je nach Bedarf einsetzbaren Regelungen der »Systemzeit«.

Bewußt nebulös gehalten war denn auch das Gesetz »zur Ordnung der nationalen Arbeit« (Arbeitsordnungsgesetz, AOG) vom 20.1.1934, das sich zu Arbeitsniederlegungen gar nicht äußerte. Es verpflichtete nur die am 19.5.1933 für alle Wirtschaftsgebiete des Reiches (anfangs 15, zuletzt 22) bestellten Treuhänder der Arbeit zu strikter »Wahrung des Arbeitsfriedens«, woraus die Justiz zuweilen bei Verfahren gegen Arbeitsverweigerer ein Streikverbot ableitete. De jure aber kam keines zustande, obwohl es in einer 1933 bis 1939 tagenden Kommission zur Reform des Strafrechts im NS-Sinn diskutiert wurde. Gerade die NSDAP-Vertreter aber, darunter der spätere Blutrichter Freisler, sperrten sich: Zum einen sei es bei einem Streik von möglicherweise Tausenden von Arbeitern nicht möglich, alle Teilnehmer zu verhaften, zum anderen schüfe man mit der pauschalen Verurteilung von Streikenden bei nur wenigen Teilnehmern mit unterschiedslosem Durchgreifen nur Sympathiepotentiale und träfe nicht die »Nervenzentren«.

Diese Bedenken trugen der Tatsache Rechnung, daß es sehr wohl Streiks gab und daß das beschwörende Schlagwort von der »Volksgemeinschaft« bestenfalls eine Halbwahrheit war. Die Arbeitskämpfe konnten zwar einigermaßen gut geheimgehalten werden, doch Streiks wie die von 262 Opel-Mitarbeitern am 25.6.1936 blieben nicht unbemerkt und hatten Folgen für die Strategie der Verfolger, unter denen die Gestapo zunehmend die Führung übernahm. Ihre Möglich-

keiten der verfahrenslosen Inhaftierung, des selektiven Zuschlagens und der willkürlichen Ahndung von angeblichen oder tatsächlichen Taten, ob strafbewehrt oder nicht, schufen einen Unsicherheitszustand, der Streiks zum unkalkulierbaren Risiko machte. Die zunächst ausgesprochenen fristlosen Kündigungen seitens der Betriebsführer zogen wegen der spätestens 1936 erreichten Vollbeschäftigung nicht mehr.
Trotz des Gestapo-Terrors gab es bis in den Krieg hinein weiter immer wieder Arbeitsniederlegungen. Und nicht immer griffen die Verfolgungsbehörden gegen die Streikenden durch, sondern zuweilen auch gegen unfähige oder unbeliebte Betriebsführer. Der von den Theoretikern des Klassenkampfs in der KPD des Untergrunds und des Exils aber erhoffte Umschlag in einen Generalstreik oder gar in eine Revolution zeigte sich nicht einmal in Ansätzen, weswegen sich die Legende von der sozialen Harmonie im Hitler-Staat so festsetzen konnte. Der relative Friede war anfangs sicher einer des Dankes für den wirtschaftlichen Aufschwung, wurde dann einer der Zustimmung zum äußerlich erfolgreichen Kurs Hitlers und schließlich einer des Mitgefangen-Mitgehangen-Seins im Krieg, der alle Kräfte, selbst die der Auflehnung, absorbierte.

Lit.: Rüdiger Hachtmann: Industriearbeit im »Dritten Reich«. Untersuchungen zu den Lohn- und Arbeitsbedingungen in Deutschland 1933–1945, Göttingen 1989 ▪ Andreas Kranig: Lockung und Zwang. Zur Arbeitsverfassung im Dritten Reich, Stuttgart 1983 ▪ Günter Morsch: Streik im »Dritten Reich«, in: VfZ 4/1988 ▪ David Schoenbaum: Die braune Revolution, Köln/Berlin 1968

Staatsoberhaupt

Hitler hat Hindenburgs Testament gefälscht

Die Frage stellte sich schon lange: Wer könnte Nachfolger des bei seiner Wiederwahl auf sieben Jahre 1932 bereits 84jährigen Reichspräsidenten Paul von Hindenburg werden? Nach der Verfassung gingen dessen Befugnisse bei seinem Ableben auf den Reichskanzler über, der dann über Neuwahlen zu befinden hatte. Nun hieß der seit dem 30.1.1933 Hitler und hatte rasch bewiesen, daß er Macht, die er einmal hatte, nicht wieder abzugeben oder auch nur zu teilen bereit war. Selbst seine konservativen Steigbügelhalter, allen voran der nominelle Vizekanzler Papen, hatten erleben müssen, daß Hitler keine Skrupel kannte, auch ihre Bastionen zu schleifen. Respekt, wenn er so etwas überhaupt kannte, hatte er allenfalls vor dem Reichspräsidenten wegen dessen ungebrochener Popularität als Held des Weltkriegs und »Ersatzkaiser«, der die Hoffnungen auf Wiederkehr der guten alten Zeit verkörperte. Insofern sahen alle, die sich politisch noch etwas ausrechneten wie der besagte Papen, den Verfall der Gesundheit Hindenburgs im Jahr 1934 mit großer Sorge.

Franz von Papen drängte denn auch darauf, noch zu Lebzeiten des Staatsoberhaupts dessen Nachfolge so verbindlich wie möglich zu regeln, geschmacklos, aber verständlich und nichts gegen das, was Hitler dann inszenierte. Zunächst gewährte er Papen am 8.3. ein Gespräch darüber und nahm dessen Vorschlag einer Wiederherstellung der Monarchie in konstitutioneller Form sehr positiv auf. Verdächtig positiv, muß man sagen, Papen aber merkte nichts, auch nicht, als Hitler gewisse Vorbehalte machte wie vorherige endgültige Sprengung der Fesseln des Versailler Friedensvertrags. Papen hätte eigentlich am besten wissen müssen, daß Hitler nicht im Traum an ein erneuertes Kaisertum dachte, denn der hatte aus seiner Meinung über die Monarchie als »konservativer Verfallserscheinung« nie ein Hehl gemacht. Daß er seinen zweiten Mann Göring zweimal zum Exkaiser ins holländische Exil entsandt hatte, war pure Taktik gewesen; die Monarchisten stellten ein erhebliches Wählerpotential dar. Nach der Machtergreifung zeigte sich denn auch kein NS-Vertreter mehr in Haus Doorn, wo Wilhelm II. ohn-

mächtig die Festigung der Hitlerschen Macht mitansehen mußte.
Noch aber war nicht alle Hoffnung dahin, denn Hindenburg erklärte sich nach langer Weigerung nun doch bereit, seinen letzten Willen niederzulegen, und beauftragte Papen mit einem Entwurf. Hätte der Reichspräsident die Papensche Version ohne wesentliche Änderungen übernommen, wäre es für Hitler vielleicht noch einmal eng geworden. Doch gerade das, worum es dem Vizekanzler ging, gliederte Hindenburg aus dem dann am 11.5. von ihm unterzeichneten Testament aus und nahm es nur in sein persönliches Abschiedsschreiben an Hitler auf, das sein Sohn Oskar nach seinem Tod mit dem Testament dem Reichskanzler übergeben sollte. Bei diesem Passus handelte es sich um die Empfehlung einer monarchischen Restauration sowie um den Rat, die Ämter das Kanzlers und des Präsidenten getrennt zu belassen. So etwas gehörte nach Meinung des greisen Hindenburg nicht in ein politisches Testament, weil es die Entscheidungsträger in unangemessener Weise bevormunde. Hitler werde auch seinen persönlichen »letzten Wunsch«, wie er auf dem Briefumschlag vermerken ließ, gebührend berücksichtigen.
Papen sah die Teilung der letztwilligen Verfügung natürlich mit Sorge, kannte er doch Hitlers Bedenkenlosigkeit, mit der er sich sogar über Verträge hinwegsetzte. Ein privates Schreiben würde ihn in keiner Weise beeindrucken, wie hochmögend der Absender auch sein mochte. So weit gehen, Hindenburgs Empfehlung durchsickern zu lassen, mochte Papen aber nicht und tat gut daran, wie sich am 30.6./1.7. zeigte, als er nur knapp der Mordaktion Hitlers gegen die unzufriedene SA-Führung und gegen mißliebige Politiker entging. Gezielte Indiskretion hätte ihn mit Sicherheit buchstäblich auf die Abschußliste gebracht. Immerhin ließ er seine Verbindungen zu Mussolini spielen, der Mitte Juni mit Hitler in Venedig zusammentreffen sollte. Der »Duce«, der immer wieder seine guten Erfahrungen mit der italieni-

schen Monarchie betonte, sollte Hitler von den Vorzügen gekrönter Staatsoberhäupter überzeugen und sie ihm auch für Deutschland schmackhaft machen. Der Punkt aber scheint dann doch nicht zur Sprache gekommen zu sein.
Die Dinge spitzten sich jetzt dramatisch zu. Hindenburg konnte zwar Hitler noch seinen Dank für die Morde während der Röhm-Affäre übermitteln, doch dann ging es mit seiner Gesundheit rapide bergab. Hitler besuchte den alten Feldmarschall am 1.8. noch einmal auf dessen ostpreußischem Gut Neudeck, doch der Sterbende erkannte ihn nicht mehr und redete ihn mit »Majestät« an, wie sein Arzt Sauerbruch berichtete. Ehe Hindenburg die Augen für immer geschlossen hatte, ließ Hitler daher noch am selben Tag das »Gesetz über das Staatsoberhaupt des Deutschen Reiches« beschließen, das ihm beide Ämter, das des Regierungs- wie das des Staatschefs, als »Führer und Reichskanzler« übertrug. Tags darauf starb Hindenburg, doch von einem Testament war zunächst keine Rede. Erst eine Woche später hatte Hitler den Umschlag mit den beiden Dokumenten in Händen und gab das Testament wiederum eine weitere Woche später zur Veröffentlichung frei, das private Schreiben hingegen ließ er verschwinden.
Von Testamentsfälschung kann also nicht die Rede sein, sondern nur von Unterdrückung des »letzten Wunsches« des Verblichenen. Das seltsame Terminverwirrspiel aber gab den Gerüchten Nahrung, daß dem Volk eine gefälschte Version des »letzten Willens« präsentiert worden sei. So stellte es etwa eine Schweizer Zeitung dar, während die britische »Times« vieldeutig erklärte, das Ereignis sei »so wichtig wie der *Reichstagsbrand*«, der Hitler bekanntlich einen Riesenschritt vorangebracht hatte auf dem Weg zur persönlichen Diktatur. Das war auch jetzt der Fall, ja, es wurde der letzte Schritt dorthin, und die späte Bekanntgabe des Testaments hatte damit unübersehbar zu tun:
Hindenburg hatte im letzten Passus nach einem bewegten

Dank an »meinen Kanzler Adolf Hitler« geschrieben: »Ich scheide von meinem deutschen Volk in der festen Hoffnung, daß das, was ich im Jahre 1919 ersehnte und was in langsamer Reise zu dem 30. Januar 1933 führte, zu voller Erfüllung und Vollendung der geschichtlichen Sendung unseres Volkes reifen wird.« Eine bessere Werbung konnte sich Hitler nicht wünschen für die auf den 19.8. angesetzte Volksabstimmung. Daher die wahlnahe Publikation, die das Ergebnis sicher befördert hat: 45,5 Millionen Deutsche stimmten ab, 38,4 Millionen erklärten sich einverstanden mit der Zusammenlegung der Ämter des Reichskanzlers und des Staatsoberhaupts, ein wohl geschönter und zuweilen unter Druck entstandener und doch eindrucksvoller Vertrauensbeweis.

Lit.: Horst Mühleisen: Das Testament Hindenburgs vom 11. Mai 1934, in: VfZ 3/1996 ■ Franz von Papen: Der Wahrheit eine Gasse, München 1952

»Unternehmen Barbarossa«

→ *Rußlandfeldzug*

»Walküre«

→ *Zwanzigster Juli*

Wehrmacht [1]

Die Reichswehr hieß erst seit 1935 amtlich Wehrmacht

Die im Versailler Vertrag dem Kriegsverlierer Deutschland belassenen Streitkräfte hießen offiziell betont defensiv Reichswehr, auch wenn informell schon zuweilen von »Wehrmacht« gesprochen wurde. Daß es Hitler bei der Defensive nicht zu belassen gedachte, machte er intern bereits am vierten Tag seiner Kanzlerschaft gegenüber Reichswehrgenerälen unmißverständlich klar. Nach außen aber betonte er so gekonnt seinen Friedenswillen, daß sogar die SPD am 17.5.1933 Hitlers entsprechender Rede im Reichstag applaudierte. Einen Monat später gab es die SPD nicht mehr, und im Herbst 1933 setzte Hitler durch Austritt des Deutschen Reiches aus dem Völkerbund ein deutliches Zeichen für offensive Politik auch nach außen.

Er wendete es aber wiederum so, daß er den Siegermächten den Schwarzen Peter zuschob, indem er die Verweigerung der Gleichberechtigung Deutschlands in der Rüstungsfrage anprangerte und auf die vertragliche Verpflichtung aller Staaten, auch der Sieger, zur Abrüstung verwies. Diese sei nur bei den Geschlagenen durchgesetzt, von den anderen aber nicht eingelöst worden. Daraus leitete Hitler die Berechtigung zu vermehrter Rüstung seinerseits ab, was sich dann am 16.3.1935 unter Bruch des Versailler Vertrags (Artikel 173) in der Wiedereinführung der Allgemeinen Wehrpflicht und einem neuen Vokabular äußerte: »Gesetz für den Aufbau der Wehrmacht« hieß das Dekret, und das klang schon erheblich weniger defensiv.

Wer genau hingehört hatte, konnte allerdings schon früher den neuen Ton vernehmen: Der Begriff »Wehrmacht« fand bereits im August 1934 Verwendung, als die Truppe den Soldateneid auf Hitler persönlich leistete, nachdem dieser auch das Amt das Reichspräsidenten übernommen hatte und sich nunmehr »Führer und Reichskanzler« nannte. Schon damals hieß der entsprechende Regierungsbeschluß – eine parlamentarische Legislative gab es ja nicht mehr –: »Gesetz über die Vereidigung der Beamten und der Soldaten der Wehrmacht«. Blomberg, der zuständige Ressortchef im Kabinett, firmierte in diesem Gesetz allerdings weiter als »Reichswehrminister«, sogar noch in Paragraph 3 des Wehrpflichtgesetzes.

Erst mit dem Reichsverteidigungsgesetz vom 21.5.1935, das Details der Wehrpflicht regelte, erhielt er die neue Bezeichnung »Reichskriegsminister«. Und Krieg führen kann nur, wer Macht, genauer: wer Wehrmacht hat.

Lit.: Hermann Graml: Die Wehrmacht im Dritten Reich, in: VfZ 3/1997 ▪ Klaus-Jürgen Müller: Das Heer und Hitler. Armee und nationalsozialistisches Regime, Stuttgart 1969 ▪ Thilo Vogelsang: Reichswehr, Staat und NSDAP, Stuttgart 1962

Wehrmacht [2]

Die deutschen Streitkräfte waren in NS-Verbrechen nicht verwickelt

1995 präsentierte das Hamburger Institut für Sozialforschung die Ausstellung »Vernichtungskrieg. Verbrechen der Wehrmacht 1941 bis 1944« und erntete neben der Zustimmung von Kennern einen Aufschrei der Entrüstung jener, die immer noch das ungetrübte Bild des anständigen deutschen Soldaten pflegen. Wenn überhaupt, dann konnte es sich bei der Beteiligung an Untaten der braunen Mörder in ihren Augen nur um äußerst seltene Einzelfälle handeln. »Die« Wehrmacht an sich kämpfte nach verbreiteter Ansicht einen fairen Kampf »fürs Vaterland« und wußte nichts von der Hitlerschen Vernichtungsstrategie. Dieses Image saß und sitzt vielfach noch so tief, daß auch im Ausland mit Hochachtung vom Mut und von der Tapferkeit des deutschen Soldaten gesprochen wurde und wird.

Eine Ahnung, was dem blühen könnte, der an dem stolzen Selbstbild zu kratzen wagt, keimte, als in den 1980er Jahren der damalige Arbeitsminister Norbert Blüm kühn formulierte, der Nazi-Völkermord habe ja nur so lange weitergehen können, wie die Front hielt. Der deutsche Soldat als Komplize der NS-Bestien? Das ging zu weit und trug dem Minister heftigen Gegenwind ein. Dabei hatte er noch höchst milde nur indirekte Verstrickung unterstellt, nicht ahnend, daß er sich damit eher als Verharmloser betätigt hatte, wie die Ausstellung bewies. Oder doch nicht? 1999 wurde Kritik an ihr laut, die nicht aus rechtskonservativem oder gar -radikalem Milieu kam wie der bisherige Protest. Wissenschaftler rügten, daß einige Bilder der Ausstellung falsch zugeordnet und falsch betextet waren, ja, daß in einigen Fällen Mordtaten des sowjetischen NKWD als solche der Wehrmacht ausgegeben wurden.

Das betraf zwar nur verschwindend wenige Exponate, doch machte sich unübersehbar Schadenfreude breit. Viele hatten es doch immer gewußt: Dem Kriegsverlierer sollten hier auch noch die Verbrechen der Gegner in die Schuhe geschoben werden. Dabei wurde durch die wenigen Pannen nur eine Problematik klar, die allem Bildmaterial innewohnt: Allein reicht es als Beweis nie. Erst wenn die genauen Umstände der Entstehung der Photos und die Bedingungen, unter denen das Geschehen möglich geworden war, exakt dokumentiert sind, kann auch das Bild Gültiges sagen.

Die Ausstellung wurde daher geschlossen, überarbeitet und erst im November 2001 in Berlin wieder eröffnet. Leicht veränderter Titel nun: »Verbrechen der Wehrmacht. Dimensionen des Vernichtungskrieges 1941–1944.« Es ist eine gänzlich andere Schau geworden mit sorgfältiger Dokumentation und abgewogener Argumentation. Und sie sagt dennoch nichts anderes als die erste Version, ja die vorgelegten erdrückenden Beweise wirken noch nachhaltiger und desillusionierender als zuvor. Kritik wurde wieder laut, nun aber nur noch von Unverbesserlichen.

Eingeweihten war schon lange klar, daß sich jede Truppe, die sich von einem Hitler für den erbarmungslosen »Kampf zweier Weltanschauungen« instrumentalisieren ließ, die Hände schmutzig machen mußte. Dabei sah es zunächst anders aus: Schon im Polenfeldzug folgten der kämpfenden Front Einsatzgruppen der Sicherheitspolizei und des SD der SS. Ihre Massaker stießen bei den Soldaten und auch bei den Kommandeuren auf scharfe Kritik und führten zu zahlreichen

Verurteilungen bis hin zu Todesurteilen durch Kriegsgerichte. Der Oberbefehlshaber Ost Generaloberst Blaskowitz richtete mehrere empörte Proteste an das Oberkommando des Heeres (OKH): Der deutsche Soldat verstehe nicht, »wie derartige Dinge, zumal sie sozusagen unter seinem Schutz geschehen, ungestraft möglich sind«. Hitler nämlich hatte Urteile gegen Offiziere zu bestätigen, weswegen viele Haupttäter straffrei ausgingen.

Aus Verärgerung über die Skrupel des Offizierkorps entzog er schließlich die Polizeieinheiten der Militärgerichtsbarkeit. Ehe sich dagegen eine Opposition in der Wehrmachtführung bilden konnte, brachte der Westfeldzug einen derartigen Triumph, daß jede Kritik an der politischen Führung selbst bei den von den SS-Verbrechen abgestoßenen Soldaten fast wie Hochverrat geklungen hätte. Achselzucken und Formeln wie »Wo gehobelt wird ...« machten die Runde, die Generalität opferte ihre moralischen Grundsätze auf dem Altar des Siegers, wie sich wenig später schon im Vorfeld des Rußlandfeldzugs erweisen sollte:

Gegen den Kommissarbefehl vom 6.6.1941, nach dem gefangengenommene kommunistische Funktionäre noch auf dem Gefechtsfeld zu »erledigen« oder dem SD zur Erschießung zu überstellen waren, regte sich kein nennenswerter Widerstand. Und auch gegen den am 13.5.1941 herausgegebenen fast noch folgenreicheren, nach dem Codenamen des Feldzugs benannten »Barbarossa«-Gerichtsbarkeitserlaß machte niemand entschlossen Front. Er verfügte, daß »Straftaten feindlicher Zivilpersonen« nicht mehr unter die Militärgerichtsbarkeit fielen und gegebenenfalls durch »kollektive Gewaltmaßnahmen« zu ahnden seien. Der Verfolgungszwang für Vergehen deutscher Soldaten gegen die Zivilbevölkerung wurde aufgehoben. Zu mehr als einem Appell zu schärfster Wahrung traditioneller »Manneszucht« konnte sich OKH-Chef Brauchitsch bei der Weitergabe des Erlasses nicht durchringen.

So nimmt es auch kaum wunder, daß die Truppe nach Beginn der Feindseligkeiten den Mordkommandos der Einsatzgruppen bereitwillig durch Transportmittel und sogar durch Hilfe bei Absperrmaßnahmen für Erschießungen beistand. Immerhin waren viele aber noch nicht so abgestumpft, daß sie die unter ihren Augen verübten Verbrechen ohne Murren hinnahmen. Manche Kommandeure schritten sogar dagegen ein, so daß sich zum Beispiel die Einsatzgruppe C über das Verhalten der 6. Armee bei deren Befehlshaber Generalfeldmarschall Reichenau beschwerte, ihr würden Vorwürfe wegen ihrer »konsequenten Haltung in der Judenfrage« gemacht. Reichenau, also ein höchstrangiger Repräsentant der Wehrmacht, nahm derartige Klagen am 10.10.1941 zum Anlaß für einen Tagesbefehl, in dem er zum »vollen Verständnis« aufrief »für die Notwendigkeit der harten, aber gerechten Sühne am jüdischen Untermenschentum«. Andere Heerführer wie Hoth oder Manstein folgten mit Befehlen, die Reichenaus Formulierung an Nazi-Linientreue womöglich noch übertrafen.
Schon gar keinen Widerstand, von regionalen Ausnahmen abgesehen, gab es daher gegen die Weisung an das Ostheer, sich aus dem zu besetzenden Land zu versorgen. Einem Land also, das noch an den verheerenden Folgen der Stalinschen Kollektivierung und ohnedies Hunger litt. Der Tod von Millionen wurde damit in Kauf genommen, wie besonders drastisch das Beispiel Leningrad bewies, das nach Hitlers Befehl nicht erobert, sondern ausgehungert werden sollte. Widerspruch der Wehrmachtbefehlshaber? Fehlanzeige. Und auch im Falle Moskau hätte Hitlers Weisung zum »Ausradieren« sicherlich keinen Protest ausgelöst, nur stellte sich die Frage nicht.
Hingegen stellten die Gefangenenmassen in den ersten Kriegsmonaten die Wehrmacht vor ein Problem, dessen Lösung die bereits weit fortgeschrittene Nazifizierung der Truppe belegt. Anders wäre es kaum zu erklären, daß zwei

Drittel aller Rotarmisten in deutschem Gewahrsam, also rund drei Millionen, an Hunger, Seuchen und Mißhandlungen zugrunde gingen. Einen Teil mag man mit Überforderung erklären, einen anderen dadurch, daß viele Russen verwundet in Gefangenschaft geraten waren, doch das Gros wurde Opfer einer Dezimierungsstrategie, die politischerseits erwünscht war. Schließlich sah das Konzept der Gewinnung von »Lebensraum« ohnedies die »Verminderung« der slawischen Bevölkerung im europäischen Rußland vor. Wo sich die Wehrmacht nicht direkt zum Handlanger der Vernichtungsmaßnahmen machte, unternahm sie doch so gut wie nichts dagegen.

Verstrickung in die NS-Verbrechen also, wo immer man hinsieht. Das ändert freilich nichts daran, daß Millionen von Landsern, völlig absorbiert vom militärischen Auftrag, nie Kontakt mit SS- und Polizeiverbänden und mithin auch keinerlei Kenntnis von deren Blutregiment hatten. Sie mußten auch nach dem Krieg persönlich den Eindruck haben, einer Wehrmacht angehört zu haben, die traditionelle soldatische Werte hochgehalten hat. Ihre Empörung über die eingangs geschilderte Ausstellung muß als subjektiv ehrlich akzeptiert werden. Nicht hinzunehmen ist dagegen eine Haltung, die auch angesichts des Beweismaterials vor der Korrumpierung der Streitkräfte durch das braune Gift und ihrer NS-Komplizenschaft gänzlich die Augen verschließt.

Lit.: Helmut Krausnick / Hans-Heinrich Wilhelm: Die Truppe des Weltanschauungskrieges, Stuttgart 1981 ▪ Rolf-Dieter Müller / Gerd R. Ueberschär: Hitlers Krieg im Osten 1941–1945, Darmstadt 2000 ▪ Bogdan Musial: »Konterrevolutionäre sind zu erschießen«. Die Brutalisierung des deutsch-sowjetischen Krieges im Sommer 1941, Berlin 2000 ▪ Christian Streit: Keine Kameraden. Die Wehrmacht und die sowjetischen Kriegsgefangenen 1941–1945, Stuttgart 1978

Weltwirtschaftskrise

→ *Arbeitslosigkeit*

Westfeldzug

→ *Frankreichfeldzug*

Wohnungsbau

Trautes Heim, Glück allein!

Als »warme Stube« und Familienidyll erschienen vielen im Rückblick wenigstens die Friedensjahre des Dritten Reiches, woran die finstere Folie der vorhergegangenen Krise nicht unwesentlichen Anteil hatte. Noch nachhaltiger aber wirkte die Propaganda, die Ehe, Kinderreichtum und heimischen Herd in den Himmel hob. Daß die Wirklichkeit drastisch anders aussah, erlebten viele Eltern, denen ihre Kinder durch HJ, BDM und im Krieg durch die Kinderlandverschickung systematisch entfremdet wurden. Schlagwort: »Jugend muß durch Jugend geführt werden!« Die »Keimzelle Familie« wurde nur als Reproduktionsinstrument gehätschelt, ideologisch war sie dem auf totale Erfassung erpichten NS-Staat eher verdächtig.

Doch selbst hinsichtlich der Reproduktion zeigte er ein – milde formuliert – ambivalentes Verhalten. Eines der ersten Vorhaben der Regierung Hitler galt der Förderung der Ehe mittels Darlehen, wobei im Vordergrund das Ausscheiden von Frauen aus dem Berufsleben zur Verminderung der Arbeitslosigkeit stand. Doch auch die Geburtenrate sollte gesteigert werden, weswegen die Tilgung der zinslosen Kredite auch durch Kinder (»abkindern«) möglich war. So weit, so schlüssig. Mehr Familien und mehr Menschen jedoch brauchen auch mehr Wohnraum, eine Schlußfolgerung, die nicht oder nur sehr schleppend gezogen wurde:

Im Juni 1933 fand eine Wohnraumzählung statt, die eine Leerstandreserve von 1,4 Prozent ergab, nach herrschender bevölkerungspolitischer Ansicht ausreichend. Aber: Nicht berücksichtigt war, daß ein Teil der leeren Wohnungen baufällig oder gar abrißreif war, andere preislich für junge Familien nicht erschwinglich oder zu groß waren und wieder andere nur in Verbindung mit Gewerberäumen angeboten wurden. Auch stand dem Angebot ein relativ hoher Prozentsatz an bislang wohnungslosen Haushalten gegenüber. Das verdüsterte die Lage, zunächst jedoch noch nicht besorgniserregend. Wenn nicht zweierlei eingetreten wäre: Die Wirtschaftsbelebung schuf Kaufkraft, so daß neue Wohnungsuchende auf den Markt drängten. Und: Das Mittel der Ehestandsdarlehen wirkte in nicht erwarteter Weise; schon 1933 kamen 200 000 Eheschließungen mehr zustande als im letzten Jahr der Republik, was einen erheblichen Nachfrageschub auslöste, obwohl der bezweckte Kinderzuwachs vorerst weitgehend ausblieb.

Ausgerechnet diese frühen Erfolge der Regierung Hitler und das wachsende Vertrauen in sie bescherten ihr ein sich schnell zuspitzendes soziales Problem, denn die Nachfrage traf auf einen bald völlig leergefegten Wohnungsmarkt. Schon 1935 war der Fehlbedarf auf 3,4 Millionen Wohnungen gestiegen; der Kampf um freie Wohnungen nahm dramatische Formen von der Bestechung der Vermieter bis hin zu politischer Denunziation von Mitbewerbern an. Die Misere schlug auch auf die Stimmung in der Bevölkerung durch; es wurde zunehmend gemurrt über unnötige Repräsentationsbauten, über üppige Dienstwohnungen der Bonzen (»Goldfasane«) und Offiziersunterkünfte. Selbst die Behörden erkannten, daß die Lage im Wortsinn kontraproduktiv wirkte. In einem Stimmungsbericht hieß es: »Viele Familien schaffen sich deswegen keine Kinder an, weil sie durch die Wohnverhältnisse einfach dazu gezwungen werden.«

Wer erwartet hatte, daß staatlicherseits Maßnahmen zur

Ankurbelung des Neubaus von Wohnraum ergriffen würden, sah sich enttäuscht. Außer Steuererleichterungen für den Kleinwohnungsbau geschah wenig bis nichts. Dahinter stand eine Abkehr von den Staatsinvestitionen der »Systemzeit«. Es galt nun die Maxime: »Die Befriedigung der Wohnbedürfnisse wird weitgehend der Privatinitiative übertragen.« Das war im Prinzip recht erfolgreich, vergleicht man nur die Zahlen: 1936 wurde mit über 330 000 fertiggestellten Wohnungen die Leistung des Jahres 1932 um das Doppelte übertroffen – eindrucksvoll, aber bei weitem nicht ausreichend, zumal in den Folgejahren die Neubauquote wieder zurückging. Direkt öffentlich finanziert waren bis 1939 nur noch knapp 12 Prozent der Wohnungen, während es in den 1920er Jahren fast 50 Prozent gewesen waren. Kredite waren nur schwer zu bekommen, weil der Staat selbst und die Rüstungsbetriebe den Kapitalmarkt über die Maßen strapazierten.

Auch beim Material und bei den Facharbeitern führte die Priorität alles Militärischen zu einer Mangelsituation, so daß selbst Bauwillige und solvente Bauherren Probleme hatten; die Bauzeiten verdoppelten sich zum Teil, die Qualität sank obendrein. Die auf Krieg programmierte Wirtschaft erdrückte den zivilen Sektor schon im Frieden. Die Unzufriedenheit damit suchte das Regime mit kostenlosen Mitteln zu dämpfen. So verschärfte es seit 1935 den Mieterschutz, was allerdings dazu führte, daß manche Eigentümer manche Wohnung gar nicht mehr vermieteten und daß Mieter, die eine neue Wohnung gefunden hatten, die alte nicht kündigten. Wohnungen wurden förmlich gehortet. Auch ein 1936 erlassener Mietpreisstopp erwies sich als ähnlicher Bumerang. Die wenigen Projekte, die sich der Staat etwas kosten ließ wie den Bau von Landarbeitersiedlungen oder die Förderung von Heimstätten, waren nicht einmal Tropfen auf den heißen Stein.

Im Krieg verschärften sich die Probleme, denn nun kam die Bautätigkeit fast völlig zum Erliegen. Das führte dazu, daß oft

Räumungsbefehle nicht mehr vollstreckt werden konnten, weil sonst Obdachlosigkeit der Betroffenen die notwendige Folge gewesen wäre. Der Bombenkrieg der Alliierten gegen die deutschen Städte führte dann endgültig in die Wohnkatastrophe, so daß selbst Hitler, der sich bisher immer verweigert hatte, der Wohnraumbewirtschaftung 1944 zustimmte. Das steigerte die Unzufriedenheit natürlich noch mehr, doch nun war das Volk Geisel des Regimes, das auf Stimmungen keinerlei Rücksichten mehr nahm. Es hatte sich von Anfang an als unfähig oder als nicht willens erwiesen, den Zielkonflikt zwischen Bevölkerungs- und Wohnungspolitik zu entschärfen. In der angeblich so »warmen Stube« herrschte drangvolle Enge.

Lit.: Karl Christian Führer: Anspruch und Realität. Das Scheitern der nationalsozialistischen Wohnungsbaupolitik 1933–1945, in: VfZ 2/1997 ▪ Adelheid von Saldern: Häuserleben. Zur Geschichte des städtischen Arbeiterwohnens vom Kaiserreich bis heute, Bonn 1995

Wunderwaffen

Früherer Einsatz der V-Waffen hätte Deutschland den Sieg gebracht

Im Frühjahr 1942 begann das britische Bomber Command mit Massenangriffen gegen deutsche Städte. In Essen, Lübeck, Rostock sanken ganze Stadtviertel in Schutt und Asche. Und die Angriffe nahmen an Intensität noch zu. Ende Mai erfolgte der erste »Tausend-Bomber-Schlag« gegen Köln, und im Juni waren das Ruhrgebiet und Bremen an der Reihe. In dieser Zeit entstanden in Deutschland Gerüchte, die von der gepeinigten Bevölkerung begierig aufgenommen wurden: »Wunderwaffen« seien entwickelt worden, mit denen die Bombenangriffe des Gegners beantwortet werden würden. Und zwar so, daß demnächst ganze Städte auf einen Schlag ausradiert würden. Goebbels war es, der die Gerüchte von den Wunderwaffen in die Welt gesetzt hatte; sie gehörten zu seiner Strategie der Tröstungen und Vertröstungen, die er angesichts der sich häufenden militärischen Rückschläge entwickelte, um den Durchhaltewillen der Bevölkerung zu stärken. Von der Materialüberlegenheit des Gegners sollte sich niemand beeindrucken lassen, erklärte der Chefpropagandist den Volksgenossen. Das sei nur Masse, die immer wettgemacht würde durch die Qualität, die der deutsche Erfindergeist liefere.

Der Glaube hielt sich hartnäckig, von »Wunderwaffen« wurde bis Kriegsende immer wieder geredet. Und auch danach wollten sie nicht aus den Köpfen verschwinden, man erging sich in Spekulationen, wie der Krieg wohl ausgegangen wäre, wenn es mehr davon gegeben hätte oder wenn sie früher entwickelt worden wären.

Gewiß, es gab Erzeugnisse der deutschen Kriegstechnik, die tatsächlich revolutionär waren. Nur war es kein Zufall, daß das Reich zu wenige davon hatte und daß sie nicht rechtzeitig fertig wurden. Wie so vieles andere unterlagen auch sie den bekannten Schwierigkeiten und Hemmnissen der deutschen Rüstung: Material- und Rohstoffknappheit, Konkurrenzdenken der beteiligten Ämter und Behörden, Verzettelung durch Typenvielfalt, ständig wechselnde Prioritäten und Schwerpunktbildungen. Aber selbst wenn sie eher und in größerer Zahl zur Verfügung gestanden hätten, wären Wunder mit ihnen nicht zu bewerkstelligen gewesen. Das Kriegsglück hätten sie nicht gewendet, denn mit dem Scheitern der Offensive vor Moskau und dem Eintritt der USA in den Krieg Ende 1941 war an einen deutschen Sieg nicht mehr zu denken. Und so, wie die Waffenentwicklung in den folgenden Jahren verlief, war Erfindergeist schon längst kein deutsches Monopol mehr. Auf die Innovation der einen Seite folgte meist sehr rasch eine Gegeninnovation der anderen Seite (z.B. Funkmeß und Radar), bis hin zur Atombombe, der amerikanischen Wunderwaffe, auf die es deutscherseits so schnell keine

Antwort gegeben hätte und deren Abwurf etwa über Berlin dem Krieg in Europa – wenn er denn immer noch im Gange gewesen wäre – ein rasches Ende gemacht hätte.

Was wurde nicht alles als Wunderwaffe in Deutschland apostrophiert: Die Kleinkampfmittel der Kriegsmarine gehörten dazu, etwa Kleinst-U-Boote mit einem Mann Besatzung wie »Biber« und »Seehund«, das Sprengboot »Linse«, Kleinschnellboote für drei bis vier Mann (»Hydra«, »Kobra«, »Wal«) oder die Einmanntorpedos »Neger« und »Marder«. In der Artillerie waren es Mehrkammergeschütze, die nach der Planung bis zu 160 Kilometer weit schießen sollten (Deckname »Hochdruckpumpe«, Propagandaname »Fleißiges Lieschen«), jedoch nur in einer verkleinerten Version, genannt »Tausendfüßler«, zum Einsatz kamen (Reichweite 42,5 Kilometer), und Feststoffraketen (»Rheinbote«, »Rheintochter«), die zwar bis zu 200 Kilometer weit flogen, aber geringe Treffergenauigkeit besaßen. In der Luftwaffe gehörten dazu Düsenflugzeuge mit Geschwindigkeiten über 800 Stundenkilometer (Me 262 »Schwalbe« und der »Volksjäger« He 162 »Salamander«) und Raketenflugzeuge wie die Me 163 »Komet«, bei der Truppe auch als »Kraftei« bekannt. Sogar die Panzerfaust, ein Panzernahbekämpfungsmittel, das den Volkssturmleuten in die Hand gedrückt wurde, bekam das Etikett »Volkswunderwaffe« angehängt.

Hauptsächlich aber verstand man unter Wunderwaffen die Flugbombe V 1 und die Fernrakete V 2, die als »Vergeltungswaffen« die direkte Antwort auf die anglo-amerikanischen Luftangriffe sein sollten. Technisch waren dies gewiß Jahrhundertleistungen, in ihrer militärischen und psychologischen Wirkung blieben sie jedoch hinter den Hoffnungen der nationalsozialistischen Führung zurück.

Bei der V 1 handelte es sich um den unbemannten Flugkörper Fieseler Fi 103 (auch genannt »Kirschkern«), der einen 850-Kilo-Gefechtskopf bis zu 370 Kilometer weit transportieren konnte. Das Stummelflügel-Geschoß flog allerdings nur mit einer Geschwindigkeit von 480–640 Stundenkilometern. Der Kurs wurde von einem automatischen Kreiselkompaß vorgegeben, ein eingebautes Zählwerk löste den Absturz über dem Ziel durch Abschalten der Brennstoffzufuhr aus. Die Großserienproduktion lief im März 1944 an; insgesamt wurden über 30 000 Exemplare gebaut. Die Luftwaffe, unter deren Hoheit die V 1 entwickelt wurde, dachte hauptsächlich an einen Einsatz gegen London. Am 12./13.6.1944 flog die erste V 1 in Richtung auf die britische Hauptstadt. Danach lag London den ganzen Sommer unter Dauerbeschuß. Erst als die Alliierten die letzten Feuerstellungen in Nordfrankreich besetzt hatten, war die akute Gefahr für die Themsestadt gebannt, doch blieb Südostengland noch bis Ende März 1945 Ziel der V 1. Von insgesamt 22 679 eingesetzten Flugbomben versagten 1052 beim Start, viele gingen in offenem Gelände nieder, 1871 wurden Opfer britischer Jäger, 4061 wurden durch die Flak mit Hilfe eines neuen Annäherungszünders zur Strecke gebracht. Insgesamt wurden 5823 Einschläge in England gezählt.

Seit Herbst 1944 rückten auch Festlandziele, zum Beispiel Antwerpen und Lüttich, ins Visier der V 1-Offensive. Dort richteten die Geschosse zwar beträchtliche Schäden an, aber das hatte militärisch keinerlei Bedeutung mehr. Eine bemannte V 1-Version »Reichenberg« war als sogenanntes Verlustgerät für »Totaleinsätze« gegen Punktziele bestimmt. Die Ausbildung von 100 Selbstmordpiloten wurde jedoch im Februar 1945 abgebrochen. 1000 »Reichenbergs« fielen den Alliierten in einer unterirdischen Fertigungsstätte bei Hamburg in die Hände.

Mit der Flüssigkeitsrakete V 2 (amtliche Bezeichnung A-4) leiteten deutsche Ingenieure das Zeitalter der Weltraum- und Interkontinentalraketen ein. Die Entwicklungen unter Wernher von Braun begannen Anfang der 1930er Jahre auf dem Versuchsgelände des Heereswaffenamts in Kummersdorf bei Berlin und wurden seit 1937 in Peenemünde fortgesetzt. Am

3.10.1942 glückte dort der erste 120-Kilometer-Probeflug. Das Projekt erhielt darauf höchste Dringlichkeitsstufe. Anders als bei der langsam fliegenden V1 war eine direkte Abwehr der Fernrakete nicht möglich. Die V2 flog schneller als der Schall und zudem, von einem Leitstrahl gelenkt, in einer Höhe von 29 Kilometern. Die Reichweite betrug maximal 340 Kilometer, der Gefechtskopf wog fast eine Tonne. Die Serienfertigung wurde mehrfach durch alliierte Luftangriffe verzögert und schließlich in die unterirdische Produktionsanlage »Mittelbau« am Südharz verlegt. Bis April 1945 wurden 5940 Exemplare geliefert.

Da die für den Beschuß Londons in den Niederlanden errichteten Riesenbunker vor ihrer Fertigstellung von der RAF zerbombt wurden, begann die V2-Offensive am 8.9.1944 durch mobile Heeresartillerie aus dem Raum Den Haag. Von den insgesamt 1269 Raketen, die auf England abgefeuert wurden, trafen keineswegs alle ins vorgesehene Ziel, über ein Drittel ging schon während des Fluges verloren; dennoch fielen 2274 Londoner den V2-Treffern zum Opfer. Auch Paris wurde beschossen. Die meisten V2-Raketen (1539) flogen gegen Antwerpen. Insgesamt 6448 Menschen fielen in Belgien den V-Waffen zum Opfer, 22524 wurden verletzt. Von den verschiedenen Ableitungen der V2 kam nur noch die Flugabwehrrakete »Wasserfall« in die Erprobung. Das Projekt einer zweistufigen Monsterrakete A-9/A-10, die über den Atlantik hinweg bis nach Amerika fliegen sollte, kam über das Reißbrettstadium nicht hinaus.

Es fällt auf, daß die Entwicklung der V2 recht früh begann, doch sollte daraus nicht abgeleitet werden, daß es eher zum Bau einsatzfähiger Geräte hätte kommen können. Nicht nur betraten die Techniker hier absolutes Neuland, lange Zeit wurde das Projekt mit ganz geringen Mitteln betrieben, mehr oder weniger als Hobby einiger Visionäre. Welcher Militär dachte damals schon an Waffen, die über Hunderte von Kilometern ihr Ziel suchen würden?

Lit.: Heinz-Dieter Hölsken: Die V-Waffen. Entstehung – Propaganda – Kriegseinsatz, Stuttgart 1984 ▪ Ralf Schabel: Die Illusion der Wunderwaffen, München 1994

Zwanzigster Juli 1944 [1]

Stauffenberg ließ das Attentat auf Hitler absichtlich scheitern

Zwei Ein-Kilo-Sprengsätze hatte der Attentäter mit, allemal ausreichend zur Tötung sämtlicher Teilnehmer an der im Führerhauptquartier im ostpreußischen Rastenburg für den 20. Juli 1944 angesetzten Lagebesprechung mit Hitler. Ein Mann wie Stauffenberg, der eine Spezialausbildung im Umgang mit Explosivstoffen absolviert hatte, wußte das natürlich genau. Und er wußte auch, daß er mit der Hälfte der Ladung nur dann Erfolg haben, also Hitler töten würde, wenn er die Höllenmaschine nahe genug am Ziel deponieren und dafür sorgen konnte, daß sich möglichst wenige Hindernisse zwischen der Bombe und dem vorgesehenen Opfer befänden.

Als es dann soweit war, machte er tatsächlich nur den einen Sprengsatz scharf (den anderen nahm sein Adjutant an sich) und plazierte ihn volle drei Meter von Hitler entfernt hinter einem Tischbock. Ein weiterer solcher Bock stand unmittelbar rechts neben Hitler und mußte ebenfalls unweigerlich als massive Dämmung gegen die Detonation wirken. War dies schon sonderbar genug, so kam noch hinzu, daß Stauffenberg beides erledigen mußte: das Attentat und die Leitung des Putsches in Berlin, was zu mehrstündiger Verspätung bei der Auslösung von »Walküre«, dem Stichwort für den Umsturz, führte. Kein anderer der nach Hunderten, wo nicht Tausenden zählenden Verschwörer schien bereit oder in der Lage, dem schwer kriegsbeschädigten Offizier eine der Aufgaben abzunehmen.

Das alles und völlig unerklärliche zusätzliche Pannen beim Losschlagen der Widerstandskämpfer in Berlin haben Historiker immer wieder kopfschüttelnd hin und her gewälzt und als Verkettung von Fehlleistungen gerügt, doch schlüssig zu erklären vermochte niemand das Versagen der Profis. Bis 1996: Da veröffentlichte der Soziologe Dietrich Schmidt-Hackenberg nach jahrelangen Forschungen eine sensationelle Deutung (s. Lit.), nach der Stauffenberg zunächst zwar entschlossen war, den Diktator auszulöschen, auf dem zweieinhalbstündigen Flug von Berlin nach Rastenburg aber an seinem Auftrag irre geworden sei und Hitlers Tötung absichtlich ausgespart habe. Es saß nämlich außer seinem Adjutanten noch jemand in der Maschine, der zum engsten Widerstandskreis gehörte, aber den Tyrannenmord für verhängnisvoll hielt:
Generalmajor Hellmuth Stieff, Chef der Organisationsabteilung im Oberkommando des Heeres und Beschaffer des Sprengstoffs, war selbst mehrmals als Bombenleger ausersehen worden. Es waren ihm aber inzwischen nach der Invasion der Alliierten schwere Zweifel gekommen: An den Fronten war bei Hitlers Tod mit einer Katastrophe zu rechnen, die zahllose Soldaten das Leben kosten würde. Außerdem würden die Gegner auch gegenüber erfolgreichen Verschwörern auf der bedingungslosen Kapitulation bestehen, also auch vor der Roten Armee. Die Niederlage schriebe man dann natürlich dem Widerstand und nicht Hitler zu, so daß der Despot in einer neuen Dolchstoßlegende (s. *Erster Weltkrieg*) zum Helden würde. Das habe Stieff, vermutet Schmidt-Hackenberg, auf dem langen Flug Stauffenberg in aller Deutlichkeit vor Augen geführt und ihm diese damit geöffnet. Auf einen Offizier, der noch am selben Abend mit dem Ruf »Es lebe unser heiliges Deutschland!« sterben sollte, mußte Stieffs Vision verheerend wirken.
So kam es dann nach Schmidt-Hackenberg zum bloß symbolischen Attentat, das zwar unzweifelhaft den Willen des

Widerstands zu einer Wende der deutschen Politik und zur Abkehr vom Verbrechersystem Hitlers dokumentierte, die anderen Risiken aber ausschloß. Ein solches halbes Attentat aber verlangte von Stauffenberg ein noch weit präziseres Vorgehen als das ursprünglich geplante, und um so bewunderungswürdiger seien die Tat und das Selbstopfer, die erst den Weg zu einem demokratischen Nachkriegsdeutschland wirklich freigemacht hätten. Sieht man es so, scheint alles schlüssig und ist doch weiter nichts als ein kühnes Gedankenexperiment. Psychologische Plausibilität nämlich gewinnt es auch bei aller Stringenz der »Beweis«-Führung nicht:
Es muß als völlig ausgeschlossen gelten, daß Stauffenberg nach jahrelangen Vorbereitungen erst jetzt die massiven Bedenken Stieffs eingeleuchtet haben sollen. Und noch viel weniger vorstellbar ist, daß er vorsätzlich den Tod aller Mitstreiter, vieler Angehöriger und womöglich seiner vier Kinder billigend hat in Kauf nehmen können für ein wie »heilig« gehaltenes Deutschland auch immer. Nein, das Attentat scheiterte in einer Anspannungssituation ohnegleichen an verhängnisvollen Fehlern, wobei dem kühnen Thesenaufsteller vielleicht in einem entgegenzukommen wäre:
Die schrecklichen Folgen, die ein Glücken des Anschlags für die Zukunft des Vaterlands zweifellos hätte haben können, die Verklärung des »Führers« als Märtyrer, der den »Endsieg« hätte bringen können, wenn ihm nicht eine »ehrlose« Junta in den Arm gefallen wäre – dieser Alptraum mag störend auf die Umsicht und lähmend auf die Entschlossenheit Stauffenbergs und der Berliner Verschwörer eingewirkt und Fehler programmiert haben. Mag, vielleicht, wer weiß. Gewiß, es galt und gilt der Ausspruch des Stauffenberg-Freundes Henning von Tresckow: Es komme nur darauf an, »daß die deutsche Widerstandsbewegung vor der Welt und der Geschichte den entscheidenden Wurf gewagt hat; alles andere ist daneben gleichgültig«. Daß er damit aber dem vorsätzlichen Versagen des Anschlags das Wort habe reden

wollen, das verkennt völlig Charakter und Motivlage der führenden Verschwörer.

Tresckows Äußerung zeugt nur davon, daß die Kämpfer wußten: Wir können scheitern, und wir werden es vielleicht auch. Daß sie es aber wollten, darüber ist damit nichts gesagt, und das darf man auch getrost ausschließen.

Lit.: Theodore S. Hamerow: Die Attentäter des 20. Juli. Von der Kollaboration zum Widerstand, München 1999 ■ Dietrich Schmidt-Hackenberg: 20. Juli 1944. Das »gescheiterte« Attentat. Untersuchung eines geplanten Fehlschlags, Berlin 1996 ■ Axel Ulrich: 20. Juli 1944. Versuch eines Militärputsches sowie einer revolutionär-sozialen Revolution, Wiesbaden 1997

Zwanzigster Juli 1944 [2]

Die Verschwörer gegen Hitler waren Vorkämpfer der Demokratie

Über die relative Wirkungslosigkeit des deutschen Widerstands gegen das NS-Regime sind sich die Historiker weitgehend einig und auch darüber, daß allenfalls für die Verschwörer des 20. Juli 1944 eine – freilich ebenfalls recht geringe – Chance bestand, Deutschland in letzter Minute vor dem totalen Zusammenbruch zu bewahren. Diese Chance bot sich nicht nur deswegen, weil hochrangige Militärs die Führung des Umsturzes übernommen hatten, sondern auch weil hier eine Koalition von Kräften aus vielen Lagern das deutsche Schicksal in die Hand nehmen wollte. Von Gewerkschaftern und christlichen Sozialisten bis zu Nationalkonservativen und Deutschnationalen reichte die Palette der politischen Orientierungen der Träger des geplanten Putsches, wobei allerdings Vertreter der adligen und bürgerlichen Oberschicht bei weitem überwogen. Entsprechend weitgefächert waren die Entwürfe für eine Nachkriegsordnung.

Bei aller Differenzierung insbesondere in den Details einer künftigen Verfassung gab es jedoch in Kernfragen einen breiten Konsens darüber, daß eine Rückkehr zum gescheiterten parlamentarischen System von Weimar, das Hitler erst möglich gemacht hatte, nicht in Frage komme. Das bedeutete noch keine grundsätzliche Abkehr von demokratischen Elementen, doch eine deutliche Gegenposition zu dem, was wir heute unter einer demokratischen Grundordnung verstehen. Diese Position wird verständlich, wenn man Hintergrund und Geschichte der Widerstandsbewegung in den Blick nimmt, die am 20. Juli 1944 »den entscheidenden Wurf« (Tresckow) wagte und scheiterte:

Es waren höchste Offiziere, insbesondere Generalstabschef Ludwig Beck und der spätere Generalfeldmarschall Erwin von Witzleben, die 1938 den Grund legten, als sie für den Fall einer Gewaltlösung der Sudetenfrage die Verhaftung und Aburteilung Hitlers ins Auge faßten. Die Appeasement-Politik des britischen Premierministers Chamberlain ließ ihren Entschluß dann zwar ins Leere laufen, doch lebte er wieder auf, als sich nach dem siegreichen Polenfeldzug der Waffengang gegen die Westmächte 1940 anbahnte. Der geringste Rückschlag hätte die Kräfte des militärischen Widerstands erneut auf den Plan gerufen, doch blieb nicht nur jeglicher Anlaß dazu aus: Der beispiellose Triumph des Diktators entzog der Opposition sogar auf lange Zeit den Boden und nahm ihr vorerst auch jede Chance, nennenswerte Teile der Bevölkerung für ihren Kampf zu gewinnen.

Es waren also hochkonservative Männer, die als Gründerväter der Widerstandsbewegung gelten dürfen. Und sie hatten denn zunächst auch nur vor, durch Entmachtung Hitlers und eine Umbildung der Reichsregierung einen neuen Kurs zu ermöglichen. An einen Systemwechsel dachten sie in dieser Phase nicht. Erst mit dem Scheitern des deutschen *Blitzkriegs* vor Moskau im Winter 1941/42 und dem immer offenbarer werdenden Völkermord wurde die Einsicht unausweichlich,

daß es der Beseitigung der gesamten NS-Herrschaft bedürfen würde, um ein totales militärisches und moralisches Desaster abzuwenden. Jetzt fanden sich auch bisher noch halbwegs regimekonforme Männer in Widerstandskreisen zusammen, insbesondere in den Gruppen um Carl Goerdeler, den einstigen Oberbürgermeister von Leipzig, und um Hellmuth James Graf von Moltke auf seinem Gut in Schlesien, deswegen von der Gestapo später Kreisauer Kreis genannt.
Zwar blieben die Militärs für erfolgreiches Widerstandshandeln die Schlüsselfiguren, doch die politische Führung und die Planung für ein Deutschland nach Hitler übernahmen mehr und mehr bürgerlich, konservativ und sozialdemokratisch gesinnte Zivilisten wie eben Goerdeler oder auf der Linken Julius Leber. Sie mußten zunehmend auch Rücksicht darauf nehmen, was die Alliierten vom »anderen Deutschland«, als das sich die Dissidenten sahen, erwarteten. Ohne ein gewisses Maß an Demokratisierung war eine Verständigung mit den Westmächten jedenfalls wenig aussichtsreich. Um die aber ging es vorrangig, denn an einer Abwehr der »roten Gefahr« war allen Beteiligten mindestens so sehr gelegen wie an der Beseitigung des »braunen Bolschewismus« (Beck).
Und doch konnten sich die maßgeblichen Leute nicht zu einer Reparlamentarisierung durchringen. Sie suchten nach einem »dritten Weg« (Alfred Delp) zwischen westlich-kapitalistisch-liberalem Modell und kollektivistischen Elementen. Anders als einen starken Staat, der allerdings eine Machtballung wie die Hitlers ausschließen sollte, konnten sie sich das kommende Deutschland nicht vorstellen. Und auch nur als Nationalstaat war es für sie denkbar, vielleicht mit föderalen Strukturen, aber doch so zentralistisch, daß zentrifugale Kräfte im Zaum zu halten wären. In solche Pläne flossen Erfahrungen unterschiedlichster Art ein: die schlechten der Weimarer Zeit, die verklärten des Kaiserreichs, die guten alten preußischen sowie die innig deutsch-christlichen, ja,

auch ein Bodensatz völkischer Vorstellungen und großdeutscher Phantasien läßt sich stellenweise ausmachen.
Mitwirkungsrechte der Bürger spielten eine nachrangige Rolle und waren für den Umsturz selbst ohnedies nicht vorgesehen. Den konzipierten die Verschwörer als reine »Revolution von oben«, wohlwissend, daß die Verankerung des NS-Systems im Volk trotz der katastrophalen Lage noch recht stabil war. Deswegen sollte auch nach einem Erfolg erst eine gewisse politische Reife abgewartet werden, ehe umfassendere Rechte zu mehr Einfluß der Wähler auf die politische Willensbildung in Frage kämen. Freiheitlich-demokratisch klangen alle Entwürfe nicht, und egalitär schon gar nicht, ja, manches erinnerte eher an das Dreiklassenwahlrecht als an moderne Partizipation. Vorschläge etwa, den Frauen das passive Wahlrecht vorzuenthalten, wurden ernsthaft diskutiert.
Nicht einmal von antisemitischen Affekten konnten sich trotz der entsetzlichen NS-Verbrechen alle Gruppen ganz freimachen, so daß sogar Ideen einer Gettoisierung oder regionalen Konzentrierung der Juden im Gespräch waren. Kurz: Von Vorkämpfern der Demokratie konnte bei den Verschwörern des 20. Juli 1944 wahrlich nicht die Rede sein. Demokratische Momente in ihren Planungen waren eher Konzessionen an den Zeitgeist und an die künftigen westlichen Siegermächte, die weder feudale noch rein autoritäre Modelle akzeptiert hätten. So schwere Opfer das Scheitern der »Revolution von oben« noch kostete, es ermöglichte eine radikale »Revolution von außen« und einen Neuanfang, der Deutschland – auch übernational – erst wirklich zukunftsfähig machte.

Lit.: Wolfgang Benz / Walter H. Pehle (Hrsg.): Lexikon des deutschen Widerstands, Frankfurt a. M. 1994 ▪ Ulrich Karpen (Hrsg.): Der Kreisauer Kreis. Zu den verfassungspolitischen Vorstellungen von Männern des Widerstands um Hellmuth James Graf von Moltke, Heidelberg 1996

Zweiter Weltkrieg [1]

Deutschland handelte aus einer Notwehrsituation heraus

Der Begriff »Notwehr« läßt sich weit fassen, und es soll hier durchaus die weiteste Auslegung zugrunde gelegt werden bei der Prüfung der immer wieder zu hörenden Behauptung: Hitler sei 1939 gar nichts anderes übriggeblieben als anzugreifen; die weiteren Feldzüge seien mithin nur eine Kette weiterer Notwehrakte gewesen. Daß dies für den Rußlandfeldzug nicht direkt zutrifft, dafür sind die Fakten unter dem entsprechenden Stichwort dargelegt. Hier geht es um den Einwand, diese und andere militärische Maßnahmen müßten in einem größeren Selbstverteidigungsrahmen gesehen werden. Das wollen Rechtfertiger der deutschen Offensiven auch schon für den Krieg gegen Polen berücksichtigt wissen, der den Weltkrieg erst ausgelöst hat. Um diesen Anfang vom Ende 1945 soll es gehen, denn die Argumentationskette kann nur stabil sein, wenn sich die These von den aufgezwungenen Waffengängen wenigstens für den ersten halten läßt.
Es ist lange gängige Formel für 1939 gewesen und ist es für viele noch immer, daß es sich bei dem in diesem Jahr beginnenden entsetzlichen Drama nur um den zweiten Akt ein und desselben gehandelt habe. Der Zweite Weltkrieg verdiene nicht nur zur Durchzählung globaler Konflikte die Numerierung, sondern auch von der Perspektive 1914 und 1918, also von den Ursachen her. Der Behauptung, der Frieden von 1918 habe die Gründe für den Kriegsbeginn 1914 nicht beseitigt, sondern durch überharte Friedensbedingungen für Europas Mitte noch verschärft, wird von anderen Seiten allerdings vehement widersprochen. Sie sehen in den Auflagen von Versailles eine gerechte Ahndung des übergroßen deutschen Schuldanteils am Ausbruch des ersten Weltbrands. Und sie können auch keine Überhärte erkennen, da Deutschland schon in den 1920er Jahren in die internationale Staaten-

gemeinschaft zurückgefunden und die größte Härte, die Reparationen, 1932, also noch vor Hitlers Machtergreifung, habe abschütteln können.
Außerdem brauche man nur die gedankliche Ersatzprobe zu machen: Hätte Deutschland gesiegt, dann wäre der ohnedies überbordende Nationalismus derart ins Kraut geschossen, daß sich die statt dessen eingetretenen verzweifelten Reaktionen auf die Niederlage dagegen wie ein lindes Lüftchen ausgenommen hätten. An die brutalen Bedingungen, die Deutschland als Sieger den Besiegten aufgezwungen hätte, mag man gar nicht denken, sie haben dafür aber im gnadenlosen Siegfrieden von Brest-Litowsk mit der eben erst entstandenen UdSSR ein gewisses Muster. Ein völliger Sieg, also auch einer im Westen, hätte die kaiserlichen Triumphatoren jedes Maß verlieren lassen.
Das erste Argument greift zu kurz, das zweite trifft sicher zu, trägt hier aber nichts aus, denn die Frage stellte sich nicht. Bleibt das Trauma von 1918, das mit der Latte der Billigkeit der Friedensbedingungen allein nicht zu ermessen ist. Wer sich an die heftigen – teilweise immer noch nicht ausgestandenen – Debatten seit den 1960er Jahren erinnert, als der Hamburger Historiker Fritz Fischer in Deutschlands »Griff nach der Weltmacht« die eigentliche Ursache des großen Krieges 1914–18 ausmachte, gewinnt ein Bild von der Wirkmächtigkeit der Legenden, Deutschland sei unschuldig am Krieg gewesen, es sei von den Neidern »eingekreist« worden oder es sei doch auf keinen Fall schuldiger als die anderen geworden. Die Hetzer gegen Versailles, allen voran Hitler, waren subjektiv gewiß ehrlich, wenn sie das Friedensdiktat als solches und als »Schmach« empfanden. Und es ist sicher auch so, daß die Bedingungen von Versailles nicht von Augenmaß zeugen und erheblichen Konfliktstoff bargen. Nicht von ungefähr haben die USA als eigentliche Sieger den Vertrag nie ratifiziert.
Mit der Rückkehr in die internationale Gemeinschaft und

mit der Überwindung der Reparationen allein war eine derartige Wunde nicht zu heilen. Die Revisionspolitik Hitlers war brutal und zudem vertragsbrecherisch, sie traf aber bis mindestens 1938 auf die überwältigende Zustimmung der Bevölkerung und fand nicht zuletzt in der britischen Appeasement-Politik und der französischen Reserve fast so etwas wie Verbündete. Das war es ja, was spätestens nach dem Münchener Abkommen 1938 Stalins Alarmglocken schrillen ließ und ihn in das Bündnis mit dem Todfeind trieb. Mit der Preisgabe von Versailles durch die Westmächte sah er das Gespenst eines Komplotts der kapitalistischen Staaten und der faschistischen Diktatoren aus der Kulisse treten. Es schien nun nicht mehr ausgeschlossen, daß der Westen die stets hochgehaltene »Balance of Power« (Machtgleichgewicht in Europa) auf dem Altar des Antibolschewismus zu opfern bereit war.

Hitler jedenfalls hatte sich eine Position geschaffen, die weit stärker war, als es die des Kaiserreichs selbst in seiner Hoch-Zeit je gewesen war: Durch Austritt aus dem Völkerbund 1933 wehrpolitisch Handlungsfreiheit gewonnen, mit der Einführung der allgemeinen Wehrpflicht 1935 diese demonstriert ohne schwere Folgen, im selben Jahr das Saarland zurückgewonnen und durch das deutsch-britische Flottenabkommen Londoner Billigung der neuen Freiheiten erkauft, mit der Besetzung des entmilitarisierten Rheinlands 1936 den Locarno-Vertrag annulliert, durch Unterstützung Italiens bei seinem Abenteuer in Abessinien im selben Jahr die Front der potentiellen Gegner aufgebrochen und die »Achse Berlin–Rom« geschmiedet, 1938 Österreich dem Reich angegliedert und das Sudetenland von den Westmächten sozusagen auf dem silbernen Tablett serviert bekommen. Wäre es nur um die Tilgung der »Schmach« von 1918 gegangen, hätten diese »großdeutschen« Kompensationen mehr als genügen müssen.

Aber darum ging es eben nur vordergründig, hieß es doch

schon in »Mein Kampf«: »Die Forderung nach Wiederherstellung der Grenzen von 1914 ist ein politischer Unsinn von Ausmaßen und Folgen, die ihn als Verbrechen erscheinen lassen.« Die These vom Kampf gegen Versailles brauchte Hitler in erster Linie zur Gewinnung der Eliten, allen voran der Wehrmachtführung. Sie war denn auch von der Überzeugung einer weitgehenden Identität der eigenen und der Ziele Hitlers selbst dann nicht abzubringen, als der »Führer« den Reichskriegsminister und den Oberbefehlshaber des Heeres in der sogenannten Fritsch-Krise 1938 abservierte und sich die Wehrmacht direkt unterstellte. Mit den genannten Erfolgen und der Ausschaltung der SA als einem möglichen konkurrierenden Waffenträger während der Röhm-Affäre 1934 hatte er fast alle militärischen Entscheidungsträger mit Blindheit geschlagen und die noch skeptischen oder gar oppositionellen isoliert. Das zeigte sich beim Versuch von Generalstabschef Beck, eine Front gegen das Vorgehen Hitlers in der Sudetenkrise aufzubauen. Er scheiterte eben an der erfolgreichen Erpressungspolitik, die zum Münchener Abkommen und von da zum Pakt mit Stalin führte.

Dieser Schwenk beleuchtet grell, daß es Hitler eben nicht um traditionelle Machtpolitik ging und daß der Schlag gegen Polen nicht um des Korridors, Danzigs oder anderer Nahziele willen geführt werden sollte: »Danzig ist nicht das Objekt, um das es geht. Es handelt sich für uns um die Erweiterung des Lebensraumes im Osten«, sagte Hitler am 23.5.1939 vor den militärischen Befehlshabern. Der Polenfeldzug war Ergebnis der Einschätzung: »Deutschland wird Weltmacht oder überhaupt nicht sein«, und Auftakt für den ebenfalls schon in »Mein Kampf« als unvermeidlich propagierten Erwerb von »Lebensraum« und den damit unlösbar verbundenen »Rassenkampf«. Wer sich diesen Zielen entgegenstellte, mußte ausgeschaltet werden: Polen, weil es die Komplizenschaft gegen Rußland verweigerte, die Westmächte, weil sie ihm in den Rücken hätten fallen können, die Sowjetunion als

eigentliches Ziel der Raumpolitik, aber auch wie die USA als Agent des »Weltjudentums«.
Ohne solche wahnhaften Ziele wäre Hitler sehr wohl etwas anderes übriggeblieben, als 1939 anzugreifen. Gewiß, die potentiellen Kriegsgegner holten auf, die Zeit arbeitete gegen das Deutsche Reich, aber doch nur, wenn es keine andere als die militärische Option gegeben hätte. Wieweit der Westen bereit war, Hitler entgegenzukommen, hatte München gezeigt. Als »Bollwerk gegen den Bolschewismus« hätte er London und Paris noch manches abpressen können und wäre vor einem sowjetischen Angriff ziemlich sicher und in einem dennoch ausbrechenden Waffengang höchstwahrscheinlich der Sieger gewesen. Die antibolschewistische Karte aber gab Hitler in Moskau aus der Hand, weil er sie nicht zu brauchen meinte, vor allem aber weil seine wahren Ziele kein noch so verängstigter Kommunistenhasser mitgetragen hätte. Hitler blieb 1939 nur der Angriff aus der Logik seiner kruden Weltanschauung heraus, keineswegs aber zur Abwendung einer momentanen oder einer heraufziehenden Gefahr. Die Eskalation zum Weltkrieg resultierte aus derselben Logik.

Lit.: Hermann Graml: Der Weg in den Krieg. Hitler und die Mächte, München 1990 ▪ Wolfgang Michalka (Hrsg.): Der Zweite Weltkrieg. Analysen, Grundzüge, Forschungsbilanz, München 1989 ▪ Hugh Trevor-Roper: Hitlers Kriegsziele, in: VfZ 2/1960 ▪ Bernd-Jürgen Wendt: Großdeutschland. Außenpolitik und Kriegsvorbereitung des Hitlerregimes, München 1993

Zweiter Weltkrieg [2]

→ *Wunderwaffen*

Inhalt und Register

Da die Beiträge dieses Buches alphabetisch geordnet sind, hätte sich ein Inhaltsverzeichnis eigentlich erübrigt. Die betreffenden Texte aber sind immer mehrere Seiten lang, so daß die Angabe von Seitenzahlen für die **fett** gesetzten Kapitelstichwörter eine zusätzliche Orientierungshilfe darstellen. Sie ist insbesondere deswegen erforderlich, weil unter manchen Stichwörtern mehrere Beiträge versammelt sind; so beschäftigen sich allein vier Artikel mit dem Thema der Judenvernichtung, je zwei mit der Atombombe und dem Reichstagsbrand sowie insgesamt acht mit der Zentralfigur des Dritten Reiches: **Hitler** kommt zudem in allen Beiträgen vor, weswegen nur die unter seinem Namen aufgenommenen Texte pauschal mit Seitenzahlen ausgewiesen sind, während auf die Nennung der Belegstellen in anderen Artikeln verzichtet wurde. Der Einfachheit halber sind auch die bei genuinen NS-Vokabeln üblichen Anführungszeichen (»«) entfallen. Was von Bezeichnungen wie »Asoziale« oder Begriffen wie »Rasse« zu halten ist, geht aus dem Zusammenhang an den angegebenen Stellen hervor.

Abrüstung
→Wehrmacht 221
Abtreibungen
→Lebensborn 165
Achsenmächte
→Mussolini, Benito 176
→Zweiter Weltkrieg 244
Adolf-Hitler-Spende
→NSDAP 189
Agrarpolitik
→9–11
Ahnenerbe
→12–14
Aktion T 4
→Euthanasie 72
Alliierte
→14–17
→Wohnungsbau 230
→Wunderwaffen 233
→Zwanzigster Juli 1944 240
Alpenfestung
→17–20

Alte Kämpfer
→NSDAP 184
Amann, Max
→Hitler 127
Amt A
→Ahnenerbe 13
Antisemitismus
→21–24 (**[1]** jüdische Rasse)
→24–28 (**[2]** Zionisten)
→Hitler 107–110, 114
→Judenvernichtung 134 f., 137, 146
→Nationalsozialismus 180 f.
→Protokolle der Weisen von Zion 195–197
→Zwanzigster Juli 1944 241
Appeasement-Politik
→Heß, Rudolf 99
→Zwanzigster Juli 1944 239
→Zweiter Weltkrieg 244
Arbeitslosigkeit
→29–33
→Kriminalität 161
→Wohnungsbau 227
Arbeitsordnungsgesetz
→Sozialpolitik 215
Arbeitsscheue
→Kriminalität 160
Arier
→Antisemitismus 23
Arierparagraph
→Antisemitismus 26
Arisierung
→Korruption 155
Asoziale
→Kriminalität 160
Atombombe
→33–36 (**[1]** deutsche Forscher)
→36–38 (**[2]** deutsche Nuklearwaffen)
→Wunderwaffen 231
Auschwitz
→39–41 (**[1]** planmäßige Ermordung)
→42–45 (**[2]** Gaskammern)
→45–47 (**[3]** Opferzahlen)
→Frank, Anne 77
→Gaskammern 87 f.
→Judenvernichtung 132, 142, 145
→Kollektivschuld 149
→Konzentrationslager 152
→Nationalsozialismus 178
Autobahnen
→Arbeitslosigkeit 30 f.

Barbarossa-Erlaß
→Wehrmacht 224
Bechstein, Helene
→NSDAP 187

Beck, Ludwig
→ Zwanzigster Juli 1944 239 f.
→ Zweiter Weltkrieg 245
Befehlsnotstand
→ 47–50
Bełżec
→ Gaskammern 87
→ Judenvernichtung 142, 145
Bergen-Belsen
→ Frank, Anne 77
Berghof
→ Heß, Rudolf 98
→ Korruption 154
Best, Werner
→ Gestapo 92
Bevölkerungspolitik
→ Wohnungsbau 230
Blaskowitz
→ Wehrmacht 224
Blitzkrieg
→ 50–52
→ Atombombe 34
→ Frankreichfeldzug 80 f.
→ Heß, Rudolf 99
→ Judenvernichtung 139
→ Rußlandfeldzug 210
→ Zwanzigster Juli 1944 239
Bloch, Eduard
→ Hitler 109
Blomberg, Werner von
→ Hoßbach-Niederschrift 129
→ Wehrmacht 221
Blut
→ Antisemitismus 23
Blut und Boden
→ Agrarpolitik 9
Blutorden
→ NSDAP 184
Bodelschwingh, Friedrich von
→ Euthanasie 72
Bodenschatz, Karl
→ Heß, Rudolf 98
Bombenkrieg
→ Wohnungsbau 230
→ Wunderwaffen 230
Bormann, Martin
→ Ehe 63
→ Hitler 111
→ Korruption 154
→ Lebensborn 166
→ NSDAP 189
→ Nürnberger Prozesse 191
Bouhler, Philipp
→ Euthanasie 71
Brandt, Karl
→ Euthanasie 71 f.
Brauchitsch, Walther von
→ Hoßbach-Niederschrift 130 f.
→ Lebensborn 166
→ Wehrmacht 224

Braun, Eva
→ Hitler 110 f., 122, 125
Braun, Wernher von
→ Wunderwaffen 233
Braunbuch
→ Reichstagsbrand 203
Breiting, Richard
→ Reichstagsbrand 206
Brest-Litowsk
→ Zweiter Weltkrieg 243
Briand-Kellogg-Pakt
→ Nürnberger Prozesse 193
Bromberger Blutsonntag
→ 53–55
Browning, Christopher R.
→ Befehlsnotstand 48
Bruckmann, Elsa
→ NSDAP 187
Bund Deutscher Mädel (BDM)
→ Lebensborn 163
Bünger, Wilhelm
→ Reichstagsbrand 201
Burenkrieg
→ Konzentrationslager 151–153
Bürgerbräukeller
→ Elser, Johann Georg 64
→ Reichstagsbrand 202
Chamberlain, Houston Stewart
→ Antisemitismus 22
→ Judenvernichtung 135
Chamberlain, Neville
→ Zwanzigster Juli 1944 239
Chełmno
→ Gaskammern 87
→ Judenvernichtung 142, 145
Christoffersen, Thies
→ Auschwitz 39
Churchill, Winston
→ Heß, Rudolf 98–101
→ Nürnberger Prozesse 190
Compiègne
→ Erster Weltkrieg 70
Cossmann, Paul Nikolaus
→ Erster Weltkrieg 69

Dachau
→ Elser, Johann Georg 65
→ Gaskammern 87 f.
Danzig
→ Zweiter Weltkrieg 245
Darré, Richard Walther
→ Ahnenerbe 12
Delp, Alfred
→ Zwanzigster Juli 1944 240

Demokratisierung
→ Zwanzigster Juli 1944 240 f.
Denunziation
→ Gestapo 93 f.
→ Kollektivschuld 150
→ Wohnungsbau 228
Deutsche Arbeitsfront (DAF)
→ Sozialpolitik 213
→ Novemberpogrom 182
Diaspora
→ Judenvernichtung 135
Diktaturparagraph
→ Machtergreifung 171
Dimitrow, Georgi
→ Reichstagsbrand 201 f.
Dolchstoßlegende
→ Erster Weltkrieg 68–70
→ Sozialpolitik 213
→ Zwanzigster Juli 1944 236
Dönitz, Karl
→ Hitler 111
Dorpmüller, Julius
→ Reichsautobahnen 198 f.
Dresden
→ Nürnberger Prozesse 192
Drexler, Anton
→ NSDAP 185
Dreyfus, Alfred
→ Protokolle der Weisen von Zion 196
Drittes Reich
→ 55–57
Duce
→ Mussolini, Benito 174
Dünkirchen
→ 57–60
→ Frankreichfeldzug 81
→ Heß, Rudolf 99

Ebert, Friedrich
→ Erster Weltkrieg 70
Eckart, Dietrich
→ Drittes Reich 56
Ehe
→ 60–64
→ Lebensborn 165–167
→ Wohnungsbau 227
Ehestandsdarlehen
→ Arbeitslosigkeit 31
→ Wohnungsbau 227 f.
Eichmann, Adolf
→ Judenvernichtung 141
Einstein, Albert
→ Atombombe 34
Eisenhower, Dwight D.
→ Alpenfestung 19
→ Kriegsgefangenschaft 159
Elser, Johann Georg
→ 64–67

Endlösung der Judenfrage
→ Auschwitz 39 f., 45
→ Euthanasie 72
→ Heydrich, Reinhard 101
→ Judenvernichtung 132–134, 136, 138–140, 142, 144 f.
→ Nationalsozialismus 178, 180
Endsieg
→ Zwanzigster Juli 1944 237
England
→ Heß, Rudolf 98 f., 101
→ Hitler 118
→ Rußlandfeldzug 210
→ Wunderwaffen 233 f.
Englisch
→ Dünkirchen 59
Entnazifizierung
→ Kollektivschuld 148
→ Ludendorff, Erich 168
Erbgesundheit
→ Ehe 60
→ Frauen 85
Erbhöfe
→ Agrarpolitik 9 f.
Ermächtigungsgesetz
→ Machtergreifung 173
→ Reichstagsbrand 201
Erster Weltkrieg
→ 67–71
→ Antisemitismus 25
→ Hitler 127 f.
→ Nationalsozialismus 178
Erziehung
→ Frauen 83
Esser, Hermann
→ Frauen 83
Euthanasie
→ 71–73
→ Frauen 86
→ Gaskammern 87 f.

Familie
→ Frauen 84
→ Wohnungsbau 227
Farm Hall
→ Atombombe 38
Faurisson, Robert
→ Auschwitz 43 f.
Ferntrauung
→ Ehe 62
Fest, Joachim
→ Heydrich, Reinhard 103 f.
Film
→ Riefenstahl, Leni 207 f.
Fischer, Fritz
→ Zweiter Weltkrieg 243
Flick, Friedrich
→ NSDAP 188
Flottenabkommen
→ Zweiter Weltkrieg 244
Flüsterwitz
→ Novemberpogrom 183

Fosse Ardeatine
→73–76
→Befehlsnotstand 50
Franco, Francisco
→Nationalsozialismus 180
Frank, Anne
→76–79
Frank, Hans
→Auschwitz 41
→Hitler 117
→Judenvernichtung 140
→Ludendorff, Erich 169
Frank, Otto
→Frank, Anne 77–79
Frankreichfeldzug
→79–82
→Blitzkrieg 51
Frauen
→82–84 (**[1]** Wahlsiege)
→84–86 (**[2]** Mutterkult)
Freisler, Roland
→Reichstagsbrand 202
→Sozialpolitik 215
Fritsch, Werner von
→Hoßbach-Niederschrift 129
Fritsch-Krise
→Zweiter Weltkrieg 245
Fritze, Lothar
→Elser, Johann Georg 65
Führerbunker
→Goebbels, Joseph 95–97
→Hitler 110–114, 127
Führerhauptquartier
→Zwanzigster Juli 1944 235
Funk, Walther
→Korruption 156
→Novemberpogrom 183

Galen, Clemens August Graf von
→Euthanasie 72
Gaskammern
→86–87
→Auschwitz 42–44
→Judenvernichtung 142, 145
→Konzentrationslager 152
Genozid
→Judenvernichtung 133 f.
Gesellschaft zur Vorbereitung der Reichsautobahnen (GEZUVOR)
→Reichsautobahnen 199
Gestapo
→90–94
→Sozialpolitik 215 f.
Gewerkschaften
→Arbeitslosigkeit 31
Gleichschaltung
→Judenvernichtung 131
Gobineau, Arthur Graf
→Antisemitismus 22
→Judenvernichtung 135

Goebbels, Joseph
→94–97
→Alpenfestung 19
→Auschwitz 41
→Blitzkrieg 51
→Germany must perish 90
→Hitler 111, 123
→Judenvernichtung 140
→Korruption 156
→Kriminalität 160
→Novemberpogrom 184
→Reichstagsbrand 202
→Riefenstahl, Leni 208
→Wunderwaffen 230
Goebbels, Magda
→Goebbels, Joseph 95–97
Goerdeler, Carl
→Zwanzigster Juli 1944 240
Goldhagen, Daniel Jonah
→Judenvernichtung 136 f.
→Kollektivschuld 150
Göring, Hermann
→Arbeitslosigkeit 32
→Dünkirchen 58 f.
→Heß, Rudolf 98
→Hitler 123
→Hoßbach-Niederschrift 129 f.
→Judenvernichtung 138, 141, 143
→Korruption 156
→Novemberpogrom 183
→NSDAP 189
→Nürnberger Prozesse 191
→Reichstagsbrand 201, 205
→Staatsoberhaupt 217
Gruber, Martin
→Erster Weltkrieg 69
Grynszpan, Herschel
→Novemberpogrom 182
Guderian, Heinz
→Dünkirchen 58

Haavara-Abkommen
→Antisemitismus 26 f.
Habe, Hans
→Hitler 116
HAFRABA (Verein zur Vorbereitung der Autostraße Hamburg–Frankfurt–Basel)
→Reichsautobahnen 198 f.
Hagana
→Antisemitismus 28
Hahn, Otto
→Atombombe 33, 38
Haigerloch
→Atombombe 38
Halbjude
→Antisemitismus 24
Halder, Franz
→Dünkirchen 58

Hanfstaengl
→ NSDAP 187
Hanisch, Reinhold
→ Hitler 108 f.
Harwood, Richard
→ Auschwitz 42
Heereswaffenamt
→ Atombombe 37
→ Wunderwaffen 233
Heimtückegesetz
→ Gestapo 93
Heisenberg, Werner
→ Atombombe 35 f.
Herzl, Theodor
→ Antisemitismus 24 f.
Heß, Rudolf
→ 97–101
→ Hitler 118
→ Lebensborn 166
→ Rußlandfeldzug 210
Heuss, Theodor
→ Ludendorff, Erich 169
Heydrich, Reinhard
→ 101–104
→ Gestapo 91
→ Hitler 123
Hiedler, Johann Georg
→ Hitler 115
Hiedler, Johann Nepomuk
→ Hitler 115 f.
Hierl, Konstantin
→ Korruption 156
Himmler, Heinrich
→ Ahnenerbe 12 f.
→ Antisemitismus 27
→ Auschwitz 41
→ Befehlsnotstand 48
→ Ehe 61–63
→ Hitler 123
→ Judenvernichtung 140
→ Lebensborn 163–167
→ Ludendorff, Erich 170
→ Mussolini, Benito 175
Hindenburg, Oskar von
→ Machtergreifung 171
→ Staatsoberhaupt 218
Hindenburg, Paul von
→ Erster Weltkrieg 68
→ Ludendorff, Erich 168, 170
→ Machtergreifung 171–173
→ Staatsoberhaupt 217–219
Hiroshima
→ Atombombe 35
→ Nürnberger Prozesse 192
Hitler, Adolf
→ 104–107 (**[1]** Jugend)
→ 107–110 (**[2]** Antisemit)
→ 110–114 (**[3]** Selbstmord)
→ 114–118 (**[4]** jüdische Abstammung)
→ 118–120 (**[5]** Tagebücher)
→ 120–125 (**[6]** Homosexualität)

→ 125–127 (**[7]** Impotenz)
→ 127 f. (**[8]** Sohn)
Hitler, Alois
→ Hitler 105, 108, 114, 116 f.
Hitler, Klara
→ Hitler 105, 109, 116
Hitler, Paula
→ Hitler 105 f.
Hitlergruß
→ Kollektivschuld 150
Hitlerjugend (HJ)
→ Wohnungsbau 227
Hitler-Putsch
→ Elser, Johann Georg 64
→ Hitler 121
→ Ludendorff, Erich 169
→ NSDAP 184, 188
Holocaust
→ Judenvernichtung 133 f., 140
Homosexualität
→ Ehe 61
→ Hitler 120–124
→ Konzentrationslager 151
→ Kriminalität 161
Höß, Rudolf
→ Auschwitz 40 f., 46
Hoßbach, Friedrich
→ Hoßbach-Niederschrift 129 f.
Hoßbach-Niederschrift
→ 129–131
→ Blitzkrieg 52
Hoth, Hermann
→ Wehrmacht 225

Impotenz
→ Hitler 125
Institut für Sozialforschung
→ Wehrmacht 222
Internationaler Militärgerichtshof
→ Nürnberger Prozesse 190 f.
Internationales Militärtribunal (IMT)
→ Alliierte 15
→ Auschwitz 46
→ Hoßbach-Niederschrift 129 f.
Irving, David
→ Auschwitz 42
Italien
→ Nationalsozialismus 177 f.

Japan
→ Judenvernichtung 139
Joly, Maurice
→ Protokolle der Weisen von Zion 195 f.
Juden
→ Antisemitismus 22–24

Judendeportationen
→ Judenvernichtung 146
Judenfeindschaft
→ Judenvernichtung 135
Judenvernichtung
→ 131–134 (**[2]** Holocaust)
→ 135–138 (**[3]** deutscher Antisemitismus)
→ 138–143 (**[4]** Wannsee-Konferenz)
→ 143–147 (**[5]** Unwissenheit)
→ Gaskammern 87
jüdische Weltverschwörung
→ Protokolle der Weisen von Zion 195

Kampfzeit
→ NSDAP 184
Kappler, Herbert
→ Befehlsnotstand 50
→ Fosse Ardeatine 74 f.
Katyn
→ Alliierte 16
→ Judenvernichtung 146
→ Nürnberger Prozesse 192
Kaufman, Theodore N.
→ Germany must perish 88–90
Keitel, Wilhelm
→ Korruption 156
Keppler, Wilhelm
→ NSDAP 188
Kernenergie
→ Atombombe 33
Kernwaffen
→ Atombombe 35
Kinderlandverschickung
→ Wohnungsbau 227
Kirchbach, Graf
→ Hoßbach-Niederschrift 130 f.
Kirdorf, Emil
→ NSDAP 188
Kollektivscham
→ Kollektivschuld 149
Kollektivschuld
→ 147–151
Kommissarbefehl
→ Alliierte 16
→ Wehrmacht 224
Konzentrationslager
→ 151–153
→ Arbeitslosigkeit 30
→ Ehe 61
→ Gaskammern 87 f.
→ Gestapo 91
→ Judenvernichtung 132
→ Kriminalität 161
→ Reichstagsbrand 203
Korruption
→ 153–157
Kraftfahrtbahn
→ Reichsautobahnen 198

Kreisauer Kreis
→Zwanzigster Juli 1944 240
Kriegsgefangenschaft
→157–160
Kriminalität
→160–163
Kristallnacht
→Novemberpogrom 181, 183
Krupp von Bohlen und Halbach, Gustav
→NSDAP 188 f.
Kubizek, August
→Hitler 108
Kugelerlaß
→Alliierte 16
Kulmhof
→Gaskammern 87
→Judenvernichtung 142

Lebensborn
→163–167
→Ehe 62
Lebensraum
→Rußlandfeldzug 209
→Wehrmacht 226
→Zweiter Weltkrieg 245
Lebensstandard
→Arbeitslosigkeit 32
lebensunwertes Leben
→Euthanasie 71
→Gaskammern 87
Leber, Julius
→Zwanzigster Juli 1944 240
Leichentrauung
→Ehe 63
Leningrad
→Wehrmacht 225
Leuchter-Report
→Auschwitz 42–44
Ley, Robert
→Novemberpogrom 182
Locarno-Vertrag
→Zweiter Weltkrieg 244
Lossow, Otto von
→Hitler 121
Lubbe, Marinus van der
→Reichstagsbrand 200–206
Ludendorff, Erich
→168–170
→Erster Weltkrieg 68
Ludendorff, Mathilde
→Ludendorff, Erich 168 f.
Ludwigsburg
→Befehlsnotstand 48
Luftwaffe
→Dünkirchen 58

Machtergreifung
→171–174
→Ludendorff, Erich 168 f.

→NSDAP 184
→Zweiter Weltkrieg 243
Mahler, Gustav
→Hitler 110
Majdanek
→Auschwitz 41
→Gaskammern 87
→Judenvernichtung 142, 145
→Konzentrationslager 152
Mann, Golo
→Reichstagsbrand 205
Männerheim
→Hitler 106, 108
Manstein, Erich von
→Frankreichfeldzug 80 f.
→Wehrmacht 225
mare nostro
→Nationalsozialismus 179
Marr, Wilhelm
→Antisemitismus 21
→Judenvernichtung 135
Mauthausen
→Gaskammern 88
Mechelen-Zwischenfall
→Frankreichfeldzug 80
Mein Kampf
→Antisemitismus 23
→Auschwitz 46
→Dünkirchen 59
→Erster Weltkrieg 69
→Frauen 83
→Heß, Rudolf 98
→Hitler 104 f., 107 f.
→Korruption 154
→Ludendorff, Erich 169
→Nationalsozialismus 179
→NSDAP 185 f.
→Protokolle der Weisen von Zion 196
→Rußlandfeldzug 209
→Sozialpolitik 213
→Zweiter Weltkrieg 245
Meitner, Lise
→Atombombe 33
Mischling
→Antisemitismus 24
Mittelbau
→Wunderwaffen 234
Mitverantwortung
→Kollektivschuld 149
Moeller van den Bruck, Arthur
→Drittes Reich 56
Moltke, Hellmuth James Graf von
→Zwanzigster Juli 1944 240
Monarchie
→Staatsoberhaupt 217–219
Morell, Theodor
→Goebbels, Joseph 97
Mors, Harald
→Mussolini, Benito 175

Moskau
→Wehrmacht 225
Mossad
→Antisemitismus 28
München
→Hitler 110, 113
→NSDAP 187
Münchener Abkommen
→Zweiter Weltkrieg 244–246
Münzenberg, Willi
→Reichstagsbrand 204
Mussolini, Benito
→174–177
→Blitzkrieg 52
→Nationalsozialismus 177–179
→Staatsoberhaupt 218
Mutterkreuz
→Ehe 60
→Frauen 85
Mutterkult
→Frauen 86
Muttertag
→Frauen 85

Nagasaki
→Atombombe 35
Nationalsozialismus
→177–181
→Auschwitz 40
→Judenvernichtung 134
→Sozialpolitik 213
Nationalsozialistische Betriebszellenorganisation (NSBO)
→Sozialpolitik 214
Natzweiler
→Ahnenerbe 14
Neuengamme
→Gaskammern 88
Neurath, Konstantin von
→Hoßbach-Niederschrift 129 f.
Nichtangriffspakt
→Nürnberger Prozesse 193
NKWD
→Wehrmacht 223
Norsk Hydro
→Atombombe 37
Notverordnungen
→Machtergreifung 171–173
→Reichstagsbrand 201, 203
Novemberpogrom
→181–184
→Antisemitismus 27
→Hitler 118, 120
Novemberverbrecher
→Erster Weltkrieg 69
NSDAP
→184–186 (**[1]** Parteigenosse Nr. 7)
→187–190 (**[2]** Großindustrie)

Nurautostraße
→ Reichsautobahnen 198
Nürnberger Gesetze
→ Kriminalität 161
Nürnberger Prozesse
→ 190–194
→ Auschwitz 40
→ Gestapo 92
→ Hoßbach-Niederschrift 129
→ Judenvernichtung 143
→ Kollektivschuld 148
→ Lebensborn 164, 167
→ Novemberpogrom 183
Nürnberger Rassegesetze
→ Ehe 60

Obersalzberg
→ Alpenfestung 17
→ Heß, Rudolf 98
→ Korruption 154
Oktoberrevolution
→ Nationalsozialismus 178
Olympische Spiele
→ Riefenstahl, Leni 207
Österreich
→ Zweiter Weltkrieg 244

Palästina
→ Antisemitismus 25–28
Panzerfaust
→ Wunderwaffen 232
Papen, Franz von
→ Hitler 124
→ Machtergreifung 171
→ Staatsoberhaupt 217 f.
Parlamentarismus
→ Reichstagsbrand 203
Parteitage
→ Riefenstahl, Leni 207
Pearl Harbor
→ Judenvernichtung 139
Peenemünde
→ Wunderwaffen 233
Pétain, Philippe
→ Nationalsozialismus 177
Pogromnacht
→ Novemberpogrom 184
Polenfeldzug
→ Blitzkrieg 51
→ Bromberger Blutsonntag 53 f.
→ Elser, Johann Georg 64
→ Frankreichfeldzug 79–81
→ Wehrmacht 223
→ Zweiter Weltkrieg 242, 245
Potsdamer Abkommen
→ Alliierte 17
Potsdamer Konferenz
→ Hitler 112
Pressac, Jean-Claude
→ Auschwitz 43 f.

Priebke, Erich
→ Fosse Ardeatine 75
Priesterprozesse
→ Kriminalität 160
Protokolle der Weisen von Zion
→ 195–197

Raeder, Erich
→ Hoßbach-Niederschrift 129 f.
→ Korruption 156
Raketen
→ Atombombe 34, 37
→ Wunderwaffen 233 f.
Rasse
→ Antisemitismus 21 f., 24
Rasse- und Siedlungshauptamt
→ Lebensborn 164, 167
Rassenfrage
→ Nationalsozialismus 179
→ Rußlandfeldzug 209
Rassengesetze
→ Nationalsozialismus 178
Rassenhygiene
→ Euthanasie 71
→ Frauen 86
Rassenideologie
→ Lebensborn 166
Rassenkampf
→ Alliierte 15
→ Zweiter Weltkrieg 245
Rassenpolitik
→ Lebensborn 165
Rassenschande
→ Kriminalität 161
Rassinier, Paul
→ Germany must perish 90
Rastenburg
→ Zwanzigster Juli 1944 235 f.
Rath, Ernst vom
→ Novemberpogrom 182
Raubal, Geli
→ Hitler 122
→ Riefenstahl, Leni 208
Ravensbrück
→ Gaskammern 88
Reaktoren
→ Atombombe 37 f.
Reichenau, Walter von
→ Hitler 123
→ Wehrmacht 225
Reichsautobahnen
→ 198–200
Reichsbahn
→ Judenvernichtung 144
Reichskristallnacht
→ Antisemitismus 27
→ Hitler 118, 120
Reichsnährstand
→ Agrarpolitik 9

Reichssicherheitshauptamt
→ Heydrich, Reinhard 101

Reichstagsbrand
→ 200–203 (**[1]** Kommunisten)
→ 203–207 (**[2]** Nazis)
→ Machtergreifung 172
→ Staatsoberhaupt 219

Reichswehr
→ Arbeitslosigkeit 30
→ Hitler 123 f.
→ Machtergreifung 171
→ NSDAP 186 f.
→ Wehrmacht 220

Reparationen
→ Arbeitslosigkeit 33

Rheinland
→ Zweiter Weltkrieg 244

Rheinwiesenlager
→ Kriegsgefangenschaft 158 f.

Riefenstahl, Leni
→ 207 f.

Röhm, Ernst
→ Hitler 122–124

Röhm-Affäre
→ Arbeitslosigkeit 31
→ Hitler 122 f.
→ Staatsoberhaupt 219
→ Zweiter Weltkrieg 245

Rosenberg, Alfred
→ Judenvernichtung 140
→ Protokolle der Weisen von Zion 196

Rundstedt, Gerd von
→ Dünkirchen 59

Rußlandfeldzug
→ 209–213
→ Heß, Rudolf 101
→ Wehrmacht 224
→ Zweiter Weltkrieg 242

Rüstung
→ Arbeitslosigkeit 30, 32
→ Kriminalität 162
→ Reichsautobahnen 199
→ Wehrmacht 221
→ Wohnungsbau 229
→ Wunderwaffen 231

SA
→ Hitler 122 f.
→ Ludendorff, Erich 170
→ Machtergreifung 171
→ NSDAP 188
→ Reichstagsbrand 202, 205
→ Sozialpolitik 214
→ Staatsoberhaupt 218
→ Zweiter Weltkrieg 245

Saarland
→ Zweiter Weltkrieg 244

Sachsenhausen
→ Elser, Johann Georg 65
→ Gaskammern 88

Schacht, Hjalmar
→ Arbeitslosigkeit 30

Schicklgruber, Maria Anna
→ Hitler 115, 117
Schleicher, Kurt von
→ Machtergreifung 171
Schönerer, Georg von
→ Hitler 108
Schröder, Kurt von
→ Machtergreifung 171
→ NSDAP 189
Schwarze Front
→ Drittes Reich 56
Schwarzhemden
→ Mussolini, Benito 176
Seidlitz, Gertrud von
→ NSDAP 187
Shoa
→ Judenvernichtung 134
Sichelschnitt-Konzept
→ Frankreichfeldzug 80 f.
Siegerjustiz
→ Alliierte 15 f.
→ Nürnberger Prozesse 191, 194
Sippenforschung
→ Ahnenerbe 12
Skorzeny, Otto
→ Mussolini, Benito 175 f.
Sobibór
→ Gaskammern 87
→ Judenvernichtung 142, 145
Söderbaum, Kristina
→ Novemberpogrom 182
Sorge, Richard
→ Heß, Rudolf 100
→ Rußlandfeldzug 211
Sowjetunion
→ Atombombe 35
Sozialpolitik
→ 213–216
Speer, Albert
→ Korruption 154
→ NSDAP 189
Spruchkammerverfahren
→ Ludendorff, Erich 168
SS
→ Lebensborn 163–166
→ Mussolini, Benito 175 f.
→ Nationalsozialismus 178
→ Wehrmacht 223, 226
Staatsoberhaupt
→ 216–220
→ Nationalsozialismus 179
Staatssicherheitsdienst (SD)
→ Alpenfestung 18
→ Gestapo 91
→ Wehrmacht 223 f.
Stahlhelmehen
→ Ehe 62
Stalin, Josef
→ Alliierte 16
→ Heß, Rudolf 100
→ Hitler 112
→ Kollektivschuld 148

→ Nürnberger Prozesse 190
→ Rußlandfeldzug 209–212
→ Wehrmacht 225
→ Zweiter Weltkrieg 244 f.
Stauffenberg, Claus Schenk von
→ Elser, Johann Georg 66
→ Zwanzigster Juli 1944 235–237
Steiner, Rudolf
→ Protokolle der Weisen von Zion 197
Stieff, Hellmuth
→ Zwanzigster Juli 1944 236f.
Strasser, Gregor
→ Heydrich, Reinhard 102
Strasser, Otto
→ Drittes Reich 56
→ Reichstagsbrand 203
Straßmann, Fritz
→ Atombombe 33
Streicher, Julius
→ Korruption 156
→ Novemberpogrom 183
→ Protokolle der Weisen von Zion 197
Streik
→ Sozialpolitik 214–216
Struthof
→ Ahnenerbe 14
Student, Kurt
→ Mussolini, Benito 174 f.
Studiengesellschaft für Automobilstraßenbau (STUFA)
→ Reichsautobahnen 198
Stürmer, Der
→ Protokolle der Weisen von Zion 197
Stuttgarter Schuldbekenntnis
→ Kollektivschuld 149
Stutthof
→ Gaskammern 88
Sudetenfrage
→ Zwanzigster Juli 1944 239
Sudetenkrise
→ Zweiter Weltkrieg 245 f.
Systemzeit
→ Kriminalität 160
→ Sozialpolitik 215
→ Wohnungsbau 229

Tagebücher Hitlers
→ Hitler 118 f.
Tannenbaum, Unternehmen
→ Alpenfestung 18
Tannenbergbund
→ Ludendorff, Erich 170

Teheran
→ Nürnberger Prozesse 190
Theresienstadt
→ Judenvernichtung 142, 146
Thyssen, August
→ NSDAP 188, 190
Tobias, Fritz
→ Reichstagsbrand 204 f.
Todt, Fritz
→ Reichsautobahnen 199
Torgler, Ernst
→ Reichstagsbrand 201, 203
Totenehe
→ Ehe 63
Treblinka
→ Auschwitz 41
→ Gaskammern 87
→ Judenvernichtung 142, 145
Tresckow, Henning von
→ Zwanzigster Juli 1944 237–239

V 1
→ Wunderwaffen 232–234
V 2
→ Wunderwaffen 232–234
Vereinte Nationen
→ Nürnberger Prozesse 194
Vernichtung durch Arbeit
→ Konzentrationslager 152
Versailler Diktat
→ Erster Weltkrieg 70
Versailler Vertrag
→ Staatsoberhaupt 217
→ Wehrmacht 220 f.
→ Zweiter Weltkrieg 242–245
Vichy
→ Nationalsozialismus 177
Viktor Emanuel III., König von Italien
→ Mussolini, Benito 174
Volk ohne Raum
→ Ehe 60
Völkerbund
→ Nürnberger Prozesse 193
→ Wehrmacht 221
→ Zweiter Weltkrieg 244
Völkermord
→ Judenvernichtung 136, 140–142
→ Kollektivschuld 150
→ Nationalsozialismus 180
→ Nürnberger Prozesse 193

→ Reichstagsbrand 204
→ Zwanzigster Juli 1944 239
Volksdeutsche
→ Bromberger Blutsonntag 53 f.
Volksgemeinschaft
→ Judenvernichtung 132
→ Sozialpolitik 215
Volksgerichtshof
→ Reichstagsbrand 202
Volkskörper
→ Antisemitismus 23
Volksnotehe
→ Ehe 63
Volksschädling
→ Gestapo 93
→ Kriminalität 162
Volkssturm
→ Wunderwaffen 232
Volljude
→ Antisemitismus 24

Wagner, Richard
→ Hitler 110
→ Riefenstahl, Leni 208
Walküre
→ Zwanzigster Juli 1944 235
Wannsee-Konferenz
→ Judenvernichtung 132, 140–142
Wehrmacht
→ 220–222 (**[1]** Name)
→ 222–226 (**[2]** NS-Verbrechen)
→ Judenvernichtung 145
→ Kollektivschuld 150
→ Kriegsgefangenschaft 157
→ Nationalsozialismus 178
→ Reichsautobahnen 199
→ Zweiter Weltkrieg 245
Wehrpflicht
→ Wehrmacht 221
→ Zweiter Weltkrieg 244
Weimar
→ Zwanzigster Juli 1944 239 f.
Weizsäcker, Carl Friedrich von
→ Atombombe 35
Welteislehre
→ Ahnenerbe 12
Weltjudentum
→ Zweiter Weltkrieg 246
Weltwirtschaftskrise
→ Arbeitslosigkeit 31
Westfeldzug
→ Wehrmacht 224
Widerstand
→ Gestapo 93
→ Zwanzigster Juli 1944 236–240
Wien
→ Hitler 104, 106–110, 121
Wilhelm Gustloff
→ Alliierte 15

Wilhelm II., Deutscher Kaiser
→ Staatsoberhaupt 217
Winniza
→ Alliierte 16
Witzleben, Erwin von
→ Zwanzigster Juli 1944 239
Wohnungsbau
→ 227–230
→ Frauen 86
Wolfsschanze
→ Mussolini, Benito 176
Wunderwaffen
→ 230–235

Zeugungsbefehl
→ Lebensborn 166 f.
Zigeuner
→ Konzentrationslager 151
Zionismus
→ Antisemitismus 25 f., 28
Zionistische Vereinigung für Deutschland (ZVfD)
→ Antisemitismus 25–27
Zündel, Ernst
→ Auschwitz 42
Zwanzigster Juli 1944
→ 235–238 (**[1]** Scheitern)
→ 238–241 (**[2]** Demokratie)
→ Hitler 113
→ Korruption 157
Zweiter Weltkrieg
→ 242–246
Zyanid
→ Auschwitz 43
Zyklon B
→ Auschwitz 42
→ Gaskammern 88
→ Nationalsozialismus 178

01/1073/01/R

Ralf Georg Reuth
Hitler

Eine politische Biographie. Ca. 688 Seiten mit zahlreichen s/w-Abbildungen. Gebunden

Ralf Georg Reuth zieht in dieser politischen Biographie klare Linien, macht Zusammenhänge sichtbar. Bislang unbeachtete Quellen werden erschlossen, um ein schärfer konturiertes Bild Hitlers zu zeichnen. Ohne die unverstandene Niederlage im Ersten Weltkrieg, ohne Novemberrevolution und ohne die Demütigung von Versailles kein Hitler. Denn nur im Chaos jener Nachkriegszeit formte sich seine Weltanschauung, in der sich unterschwelliger Antisemitismus, bürgerliche Ängste vor dem Bolschewismus und den Folgen von Versailles zu einem monströsen Bedrohungsszenario verdichteten. Konsequent sieht Reuth Hitler als einen Getriebenen, der eine ganz andere, neue Mission glaubte erfüllen zu müssen: Die »Rettung der Welt vor dem Judentum und dem Bolschewismus«, die er miteinander gleichsetzte. Diesem Ziel hat Hitler alles untergeordnet, Innen- und Außenpolitik, auch den Krieg, dafür mobilisierte und mißbrauchte er die Deutschen. Deshalb befahl er 1941 die »Endlösung«: Der Mord an den Juden als Kompensation des militärischen Scheiterns.

01/1102/01/L